Treasures for Scholars Worldwide

思綏草堂藏
硃卷彙刊

鄺聘操＼主編

◆◇　上册　◇◆

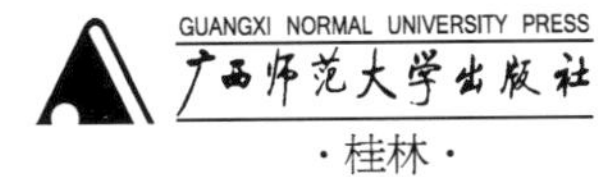
GUANGXI NORMAL UNIVERSITY PRESS
广西师范大学出版社
·桂林·

思綏草堂藏硃卷彙刊
SISUICAOTANG CANG ZHUJUAN HUIKAN

圖書在版編目（CIP）數據

思綏草堂藏硃卷彙刊 ： 全二册 / 勵聘操主編. -- 影印本.
桂林 ： 廣西師範大學出版社, 2025. 5 . --ISBN 978-7-5598-7690-4

Ⅰ. D691.46

中國國家版本館 CIP 數據核字第 2025P0B369 號

廣西師範大學出版社出版發行

（廣西桂林市五里店路 9 號　郵政編碼：541004
網址：http://www.bbtpress.com）

出版人：黄軒莊

全國新華書店經銷

廣西廣大印務有限責任公司印刷

（桂林市臨桂區秧塘工業園西城大道北側廣西師範大學出版社
集團有限公司創意産業園内　郵政編碼：541199）

開本：787 mm ×1 092 mm　1/16

印張：70.5　　字數：1 128 千

2025 年 5 月第 1 版　　2025 年 5 月第 1 次印刷

定價：1600.00 元（全二册）

序

顧廷龍先生在其主編的《清代硃卷集成》中提到：『硃卷者，即舉子的試卷彌封後交謄録生用硃筆重新謄寫的卷子。考生用墨筆所寫的試卷稱爲墨卷，亦稱闈墨。硃卷的作用是使考官無法辨認應考者的字迹以防止其舞弊。而清代有一種風氣，新中式的舉人、進士都要將自己的試卷刻印以分送親友，親友在其開賀之日亦必還贈禮品以表祝賀。這種刊刻的試卷雖係墨印，亦稱爲硃卷。』

思綏草堂除家譜收藏外，亦有清代硃卷三十餘種。上世紀九十年代，草堂從浙江上虞購得一批科舉文獻，其中就有這些清代硃卷。這批硃卷主要集中在浙江紹興、寧波等地區，刊刻時間上至乾隆時期，下迄光緒、宣統間，其數量雖少，但多有特色。故將其整理付梓，以期對清代科舉史等相關研究有所補裨。以下略舉這批硃卷中頗有特色者。

乾隆四十八年的《同懷硃卷》

同懷硃卷，即父子或兄弟試卷合刻者（《清代硃卷集成·編纂説明》）。同懷硃卷稀少，畢竟父子或兄弟同榜的情況并不常見。清晚期的同懷硃卷還偶有出現，乾隆時期的同懷硃卷則相當稀見。《清代硃卷集成》收録了少量同懷硃卷，其中最早者爲山西靈石縣何熙績、何耿繩兄弟道光二年（一八二二年）壬午恩科會試硃卷。

草堂收藏有上虞錢殿宣、錢殿燦兄弟乾隆四十八年（一七八三年）癸卯科的鄉試硃卷，爲目前爲止發現的最早同懷硃卷。錢殿宣、錢殿燦兄弟出自上虞豐惠的通明錢氏家族，爲家族第二十八世孫，兄弟兩人分别中式第八十四名和第四十四名。兄弟兩人是家族中首次中舉的讀書人，到光緒二十年（一八九四年）錢會爲止的百餘年間，此家族出了進士兩人，舉人十八人，貢生十六人，庠生不計其數，可見兄弟兩人金榜題名對家族後世讀書風氣的影響。

這部乾隆四十八年癸卯科鄉試同懷硃卷的出現，將目前出版的最早同懷硃卷時間往前推了近四十年，可填補清早中期同懷硃卷的空白，對研究清代科舉發展史有重要的文獻價值，亦不啻一部家族科考歷史的縮影。

金庸祖父查文清乙酉科《浙江鄉試硃卷》

查文清（一八四九年至一九二三年），字沛思，號滄珊，浙江海寧人。光緒十二年（一八八六年）丙戌科進士，曾任丹陽知縣，是海寧查家最後一位進士，也是著名武俠小説作家金庸先生祖父。《清代硃卷集成》中收録了查文清光緒十二年丙戌科會試硃卷，而草堂所藏的查文清光緒十一年（一八八五年）乙酉科浙江鄉試硃卷則是首現於世，可謂相當珍貴。

金庸先生在小説《連城訣》後記中寫道，他的祖父查滄珊公於光緒乙酉年中舉，丙戌年中進士，隨即派去丹陽做知縣，做知縣有成績，加了同知銜，不久就發生了著名的『丹陽教案』。金庸先生所提及的『丹陽教案』是我國歷史上的著名事件，曾被收入中學歷史教科書。查文清身爲丹陽縣令，在處理『教案』事件中表現出反對帝國主義壓迫、不爲官位利禄而犧牲百姓的高風亮節，令後人敬佩。

金庸先生還在《連城訣》後記中提到，《連城訣》是根據自己兒時一位親密老人所經歷的真事所改編，那位老人受誣陷入獄，後被祖父查文清翻案并從獄中救出，從而與金庸結識。故可以説《連城訣》的故事創作，和祖父查文清爲官清廉、明察秋毫有重要聯繫。二○二二年十月二十八日，香港特别行政區政府駐上海經濟貿易辦事處在上海圖書館東館一號展廳舉辦了『慶祝香港回歸祖國二十五周年——金庸展（上海站）』，香港特别行政區政府駐上海經濟貿易辦事處和上海圖書館向思綏草堂借展了這册《查文清浙江鄉試硃卷》，與上海圖書館藏《查文清會試硃卷》共同展出，成爲展覽的一大亮點。

稀見《浙江選拔貢卷》

在科舉制度中，由各省學政選拔文行兼優的生員，貢入京師，稱爲拔貢。清初每六年選拔一次，乾隆七年（一七四二年）改爲每十二年一次。本次收録兩份《選拔貢卷》，分别爲光緒十一年（一八八五年）乙酉科趙振甲《浙江選拔貢卷》和光緒二十三年（一八九七年）丁酉科陳震《浙江選拔貢卷》。兩人均爲浙江新昌人，且均選拔爲第一名。《清代硃卷集成》收録少量拔貢硃卷，這其中并未見浙江的拔貢卷。如此看來，草堂收藏的兩種《浙江選拔貢卷》更爲珍貴難得。

新見《恩科硃卷》

科舉制度每三年舉行鄉、會試，是爲正科。遇皇帝、皇太后『萬壽』或新皇登基等慶典，朝廷就開設恩科。本次共整理六種恩科鄉試硃卷，分别爲乾隆二十五年（一七六〇年）庚辰恩科徐思東《浙江鄉試硃卷》、光緒元年（一八七五年）乙亥恩科鄭重《浙江鄉試硃卷》、光緒十五年（一八八九年）己丑恩科沈寶琛《浙江鄉試硃卷》、光緒十九年（一八九三年）癸巳恩科周學熙《順天鄉試硃卷》、光緒十九年癸巳恩科李植楙《浙江鄉試硃卷》和光緒十九年癸巳恩科俞保鑑《浙江鄉試硃卷》，除李植楙光緒十九年癸巳恩科《浙江鄉試硃卷》外，其他五種恩科硃卷均爲首次公布。

新見《會試硃卷》

本次整理的會試硃卷共有兩份，分别爲浙江新昌人梁葆仁光緒十二年（一八八六年）丙戌科《會試硃卷》和浙江嵊縣人魏敦廉道光三年（一八二三年）癸未科《會試硃卷》。其中，梁葆仁中式第一百四十六名貢士。魏敦廉會試中式第六十名，殿試第三甲第一百十二名。梁葆仁的會試硃卷被收録於《清代硃卷集成》，而魏敦廉的會試硃卷則是首次發現。

同一硃卷的不同版本

這批硃卷中，有三份同一人的鄉試卷，即乾隆五十七年（一七九二年）壬子科王登堦《浙江鄉試硃卷》。王登堦，字蹛六，號星梯，浙江上虞人。這三份鄉試硃卷中，其中兩份是同一版本，而餘下一份則爲另一版本。可見就算是同人同科，也存在刊刻多個版本的硃卷供他人欣賞學習的案例。

宣統乙酉科《學部考試留學畢業生卷》

草堂藏的硃卷中，有一份特殊的試卷，即宣統元年（一九〇九年）己酉科王毓崑的《學部考試留學畢業生卷》。據試卷載：『王毓崑，號讓耕，行一，湖南長沙府攸縣廩生，肄業岳麓、城南兩書院及思賢講舍，留學日本早稻田大學。』『由駐札日本出使大臣胡諮送學部考試合格，奉旨賞給法政科舉人，恭候廷試。』宣統年間的試卷已經稀有，《清代硃卷集成》則收録了少量宣統間的優貢卷與拔貢卷，而這份留學畢業生卷，自然更爲少見。

關於王毓崑的資料不多，其與康有爲是朋友，曾一同出行游玩。馬洪林著《康有爲大傳》中提到，一九二六年康有爲重游嶗山太清宮，寫下七絶一首，詩後有題記，并勒石立碑於太清宮。惜碑已不存，詩後題記云：『丙寅七月廿二日，偕諸公重游嶗山太清宮，追思三年

前舊游如夢，倚紫薇花下作。』列名同游者中即有王毓崑。（見民國《膠澳志》）

活字泥版印刷術發明人吕撫生平資料

思綏草堂收藏有新昌吕氏硃卷三份，分别爲光緒八年（一八八二年）壬午科吕衷謙《浙江鄉試硃卷》、光緒十四年（一八八八年）戊子科吕秉常《浙江鄉試硃卷》、光緒二十年（一八九四年）甲午科吕家騏《浙江鄉試硃卷》。三人爲同一家族，始祖吕由誠。在吕衷謙鄉試硃卷的履歷中，發現了其曾伯叔祖吕撫的世系記載：『撫，邑庠生，乾隆朝舉孝廉方正，著有《聖學天地》《天文地理》《帝王三才一貫》《義經》《皇極經學》《正修天人》《變化百忍》《樂天年譜》等圖，并《教家箴》《二十一史演義》《皇極數趣園集》行世。』吕撫生於康熙十年（一六七一年），於乾隆元年（一七三六年）舉孝廉，雖博覽群書，却屢試不第，後隱居鄉間，專心著述。讓其聞名後世的，是研製成功了簡便科學的活字泥版印刷術。吕撫用此法印行了自著《精訂綱鑑二十一史通俗衍義》，被譽爲『中國印刷史上一部奇書』。硃卷中關於他著作的記載，比其家族《吕氏宗譜》中收録的《吕逸亭翁墓志銘》所載的更爲詳盡，足見硃卷在文獻學、出版史、印刷史等領域的特殊價值。

顧廷龍先生在《清代硃卷集成》中又提到：『而（硃卷）作爲應考者的檔案，其所反映的世系資料在一定程度上較之家譜更爲真實確切。如今人們已認識到家譜是研究人口學、社會學、民俗學及宗族制度等方面不能或缺的文獻，殊不知硃卷對這些研究具有與家譜同樣不可忽視的作用。』顧廷龍先生的高瞻遠矚自不必多説，作爲國内最早重視家譜文獻與科舉硃卷收集利用的版本目録學家之一，其帶頭整理收集的綫裝家譜四萬餘種四十餘萬册、科舉硃卷八千餘種，成爲上海圖書館的兩大重要特藏。多年前，顧先生主編出版《清代硃卷集成》，將上圖所藏八千餘種清代硃卷整理出版，成爲古籍整理工作的一段佳話。

思綏草堂所藏以家譜爲主，認同顧先生的理念，重視家譜文獻的收藏利用，至今藏有一九四九年以前綫裝舊家譜一千三百種，近三萬册。多年來，草堂又陸續出版了以『思綏草堂』爲名的《思綏草堂藏稀見名人家譜彙刊》《思綏草堂藏稀見名人家譜家訓百種》《思綏草堂藏中國鄉土文獻彙編》《思綏草堂藏中國民間祠堂文獻彙編》等大型叢書，祇爲致敬前賢，將所藏化爲千百，以期爲學林所用。如今能將這批清代硃卷整理彙聚，雖僅滄海一粟，但不避簡陋，編纂成集，則涓滴之勞，亦能匯入江海。是爲序。

勵聘操

二〇二四年七月於思綏草堂

上册目録

下册目録

乾隆庚辰　徐思東

本房加批
全神一口吸盡

提學字高老

樊遲請學稼子曰吾不如老農請學爲圃曰吾不如老圃

徐思東

以學聖者而求稼圃故以謝之者絕之焉夫稼圃之事豈夫子之所望於樊遲者乎因其請而曰不如謝之乎抑絕之耳且天下事有爲生人所必不容已者而要未嘗責之於聖人之身聖人知其然也甚不願以身習其事并不願吾徒之亦習其事即有未諒聖人之心者而與言及此聖人不難微示於問答之間而其寓意則已深遠而靡盡何言之吾夫子之所以自命者學而已矣學之一日守之百年縱退老邱園猶將高其格以自待即夫子之所期于

對針民字上字妙在不即不離其神韻更耐人尋味無窮

吾黨者亦惟學而已矣學之效在己傳之及門雖時事難期未許降一格以相就不謂樊遲者居絃誦之地寄志桑間厲伐檀之操甘心食力始以學稼請繼以學圃請不亦大失吾夫子之所學也哉乃夫子于此未嘗遂其所請亦不直黜其非而第謝之以不如何也勞力者謀生之策安貧者君子之心合天下而無農圃則天下之不爲農不爲圃者共將安賴況乎莘育之利肇自思文種植之興亦由先穡其不可以厚爲非也明矣惟別而言之曰老農老圃使知自吾而外世其業者自有其人而必欲以儒服儒冠退而謀一手一足之烈則岐塗豈能合轍歟爾相者未終三月用我者

廻環一片
章法自然

何補東周苟易轍而爲農圃則天下之爲老農爲老圃者又將安託況乎離經之始未習耰耡辨志之初莫問莠薉其不可以强爲習也明矣故顯以謝之曰不如老農不如老圃使知農圃而外素所習者或有徵長而至欲與野老山農進而爭問雨課晴之智則吾儒負慚若輩矣然則遲之請也雖未嘗身親其事而所見在此故一請再請之下遞相變而不離其初子之答也豈其果拙于力穡而所志不存故爲農爲圃之長甘于讓而不嫌自屈此亦可以見吾子之所學與其所以期吾黨者矣顧無奈遲之卒不悟也吾子憂之宜其既出而有後言矣

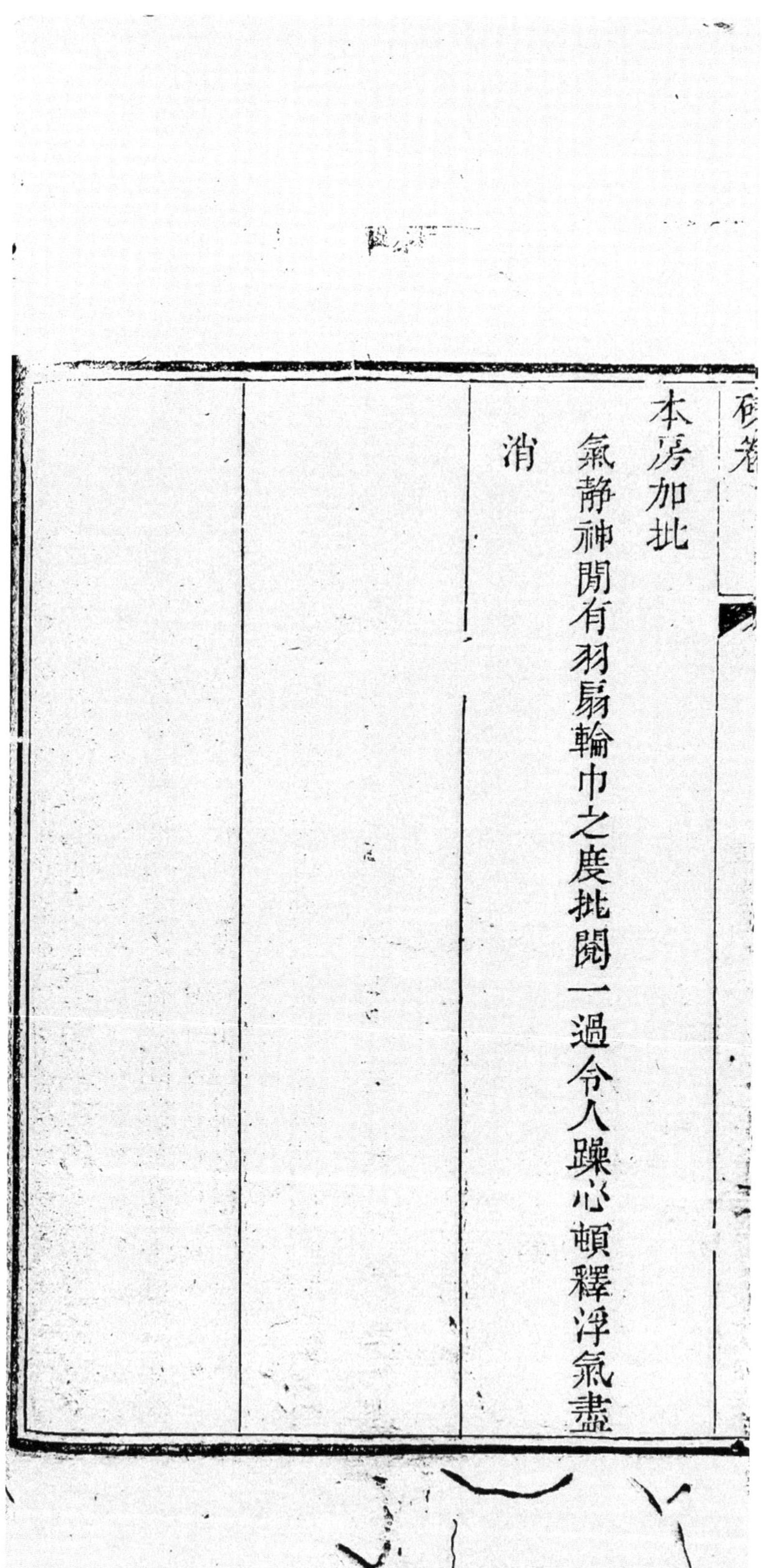

本房加批

氣静神閒有羽扇綸巾之度批閱一過令人躁心頓釋浮氣盡消

本房加批　虛神活現

執柯以伐柯睨而視之猶以爲遠　徐思東

柯有彼此之分知不遠者之非真不遠也蓋柯無異而所執與所伐則有異矣睨視者其能混彼此爲一致乎而猶曰不遠耶今夫道之不遠人者初無待人之反覆思之而其所爲不遠者可共喻也亦不禁在我之反覆思之而其所爲不遠者可自信也非然者徒求之形似之間雖相肖者已得其似而熟察者尚失其真彼夫形似者之終非神似也如詩所云伐柯之則之不遠者是已則也者言乎其取象也夫天下之事豈無無所取于外而自具者乎若明明有所取者則意中有是柯目中未必實有是柯伐柯者其知

不必怒目張牙自爾理明辭足

之否也不遠者言乎其可倣也夫天下之則豈無無待于相倣而相得者乎若第云可以倣也則目中之柯必相倣于手中之柯伐柯者宜計之周矣斯時也固執柯以伐柯耳其能無睨視之勞乎而能不以爲遠乎天下同異之故本自曉然使其有同而無異反覺視者之徒勞矣若茲之執與伐者相異也而非相同故因異以審其同旋因同而得其異徬徨於同異之故有幾幾乎雖已執之未敢遽爲伐之者蓋熟視之下其何能以驟定焉天下彼此之分本難坐定使可即此而爲彼更覺睨視者之過計矣若茲之所執與所伐者一爲彼而亦爲此故因彼以求之乎此復因此以求之

開合盡致

放寬一步猶以爲三字愈醒

于彼遲疑于彼此之間有兢兢乎既已伐之仍不敢忘其執之者雖詳審之餘豈敢謂其一致乎事苟虛而無據恐徒手之必不可以告成茲何幸而所伐之柯已有所執者之示我以則也則取資伊邇似可無煩擬議而得心應手寧敢辭勞形以岐而難定將忝觀之必漸生其疑慮茲何爲而所伐之柯猶有待于所執者之範我以則也則心目交營正恐象形弗肖雖躊躇審顧猶切憂疑盍天下無不可得之情必求得其情則其情已隔天下無不可合之勢弟求合其勢則其勢已離彼伐柯之言不遠者未可爲不遠也曾君子之治人而有是乎

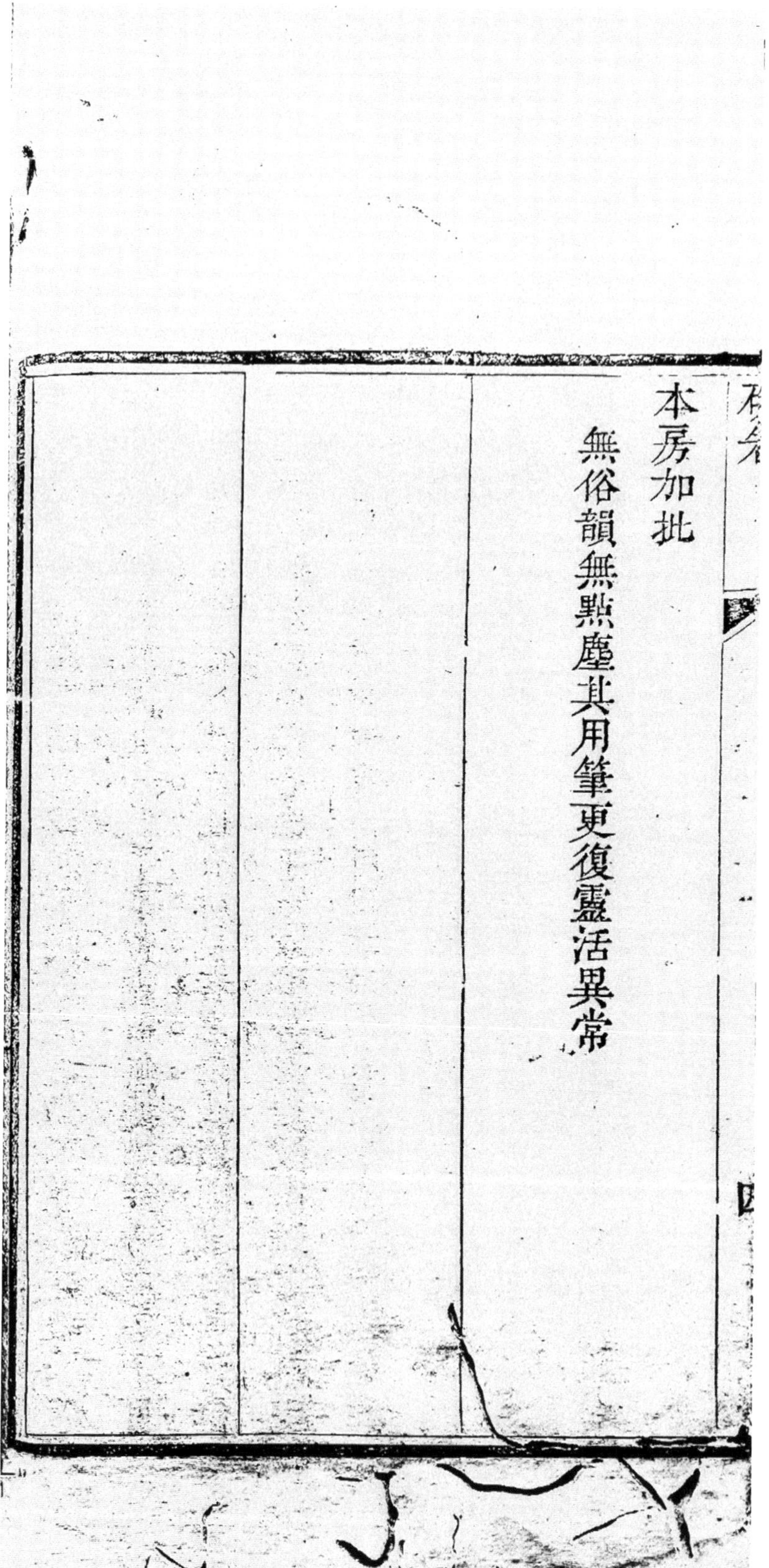

本房加批

無俗韻無點塵其用筆更復靈活異常

本房加批
折落處如
山崩石墜

今有璞玉於此雖萬鎰必使玉人彫琢之　徐思東

觀齊王之處玉眞明而斷者也夫璞玉之彫琢非玉人不能此固王之所明而亦王之能斷者也孟子因借玉以諷王曰天下之物有任其棄置而不復問焉者必其物之不甚愛惜者也苟愛惜之念倍于尋常則寄託之情必無旁及此雖事不必其相關而情不難于立决則臣請於此更有説焉如王之善于擇木而不如任夫人於是議王者僉曰王固獨斷自雄不欲以其權與人者也即不然惟便嬖左右之是問而此外鮮有爲王任事者然而爲是説者其誣吾王也實甚王固事事出人意外者也獨至有一事焉王不

筆有遠神

目送手揮
遠神栩栩

必爲臣言而臣無不可爲王信臣亦多所不足吾王者也獨至有一事焉臣不敢議王之所爲而王亦不能出臣之所料則試以王之所有者而論夫王之所有非必其爲民社之司也不過璞玉耳且非必有兼城之價也不過萬鎰耳此卽惟王所使所失正自無多且適足以見吾王賤貨之心耳乃臣方意以爲非彫琢不可而王果曰非彫琢不可臣意以爲非玉人不能而王果曰非玉人不能其使之也有必然者臣于此服吾王之明且服吾王之斷想玉人之藏其技也既無自衒之情又無先容之士其無望王之特達之知也明矣乃未經謀面而不啻素結知心賞識所加雖明主幾無

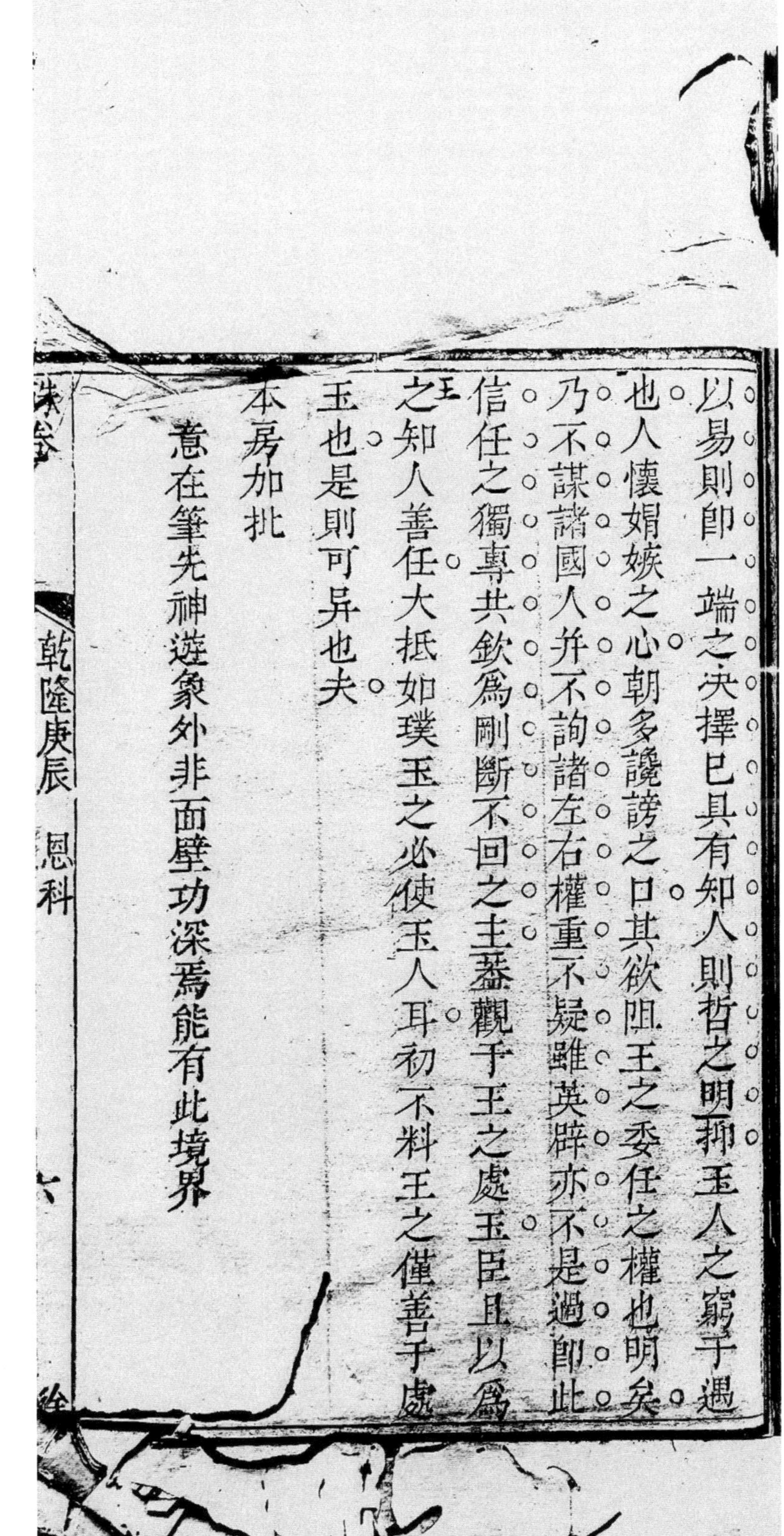

以易則卽一端之决擇巳具有知人則哲之明抑玉人之窮于遇也人懷娼嫉之心朝多讒謗之口其欲阻王之委任之權也明矣乃不謀諸國人并不詢諸左右權重不疑雖英辟亦不是過卽此信任之獨專共欽爲剛斷不回之主蓋觀于王之處玉臣且以爲

王之知人善任大抵如璞玉之必使玉人耳初不料王之僅善于處玉也是則可异也夫

本房加批

意在筆先神遊象外非面壁功深焉能有此境界

乾隆己亥　王煦

而和
王煦

老王老王五年之後你仍舉人我中會元七年之後你中進士我入翰林九年之後你到閻王我視君王

導我以先路遂步其後塵

辛丑正月望日閣視偶書於請益

齋鑒

恩科浙江鄉試硃卷　第十四房

中式第五十四名王　煦紹興府上虞縣學廩生民籍習易經

同考試官紹興府嵊縣知縣胡　閲

薦

大主考日講起居注官翰林院侍講學士吳　批

取

又　批

風骨名貴舉止大方

大主考吏部左侍郎王　批

中

又批

才致清靈神采俊逸

本房總批

應弦遺聲按節技袂不慕華而棄實不趨易而避難故能拔朝英於已謝啟夕秀於未敷詩旣清新策復條暢知其浸淫於古者深矣

本房加批　翻身入雲

勁氣直達

精緻

高踞題巔　氣度宏敞

升車必正立執綏　王煦

於升車覘聖敬立容德矣夫升車者孰不執綏而要未有必正立如夫子者不卽此可見聖人之立容哉且夫古君子以毋不敬之心表正一世固無在不範其馳驅也豈必曰登車則有光哉乃善觀聖者不於其禮法之塲而偏於其倥偬之會覺衆人所輕心以掉者聖人直以大居正者持之斯足容重而手容恭眞令人占允升之大吉矣吾夫子從大夫後於禮宜乘墨車苟有車必備夫綏苟有綏必事夫執雖聖人豈必與人殊而吾黨且樂於升時觀禮古聖王制器尚象葢圓以中規軫方以中矩早示天下以至正之

吞雲夢者八九

讀書有間筆亦入古

切實發揮筆歌墨舞

則而聖人直欲以辨卑毋譖者昭規物於先民士大夫圖提乘機超乘以興戎挾輈以啟釁實開天下以醜正之門而聖人直欲以視履考祥者立防維於來世闔之君車將駕僕執策立於馬前已駕取貳綏跪乘及出就車又并轡以授綏焉下此或僕者降等則受不然則否禮也若是則立而執綏執而升車禮之用如是而已正不正未可必也雖吾夫子豈必與人殊而孰知亡於禮者之禮固有升不遽升執不遽執而立不苟立者哉蓋其平居植凝命之基原不因乘馬既差始飭威儀於車下其正立也蓋有參倚之思焉轅非埶也跬步恒慮夫登陁馬豈剛乎秉心轉危於馭朽卜永

腹有詩書氣自華

收局完密

貞於艮趾而山立之容有獨昭其敬於命駕時者則金梲可繫大輿無壯不徒讀玉藻而誇佩玉鳴鸞之節抑其夙夜凜易方之戒亦偶因倌人乍命聿昭磬折於車前其正立也蓋有禮樂之意焉非同輹之脫而布武者不翔豈類蚤之翩而舉趾者自固惕悔吝於來徐而拱立之度有獨致其恭於道左闍者則幽人行願君子攸躋詎得援曲禮而守展軨効駕之文吾黨熟誌之而知果有以異于人也由是撫手禮行車驅而騶而升車者已在車中矣不知正立執綏之夫子至此又當何如也

本房加批

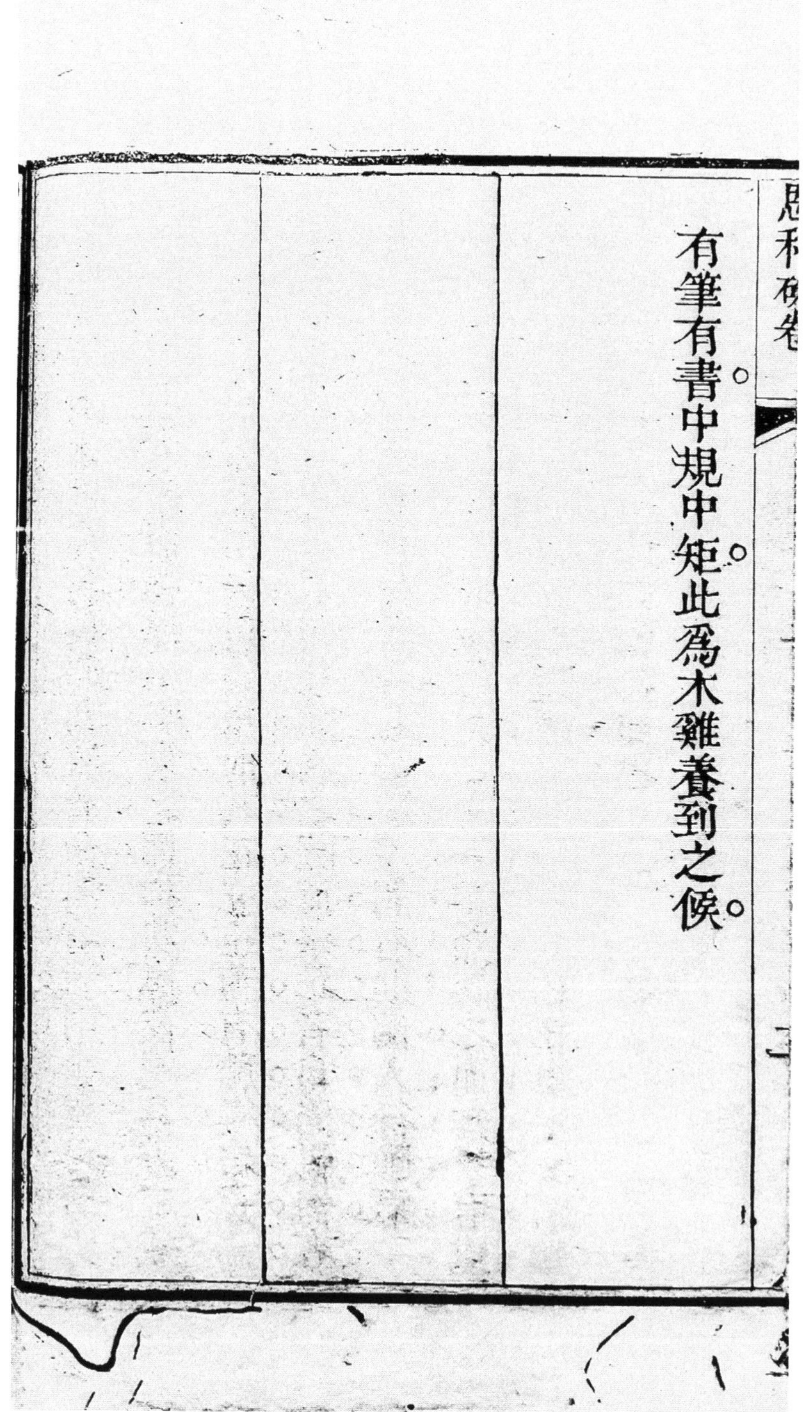

思稱硯卷

有筆有書。中規中矩。此爲木雞養到之候。

本房加批上下截鎔成一片如八蠶絲如同功繭序清來脉含接無痕遥下如帷燈匣劍

一撮土之多及其廣厚　王煦

有不足以盡地之量者當進求其全體矣甚矣撮土之不足以盡地也進求全體而地之廣厚不大可見哉嘗思以域中之大而必約舉以爲言則廣輪之數不妨咫尺盡之而馳思大塊之無垠者要當擴充焉以盡其量葢由合以觀其分尤當由分以觀其合一隅而近六合而遥其藐然者卽其壙然者也試由天之無窮而進徵諸地夫地固負其博厚之體而賡生以配天者也顧欲指其一處言之亦安見其多乎哉聯八紘之綿邈禹跡幾慮夫難周而僅於閱歷偶經之地漫定其指名則泰遠濮鉛約之要不過一抔之

發帖力排奡剛健含婀娜

顧盼有情

細望四極之崇深亥步猶虞其未及而僅於憑眺偶至之餘過爲其區別則威夷息愼收之要不殊一掬之盈擬以撮土地僅若是之多乎哉而究不得謂撮土之非地也顧嘗攷疆索覽輿圖而見夫魏郃芮岐西土也蒲姑商奄東土也巴濮楚鄧南土也肅慎燕亳北土也遍歷十二州之境舉所謂阜而自昂而低者不可勝紀假而曰撮土可盡也是何異指昭昭以言天而謂天小也哉則試由近以及其遠而形方隸職未言順癀於東南由下以及其高而括地名圖不載土圭之深淺夫非猶是一撮之多之土哉而要不能不於廣厚竟其量也第從蕞爾之區以探旡疆于坤德則地材

全從旁面敲擊得烘雲托月法

採珠合浦腦手盈掬

之翕闢不昭及其推而皆準而冀州之白壤徐州之赤墳雖作貢亦有上中之錯而其廣厚可知也縱使北戶錄於往代虞衡誌自前朝好事者每逞其謬悠之說而鑿空無據孰究夫狄鞮寄象之全第守拘墟之說以窺行健於坤輿則地道之安貞不見及其進而靡窮而鹹潟之用貆輕爂之用犬雖糞種亦有高下之分而其廣厚無論也縱使佐輔輯有成書玉版垂為實錄索隱者侈談夫壙埴之區而堅僻不經疇括夫燥濕剛柔之總葢于撮土觀其分而地之形歎亦于廣厚觀其合而地之量宏此不貳之驗也

本房加批

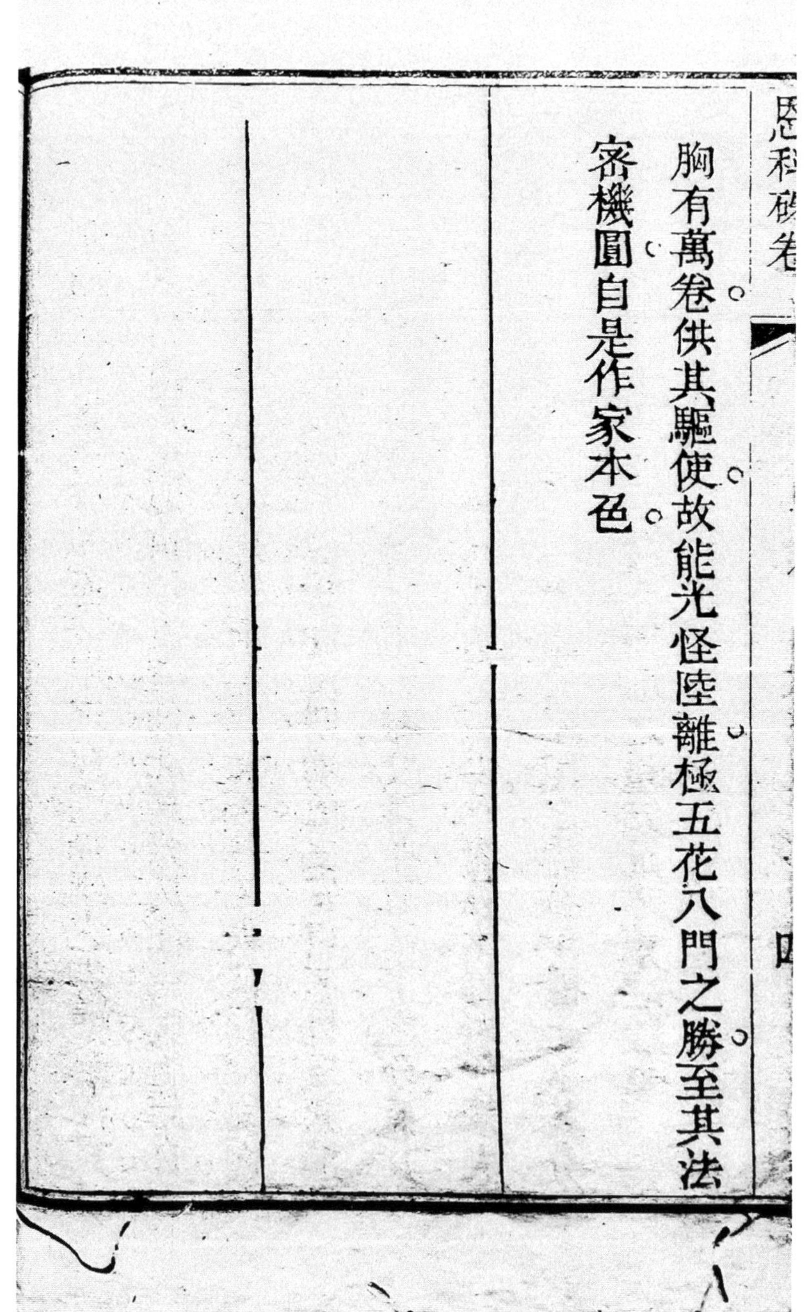

胸有萬卷供其驅使故能光怪陸離極五花八門之勝至其法

密機圓自是作家本色

本房加批
清言如屑

截金爲句
一字一縑

亟其乘屋

有迫於乘屋之外者而乘屋倍亟矣葢使豳民僅爲乘屋計亦何至宵晝之不遑息乎其亟也殆有迫之者耶今夫爲國者誠知民事不可緩則能爲民亟乃事矣顧君之亟民也恒患其不深而民之自亟也轉虞其太甚則卽一作室之計而盡瘁以圖有不勝憂思之逼迫者如豳民之乘屋是已晝于茅而宵索綯豳民其僅爲乘屋計乎抑不僅爲乘屋計乎顧乘屋亦正有不容緩者昔猶曰乎秋未成何得以食薁烹葵偷閒旦夕而今何時乎非有雀之穿致類鳥之止苟束版未勤將前此之茅誰占用藉也昔猶曰宮功

乾隆己亥科

腹笥既富咳唾都成珠玉

一摑一掌血

是執僅得以荷鋤秉鍤仰給追胥而今何時乎既暴之以風復苦之以雨荷捄陾稍怠將前此之綯誰歌繩直也顧吾獨思公劉遷豳以來綏爰有衆相陰陽觀流泉于時處處奠厥攸居豳之民皆有敝廬以避燥濕寒暑夫誰則未有室家重煩吾民宅爾宅哉即或垣墉既勤尙有待于壁茨則課其功亦不過一朝夕之故計其力亦不過一手足之勞屋雖乘經始勿亟可也而乃父詔其弟兄誡其子洽比其隣相與執扑以巡曰亟其乘屋何居將謂豳地新遷家室之謀倍切則以飲酹之暇爲作堵之期即曠日遲久非怠也而豳民之亟有不因乘屋而起者焉念自築場納稼以來亦顧

手揮五絃
目送飛鴻

妙語如珠
穿一一

筆有餘妍

息肩於蓬戶而正恐弛其力于一時有致貽其悔于四時者乘屋勿亟而亟于乘屋者更無所用吾亟矣則思其艱以圖其易當時屢飄搖風雨之思將謂徹土苦寒墐塞之務孔殷則以貓虎之嬉作豳龍之警即從容赴事非遲也而豳民之亟有倍因乘屋而切者焉念自獻豜私豵而後亦思憩足於窮簷而正恐貪其逸于一日有莫償其勞于百日者乘屋勿亟而後于乘屋者抑且愈甚吾亟矣則舍其舊以謀其新能勿深牖戶綢繆之想非然者農人告余以春及將有事於西疇矣其能舍穡事而議底法耶

本房加批

香艷同班范清俊勝庾鮑真乃胸似鏡而筆如花

乾隆癸卯　同懷硃卷　錢㲀宣、錢㲀燦

同懷硃卷
乾隆癸卯科

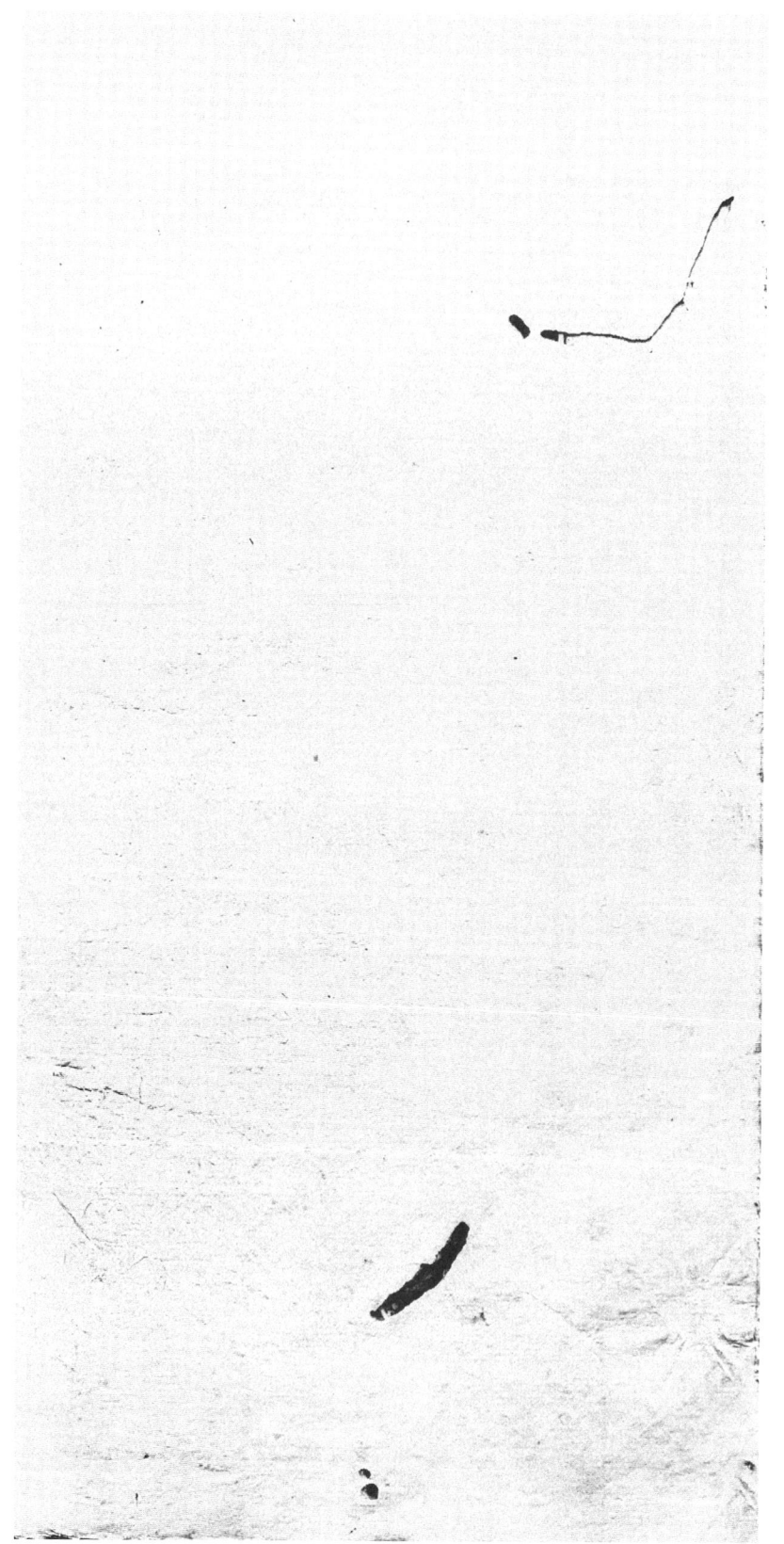

錢殿宣 燦

高祖鑛 龍游教諭例贈文林郎
高祖妣章氏 例贈孺人
曾祖賡 邑庠生例贈文林郎
曾祖妣范氏 例贈孺人
祖祿 例贈文林郎
祖妣姚氏 例贈孺人
父必和 邑庠生例贈文林郎
母徐氏 例贈孺人

宣 字嘉謨號謙齋行三辛酉年十月十五日生紹興府上虞縣學增廣生民籍習詩經
燦 字嘉琳號陶齋行五戊辰年四月初十日生紹興府上虞縣學增廣生民籍習詩經

高叔祖陞剛 丁酉舉人任山西偏關縣知縣署寧武府分府
伯祖英需 儒士 資 國賓例贈儒林郎 恒需 例贈儒林郎
伯父必大 廩膳生 必達 甲午舉人 必華 國學生 必彰 國賓例贈儒林郎 必潮 儒士 必美 國學生例贈儒林郎 必宜 邑庠生
叔父必齊 儒士 必超 國學生 必集 儒士 必泰 儒士 必顯 儒士
堂兄光 貢生 清時 貢生 殿最 殿明 國學生 殿綱 殿陞 邑庠生 殿翰 貢生 殿燮 庠生例贈將軍 殿謨 邑庠生 殿濟 儒士 殿卿 國學生 殿維 國學生 殿綽 國學生 殿緯 廩膳生 經 邑庠生 殿鑑

履歷

賈氏例贈孺人

丞懋下

儒士殿良國學生 殿信例授布政司理問 景崧邑庠生 殿振

胞兄殿賢業儒 殿標

堂姪景國學生 星國學生 杲邑庠生 學參例授布政司理問 學彭例授

布政司經歷 曙邑庠生 鵬貢生 瑄廩膳生 綸邑庠生 鳳飛邑庠生 君

屏國學生 八傑業儒 八則業儒 瑀邑庠生 八懷業儒 彪飛邑庠生

八陶業儒 師琴業儒 鵠飛國學生 鶚飛業儒 鶴飛國學生 君聘

業儒

嫡姪學海業儒 學澗 學瀘 學沂 學濤俱業儒

姪孫騰輝貢生 聯輝國學生 珽邑庠生 中選 名奎 青選

士騄俱業儒

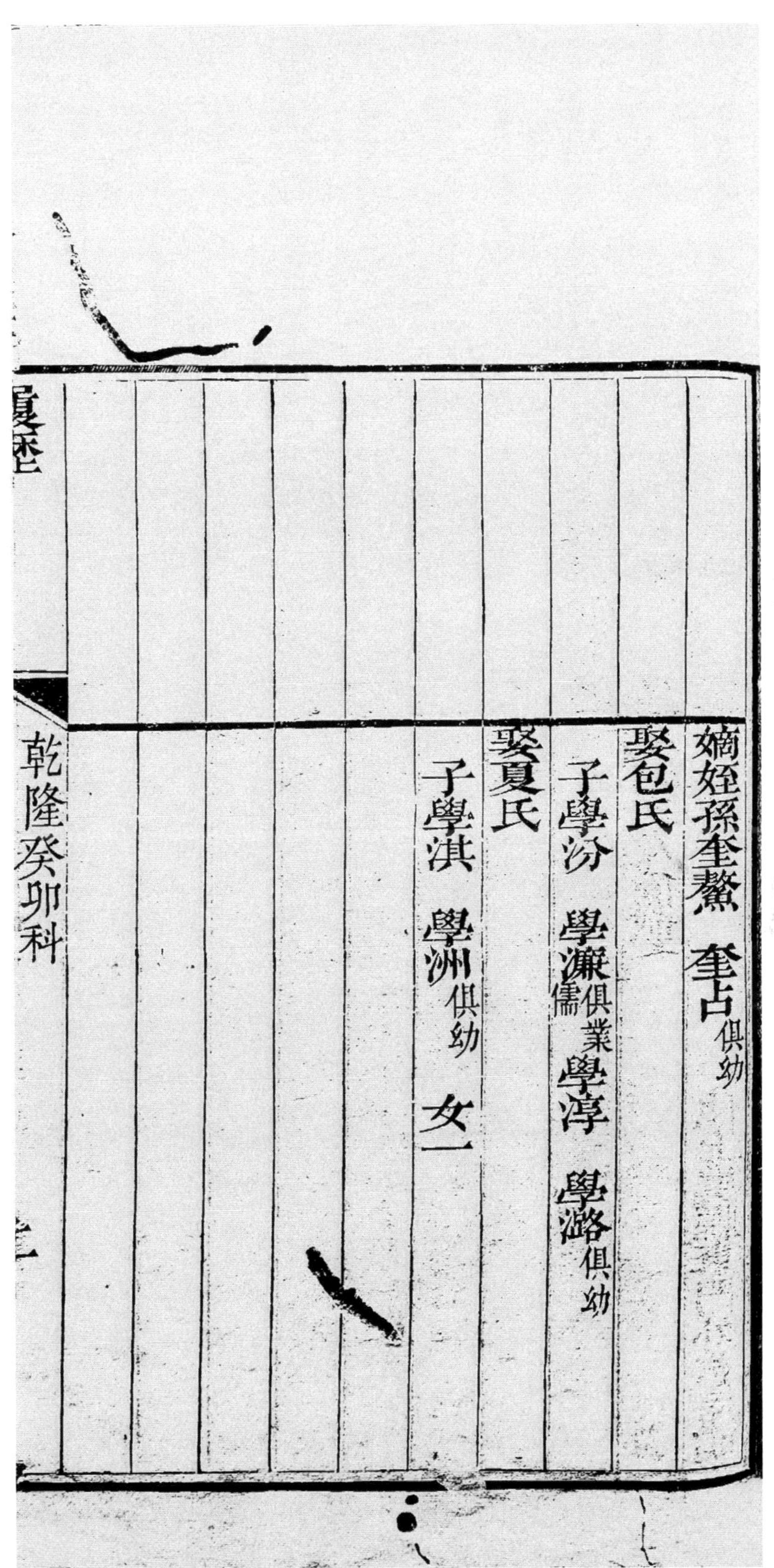

嫡姪孫奎鰲　奎占俱幼

娶包氏

子學汾　學濂俱業儒　學淳　學潞俱幼

娶夏氏

子學淇　學洲俱幼　女一

履歷

乾隆癸卯科

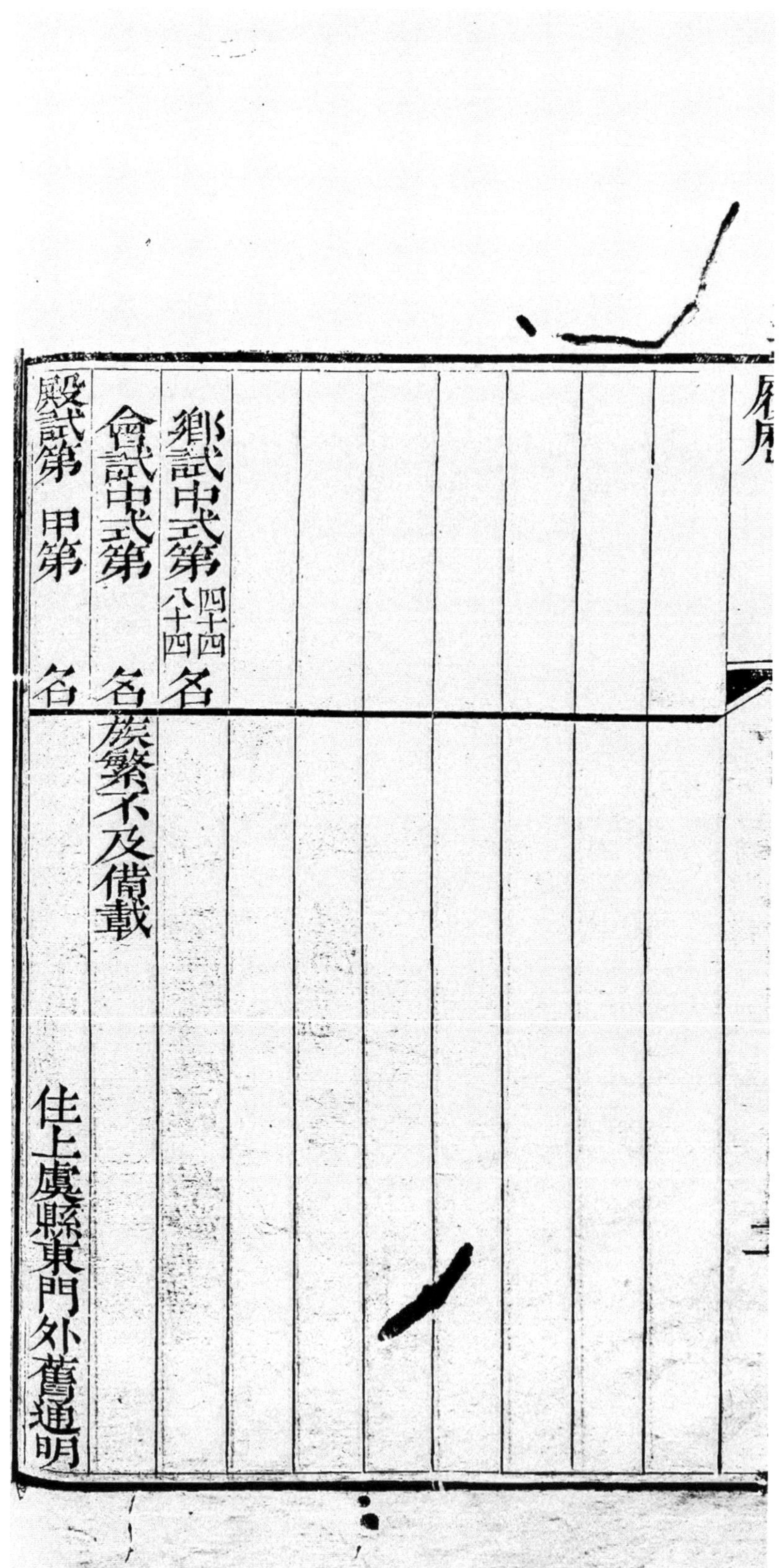

履

鄉試中式第四十四八十四名

會試中式第　名族繁不及備載

殿試第　甲第　名

住上虞縣東門外舊通明

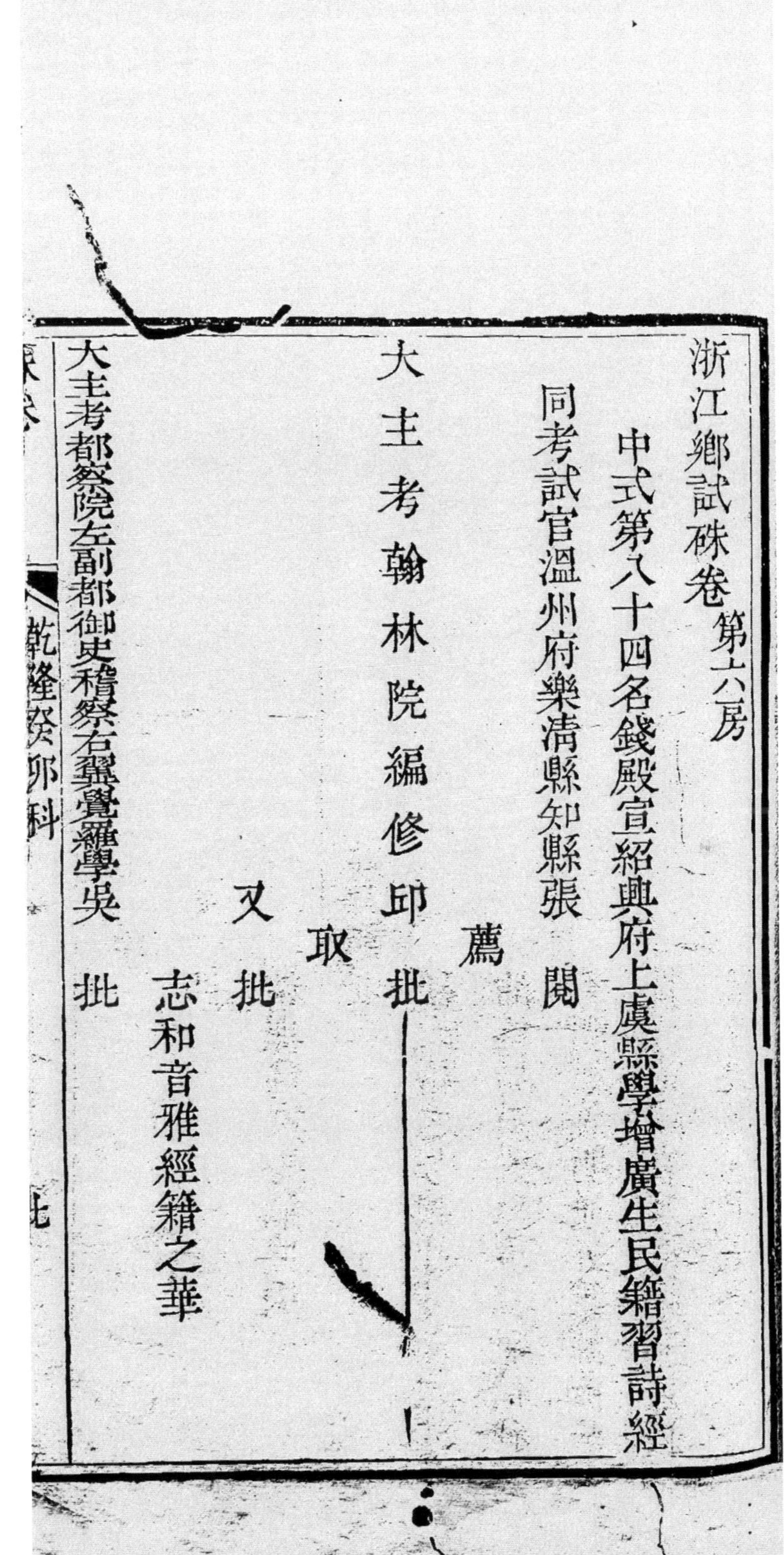

浙江鄉試硃卷第六房

中式第八十四名錢殿宣紹興府上虞縣學增廣生民籍習詩經

同考試官溫州府樂清縣知縣張　閱

薦

大主考翰林院編修邱　批

取

又　批

志和音雅經籍之華

大主考都察院左副都御史稽察右翼覺羅學吳　批

乾隆癸卯科

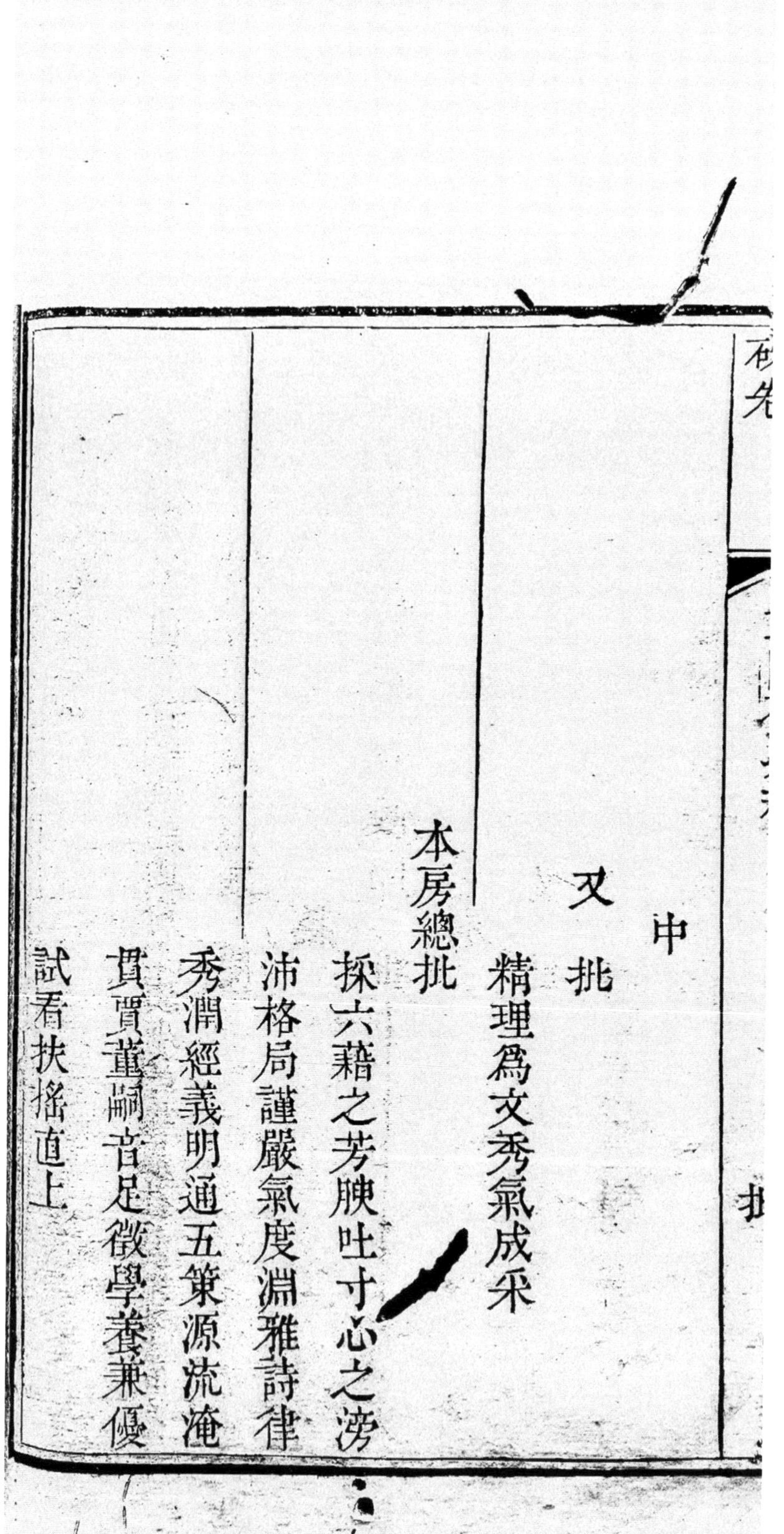

中

又批

精理爲文秀氣成采

本房總批

探六藉之芳腴吐寸心之滂沛格局謹嚴氣度淵雅詩律秀潤經義明通五策源流淹貫買董嗣音足徵學養兼優試看扶搖直上

本房加批
老氣橫秋
從用世觀出
以遯世陪出

逸民伯夷叔齊虞仲夷逸朱張柳下惠少連　錢殿宣

誌逸民於商周之際得七人焉夫夷齊諸人有可考有不可考矣然以其皆出於逸也夫固可以逸民稱之耳嘗思古人之品概不齊顯晦亦判而乃上下數百年之間有時當用晦而不得不晦者有跡類於顯而究出於晦者雖其行事多不同傳聞有詳略而不以知遇見則逸之不以功名見則民之而已明良相會之年上有聖主下有賢臣盛世所以無遺材也而茲則利見無期不得與三公論道六卿分職彰宏業於千秋孤高長往之子入山必深入林必密隱者所以尚避世也而茲之幽貞獨賞直欲於耦耕之伴歌

敍次入古

具見手眼

氣清法嚴

古文局陣

鳳之狂分高蹈之一局間嘗遐稽商周之際曠覽賢哲之林見夫兄弟偕行採西山之蕨而待北海之清者墨胎之遺胄也斷髮文身露體爲飾史所稱太王之昭者固翩翩然一佳公子也寧伏軛而耕於野毋被繡而入於廟者其眞人之克符其名乎若夫其名不著於春秋其行事不散見於他說亦孰從而知之而要之不可知者卽可以逸民之類知之也至於身爲士師三黜不去是眞能以吏隱者三日不怠三月不懈達於禮者東夷之子也之七人者或有位或無位而皆可以逸概之或可考或不可考而皆可以民稱之名不載於旂常則在朝無殊於在野而究之履潔懷芳固足

幽蘭在室

心閑手敏　滴滴歸源

點睛手段

於箕潁逃名而外別操持世之權也旣不同於遭逢之盛何妨夷於編列之儔而阨窮在此日轉若於不類之中而見其類之殊途而合轍業不昭於簡策則不傳豈同於不朽而究之聲沈響寂固得於羣倫稱道之餘自具傳世之眞也豈漫等於泉石之甘要無愧於聖賢之列而遺棄在當年夫且於晦跡之內而徵其跡之異曲而同工蓋非逸而逸之者原其心也有位而亦民之者慨其遇也同出於逸則同稱爲民也亦宜其人爲誰則伯夷叔齊虞仲夷逸朱張柳下惠少連

本房加批

簡鍊揣摩先正典型於兹未墜

本房加批
筆意英挺

高華沈實

所以勸親親也　錢殿宣

觀親之所以勸無徒侈言其效也甚矣親之不可不勸也然而不怨之效不有所由致乎公亦盡其所以勸而後可今夫由一本以至九族皆親也而性情不争則公姓公族類有渙然相離之勢王者推恩有道以葛藟之意庇其本根而有餘即以行葦之思收其族屬而無不足蓋觀於親親之間而知周之長久者用此道也臣言諸父昆弟不怨其道不有所以哉則試由尊位重祿同好惡而明言之螽羽呈祥而後本支百世非文之昭即武之穆矣雖有小忿不廢懿親想當年莫遠具邇讀常棣而如見纏綿愷惻之情元

文情開展蘊藉風流

酣適

收出所以之神題理完足

侯啓宇以來不弛其親開國之訓實承家之謨矣周之宗盟異姓爲後想當日式好無猶歌伐木而益徵鼓舞飲酺之樂益親之既欲其貴愛之既欲其富同其好而兄弟俱來同其惡而患難相恤其猶有怨者誰哉先王之勸親親者以此倫紀之昭宣要必有所推而致挾勢分以追之不若篤恩誼以將之也夫田家父子兄弟之間亦甚無文而一出以至性之委輸遂覺藹然秩然固結而不可解則所以推之者已早也春令殷同氣之思斯宗姓無尾大之患猜嫌疑忌之端其盡泯矣於此見先王睦族之有經彝常之燦著又必有所感而通以寵偪而害之何如以手足而愛之也夫布

筆墨淋漓
書味盎然

穩秀

得勉君神
吻

衣晨夕往來之地亦覺甚朴而一動以眞情之宛轉遂至相欽相愛維繫而不可離則所以感之者已深也一人戒鬩牆之變斯同體塈禦侮之懷刻薄寡恩之事其不聞焉於此見先王旁治之有本迄於今聞命而不敢告人錫服而幸其安吉非猶是弱弟封桐之舊而所謂周道親親罔敢失墜者固職在太師也用此道以聯我伯叔當隱弭取麥取禾之釁耳一人僅亦守府宗國至於無鴆非猶是倍敦賜履之時而所謂世世子孫無相害者固載在盟府也用此道以輯我父兄可無愧關雎麟趾之遺耳臣所謂不怨者不以此哉

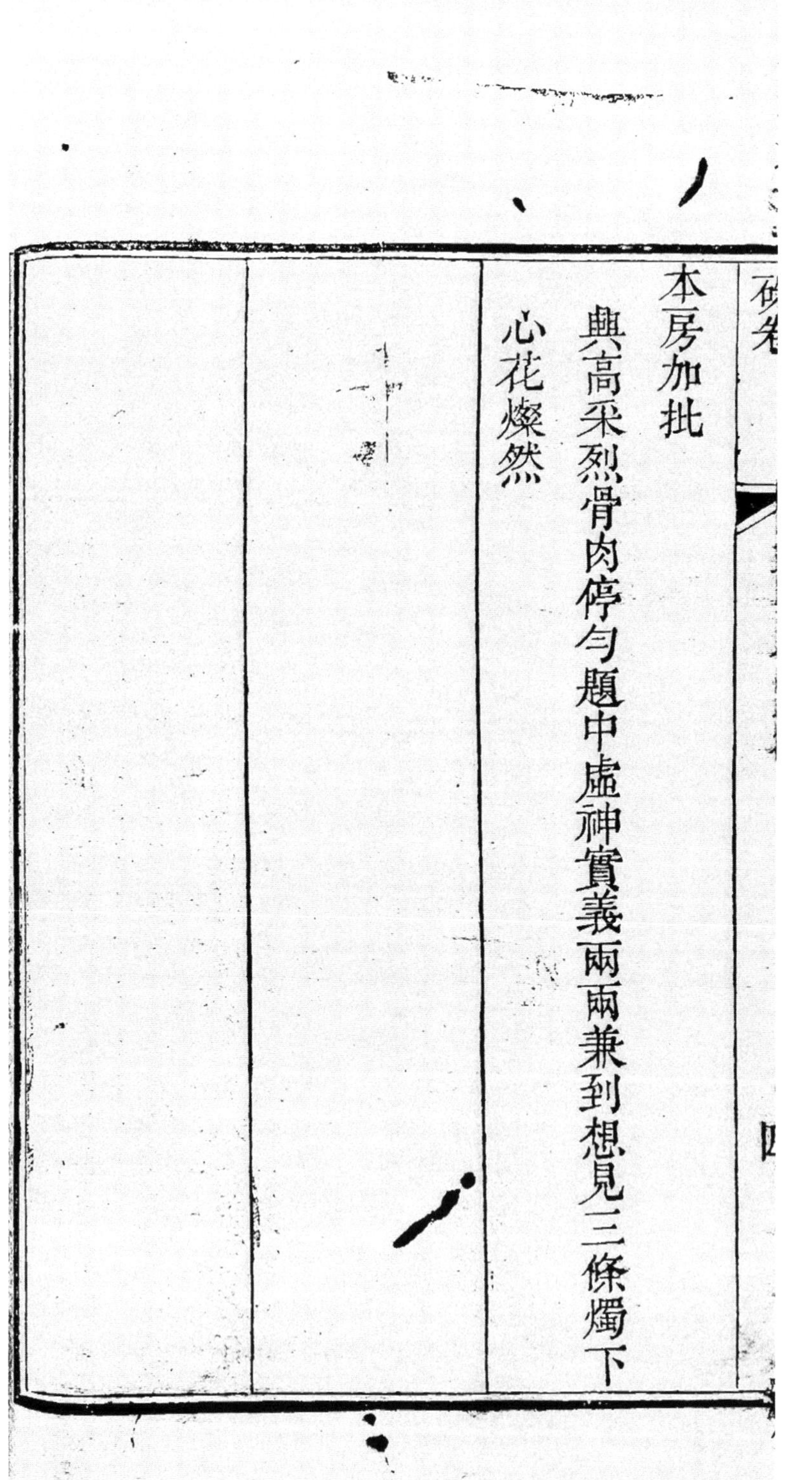

硃卷

本房加批

興高釆烈骨肉停勻題中虛神實義兩兩兼到想見三條燭下

心花燦然

本房加批
堅卓

存乎人者莫良於眸子

錢殿宣

存乎人者不一體而眸子爲最良矣蓋人之所以爲人不獨一眸子而眸子之存乎人則非衆體可比也明其爲最良人亦念及於所存乎且夫人之相安於不覺也謂我心之靈足以役衆體而司視之官亦僅與衆體從其令焉如其然也則察萬象於形色之間要不得居一身而裕神明之用吾嘗靜驗乎人默溯於天而知瞻矚之係人不淺也今夫天之所與卽爲人之所存而旣存乎人其尙可概謂之天哉維皇賦畀以來百體皆知效力而手則能持足則能行悉油然而徵所性之自始人爲繼起以後五官各有專司

照下正不正妙手空空

筆情爽逹

而氣主乎陽血主乎陰當曉然而辨在人之獨優然則存乎人者
其莫良於眸子乎其爲聖王之眸子顧諟而常懷明命之思其爲
哲士之眸子收視而如凜非禮之戒然此其有定者也天下有定
者猶不足以彰其美而惟無定者乃足以昭其奇猝然之頃人第
知眸子之爲眸子也而以吾判厥低昂覺眸子之於人初非塊然
一物者之可得而擬其爲睍視之眸子微睇而若有所畏於中其
爲流睞之眸子遙矚而若有所思於外然此亦有常者也天下有
常者猶不足以顯其功而惟無常者乃足以形其妙倏爾之際人
幾不知眸子之成爲眸子也而以吾分其優絀覺眸子之存乎人

句中有眼

淡語中具有至理

照下更醒

早非寘然罔覺者之所得而同天之所與乎我有其頑然者必有其至靈者而眸子則與至靈者爲之附而麗夫亦靈之至者也故一人有一人之眸子千萬人即有千萬人之眸子斯眞存乎人者之變幻而不窮人之所得乎天有其實焉者必有其至虛者而眸子則與至虛者爲之合而化夫亦虛之至者也故一時有一時之眸子更閱一時而即爲異時之眸子斯眞存乎人者之範圍而不過其良也以其不相掩也

本房加批

心靈手敏眼光四射

賦得竹箭有筠　得如字五言八韻　　錢殿宣

材以東南美蕭蕭竹箭疏粉添新籜後翠繞碧筠初鳳尾梢
天遠龍文匝地舒葱蘢攢曲徑輕蒨瀠清渠淡與青冥合濃
連黛草餘此君無俗態何日種
皇居外直操彌勁中空心自虛
聖朝重禮教多士用相如

本房加批

清新俊逸復見唐音

浙江鄉試硃卷第五房

中式第四十四名錢　燦紹興府上虞縣學增廣生民籍習詩經

同考試官金華府東陽縣知縣袁　閱

薦

大主考翰林院編修邱批

取

又批

書味在胸情韻自別

大主考都察院左副都御史穡察吾翼覺羅學吳　批

乾隆癸卯科

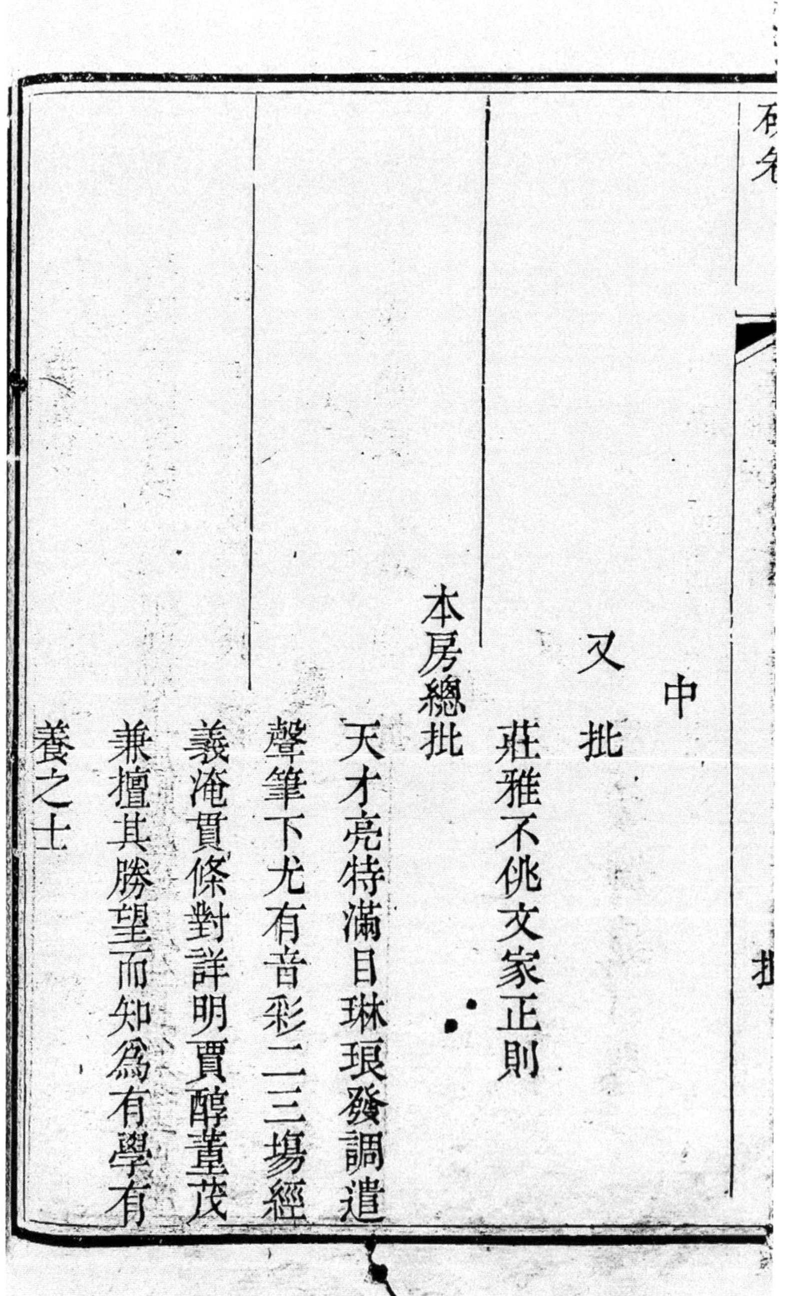

中

又批

莊雅不佻文家正則

本房總批

天才亮特滿目琳琅發調遒聲筆下尤有音彩二三場經義淹貫條對詳明賈醇董茂兼擅其勝望而知爲有學有養之士

本房加批

開口便得逸民身分

清劃

渾涵大雅識据題巔

維嶽嵩高氣象尊

逸民伯夷叔齊虞仲夷逸朱張柳下惠少連　錢燦

舉逸民而類誌其人、從其同也、夫夷齊諸人其行事亦逈不同矣、然其主乎逸則同也、魯論故以逸民類誌之、嘗思兩間有不易之綱常而千古有不磨之風節遐稽往哲雖人各殊世行各殊途而風節之所彰要卽爲綱常之所係則遯荒以行其素逈非石隱以鳴其高而其人遂不謀而適相合也如逸民是已夫人何爲而以逸民稱哉其本之於學問者皆足叅大成之詣而率其性之所近乃遂於中庸之外特創一格以著其孤標其蘊之爲才猷者皆足襄康濟之謨而旣爲世之所遺乃遂於家國之間自闢一途以成

處處竅會

巖壑清幽
烟霞繚繞

頓挫深婉

其亮節遐哉逸民其人謂可多得乎哉蓋嘗於商周閒得七人焉曰伯夷叔齊曰虞仲夷逸曰朱張曰柳下惠少連之數人者或爲貴國之公子或爲宗國之直臣或爲遐荒之達士遙遙曠世之內古今人同不同未可知也然其心則各有所主矣其道則均有所成矣以視沈淵洗耳者流不大有閒乎是故以逸民類記之從其同也富貴聲華之美人競趨焉而若人則引而去之而惟恐衣冠之浼夫行藏亦視乎遇耳心存名教之防而必託隱淪以舒其悲憫則超然高舉遇之窮適以成其風之峻也想其時行蹤亦差別矣而永懷泉石交謝世網之羅奇迹風塵竝絕時宜之想斯誠足

唱嘆有神題氣一絲不溢

收束完密恰好激起下文異字

與日月爭光爾詩書歌頌之文士爭羨焉而若人則襲而藏之而不期文采之畱夫卷舒亦隨乎時耳躬處彝常之地而至安肥遯以寄其感懷則蕭然遠引時之困適以形其節之堅也迄於今風徽亦漸邈矣而聞其姓氏羣深歌泣之思訪其里居尚切景行之慕斯亦足以流傳不朽爾世運之盛衰難必而可必者在巳之丰裁時事之升降難憑而可憑者當躬之品詣蓋至槩之爲民而知七人之遇合適相符也統之爲逸而知七人之性情均相類也迨夫子之論定而逸民不同於隱士聖人又不同於逸民矣

本房加批

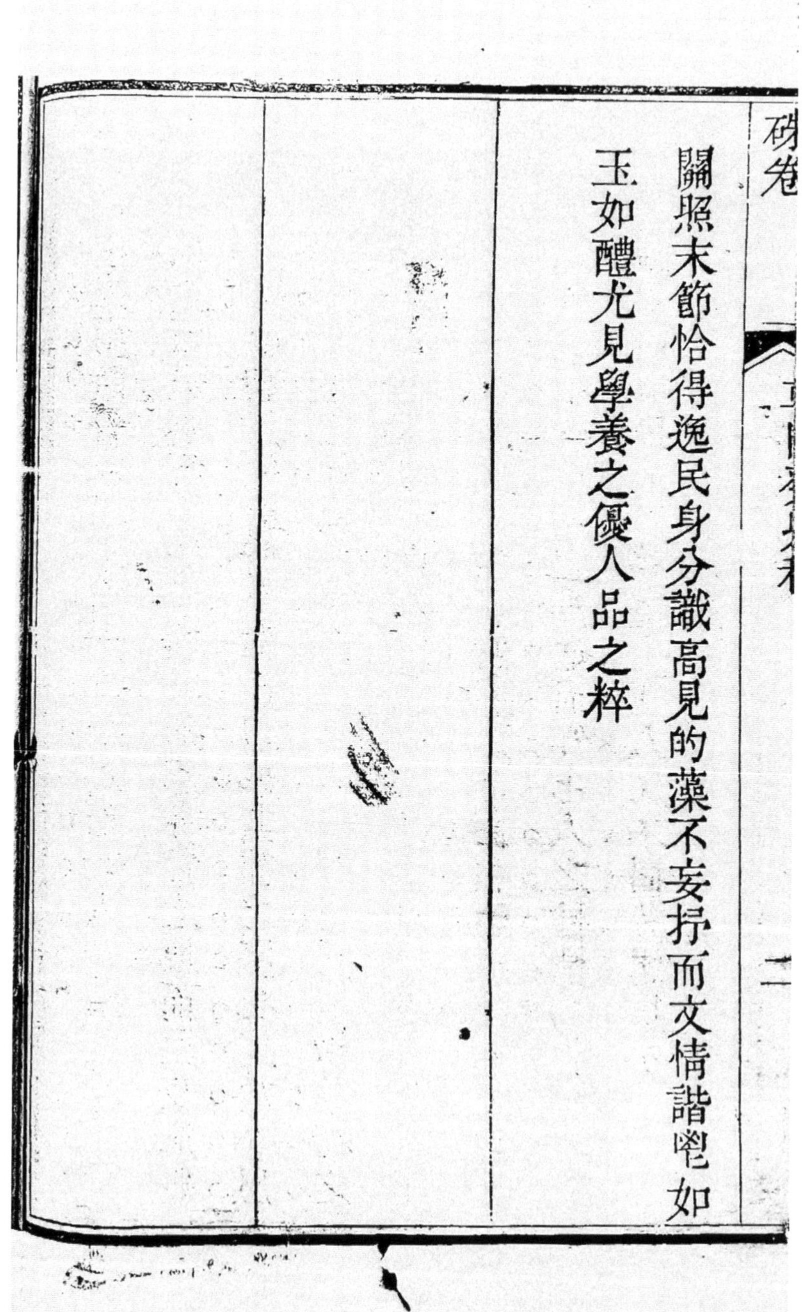

硃卷

闢照末節恰得逸民身分識高見的藻不妄抒而文情諧愜如

玉如醴尤見學養之優人品之粹

本房加批
何如山立

氣體高華
如讀唐人
早朝諸作

所以勸親親也

錢燦

推親所由勸予以周道之忠厚而已甚矣親不可不勸而非可易言勸也優以祿位原其好惡非所以勸之之道乎今夫視天下猶一家者王者之心也則海甸雖遥何在非怙冒所及乎然四方之觀化有原則一本之推恩宜渥試由其效之所臻以觀其事之所起而知當日之所以敦本者用意爲周且悉也尊位重祿而好惡與同經之遇其親者一何厚哉麟有趾而螽有羽其屬諸毛裏者無論矣而子姓誌穆皇之美公族無翦棄之憂故一時之戴德而興者各思效股肱於帝室爵惟五而土惟三其予之富貴者無論

轉折圓潤

情文相生令人麥皇洛賞

深湛

矣而公尸誦既醉之篇昆弟戒閱牆之變故一時之感恩而起者咸自拱帶礪於天朝蓋所以勸親親也本支原有相聯之誼則親之樂親乎我者情也苐行葦之風既邈斯角弓之刺以興耳乃自優之以位祿體之以好惡而親巳相顧而動也思今之安享太平者事事皆由於聖主而沐膏咏勤之下我無以更益其崇高獨無以稍申其翊戴乎一人廣惠而九族懷恩則所以敦睦之者至矣骨肉均由同體之分則親之願親乎我者亦理也苐葛藟無相庇之休斯蔦蘿之相附之致耳乃自位祿以寵其身好惡以恤其情而親巳相觀而化也思今之坐擁膏澤者一一皆本之天家而飲

題蘊從反面抉出包括多少史事

和食德之餘我不能上報以涓涘獨不能隱酬以悃愫乎一日敦倫而奕世載德則所以鼓舞之者深矣蓋宗黨不固嘗足以釀隱憂其始小相怨而不免向隅之慘其後安爲忍而卒成解體之虞則所謂親者尙可問乎及觀廟堂上行一非常之典加一破格之恩而盛德之感人乃獨深於世胄抑戚屬既離將何以培厚脈其初上屯其膏而家有乾餱之失其後下行其意而國無磐石之安則所謂親者又安賴乎及當宮闈間仁一先帝之子孫錄一先公之支庶而天懷之中發初無假乎刑威然則親之勸也可徒責之諸父昆弟而不思自盡其事乎

硃卷

本房加批

典高采烈風骨奮飛鶯俱從上二句曲曲寫出愜心貴當知非

夸目尙奢

四

本房加批

霜鴻雪爪有影無痕

籠罩全章折入本位

經營慘澹曲費匠心

存乎人者莫良於眸子　錢燦

即存乎人者而審之惟眸子爲最良矣蓋存乎人者非一端所貴取其良者而察之也而要孰良於眸子乎孟子故特舉以示人耳且夫人藏其心不可測也而若隱若見之交要自有所附以呈之然使必徧察而後喻焉則察之者不勝勞而藏之者乃愈固抑知覿面之時自有任天之處而昧者特未嘗於此而一覘之也蓋嘗曠覽乎物情之變熟籌夫人事之紛精研於是非淑慝之途隱求夫身世往來之則而知存乎人者之多不可憑也抑思存乎人者之必有可信也夫存乎人者亦至不一矣考洪範之五事作謀作

頓上句有返照入江之勢

一起筋搖脈動不徒工於布勢也

如題收住何等深穩

肅何者非定命之符然可以驗君子者未必可以槩小人則苟非探微燭隱而得失尚屬參分之數辨玉藻之九容曰恭曰重何者非暉吉之光然致飾於小人者或且遠勝於君子則但云鑑貌辨色而臧否反成倒置之形蓋存乎人者固未必其皆良也而良者殆莫如眸子云夫眸子豈有心於良哉使眸子或有心於良而其良已不見矣惟是猝然邂逅之頃我之於眸子也相遇以神斯眸子之與我也亦相忘於化彼存乎人者尚有如眸子之化者乎是眸子之良正以眸子之無心而得之也即人亦豈有心於眸子之良哉使人或有心於眸子之良而其良益不見矣惟是忽焉酬對

雲影天光
玲瓏映發

之會眸子之麗人也本出於誠斯人之運眸子也亦難參以僞彼存乎人者倘有如眸子之誠者乎是眸子之良尤以人之無心而驗之也然非深悉乎眸子之體者不克知其良也夫眸子何體亦即人以爲體而已從百骸九竅之内而析而數之其所爲良者乃如見性眞之洋溢焉則孰盲於目孰盲於心而存乎人者惟眸子已宛導夫先路抑非深察乎眸子之用者無由知其良也夫眸子何用亦因人以爲用而已從五官四體之中而互以參之其所爲良者乃迥異世故之周旋焉則或謀於心或謀於目而存乎人者惟眸子已迫示以眞機蓋不能掩其惡也彼觀人者盍先觀之眸

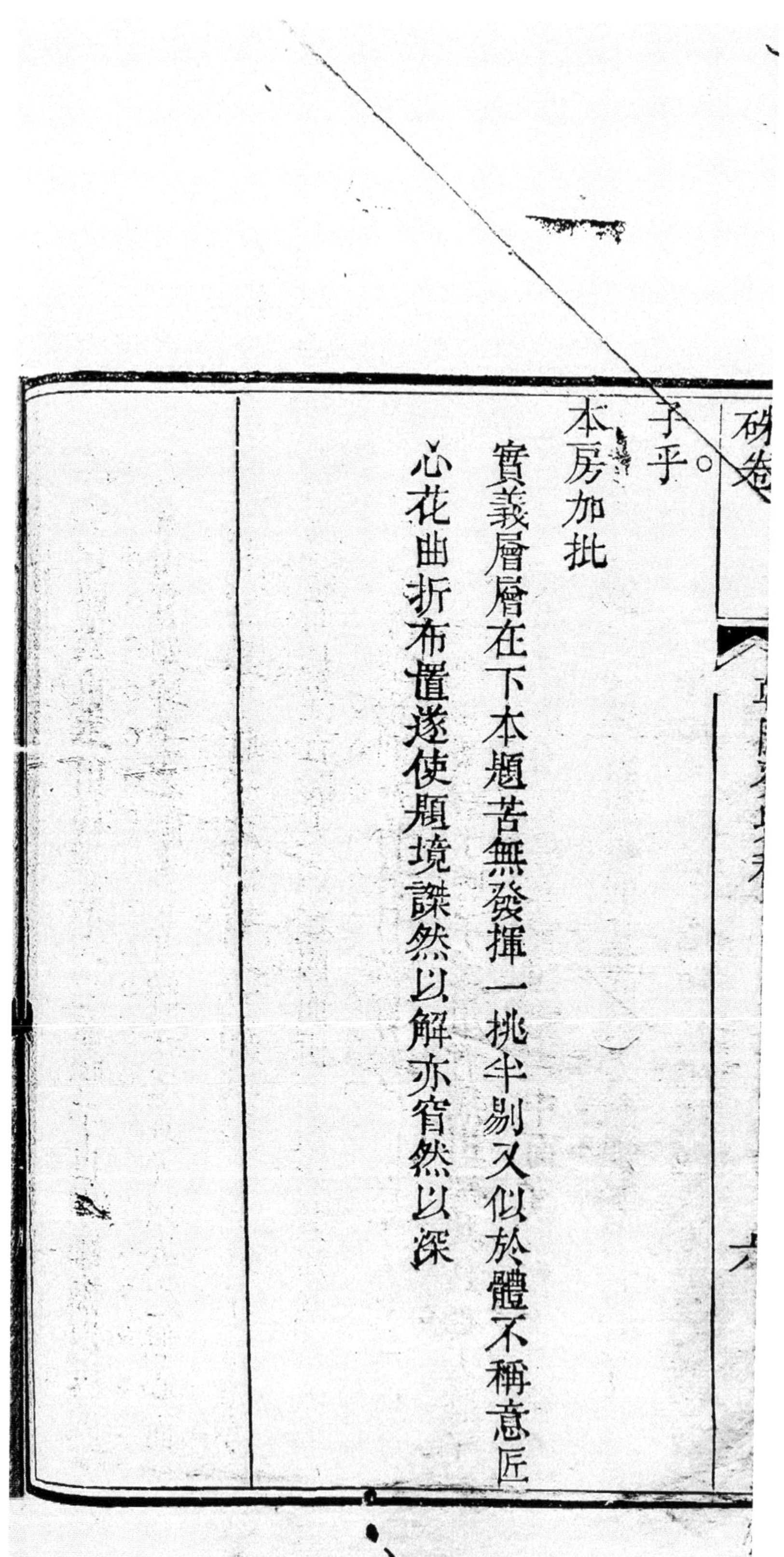

子乎。

本房加批

實義層層在下本題苦無發揮一挑半剔又似於體不稱意匠心花曲折布置遂使題境諜然以解亦窅然以深

賦得竹箭有筠 得如字五言八韻　錢燦

竹箭東南美蔚然千畝餘翠浮青瑣闥筠映碧紗除拔地貞操聳參天黛色舒綠陰宜雨沐清影倩風梳鬱鬱林深處森森月上初節高緣外直心淨妙中虛浥露枝爭茂經霜葉不疎

聖朝崇實學儒行自相如

本房加批

寫情會景清麗居宗

乾隆壬子　王登堦（一）

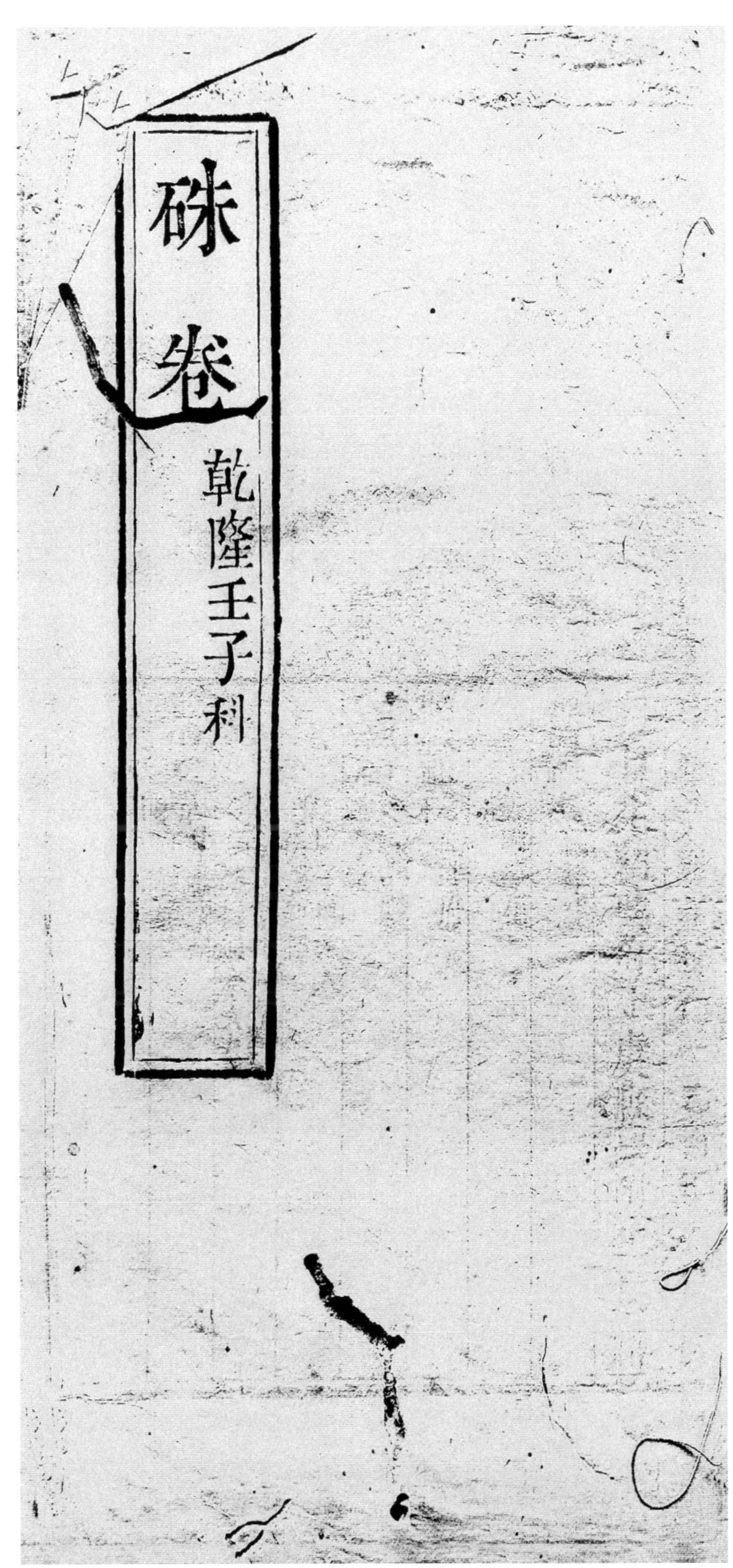
硃卷
乾隆壬子科

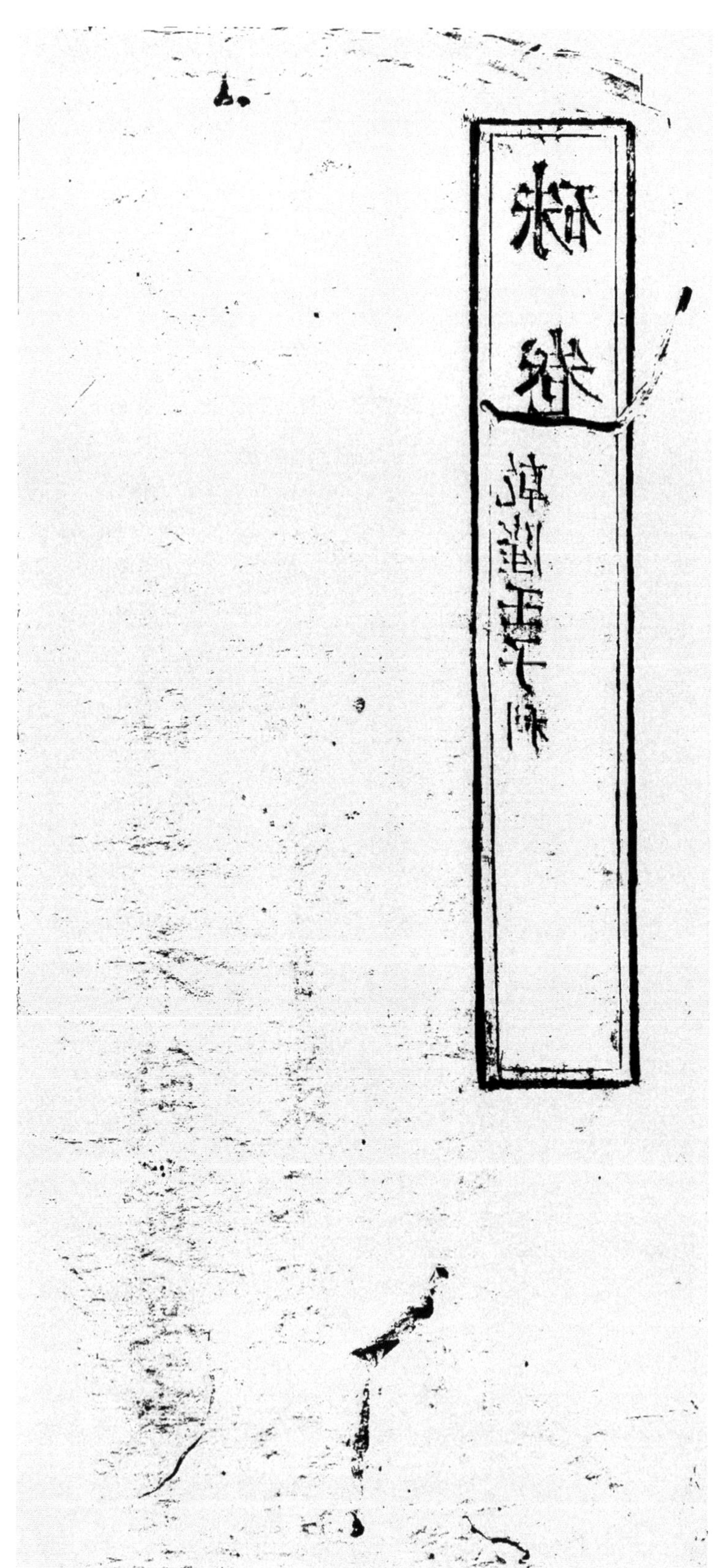
硃卷
乾隆壬子科

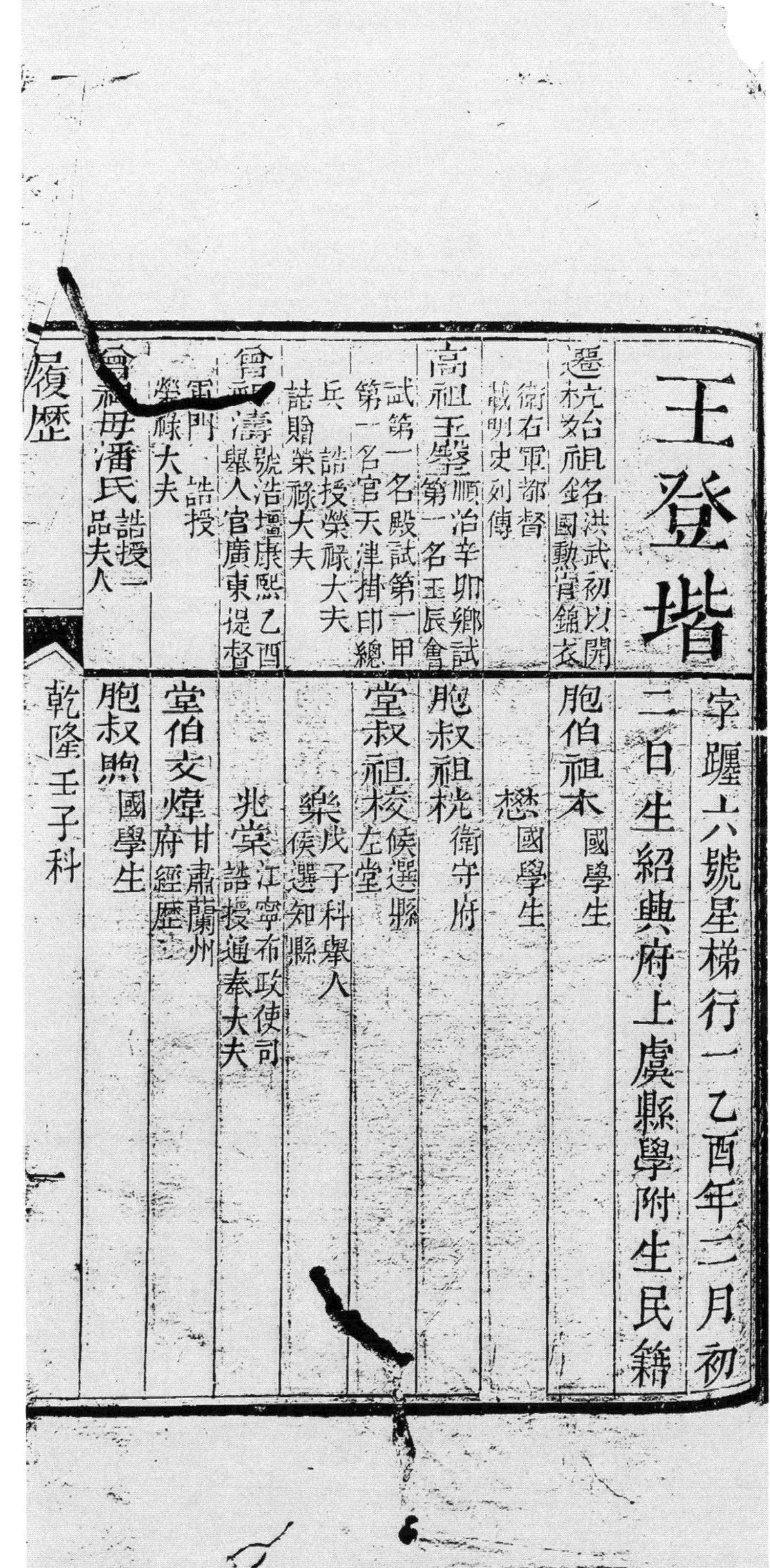

王登堦

字躔六號星梯行一乙酉年二月初二日生紹興府上虞縣學附生民籍

遷杭始祖銘洪武初以開國勳官錦衣衛右軍都督載明史列傳

胞伯祖本 國學生

楙 國學生

高祖玉璧順治辛卯鄉試第一名壬辰會試第一名殿試第一甲第一名官天津掛印總兵 誥授榮祿大夫 誥贈榮祿大夫

胞叔祖桄 衛守府

堂叔祖棱 候選縣左堂

曾祖濤號浩壇康熙乙酉舉人官廣東提督軍門 誥授榮祿大夫

樂 戊子科舉人候選知縣

兆棠 江寧布政使司 誥授通奉大夫

曾祖母潘氏 誥授一品夫人

堂伯文煒 甘肅蘭州府經歷

胞叔煦 國學生

履歷

乾隆壬子科

祖森國學生

祖妣馬氏廣東歸善縣知縣韓燧之女

父曜然國學生

母劉氏邑庠生岱瞻公之女

具慶下

業師唐秉泰歲貢生　劉元通邑庠生

劉世學邑庠生　胡楠增廣生

胡雲煥廩生

鄉試中式第十六名

會試中式第　名

殿試第　甲第　名

叔　光炘河南彰德府安陽縣右堂

炎仁和縣庠生

烷錢塘學庠生

胞弟登墉上虞縣廩生

嫡堂弟開堉業儒

妻車氏鄉飲賓諤庭公之女

繼娶姚氏

子

族繁不及備載

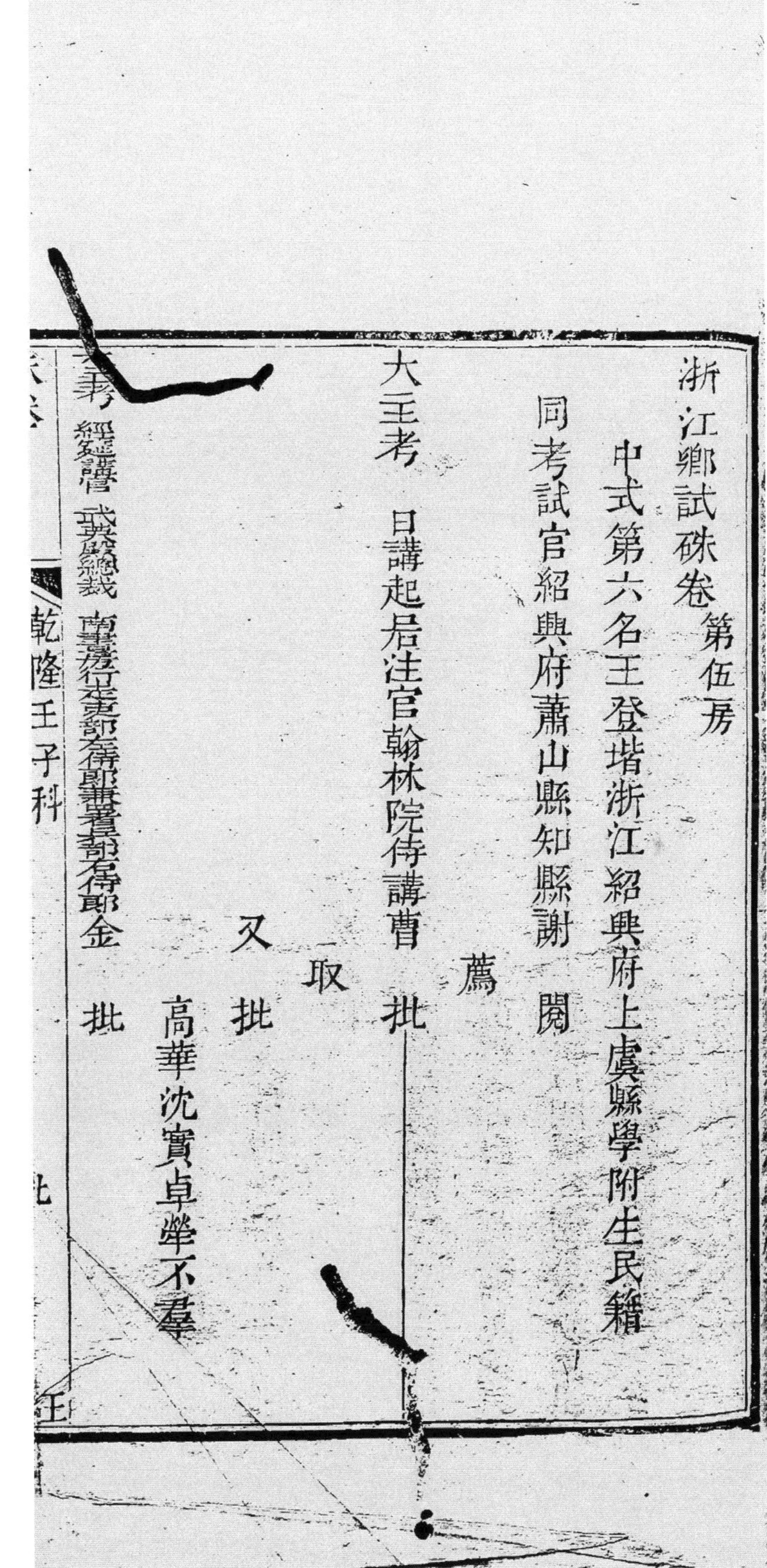
浙江鄉試硃卷　第伍房

中式第六名王登堦浙江紹興府上虞縣學附生民籍

同考試官紹興府蕭山縣知縣謝　閱

薦

大主考　日講起居注官翰林院侍講曹　批

取

又　批

高華沈實卓犖不羣

大主考　經筵講官　武英殿總裁　南書房行走吏部右侍郎兼署吏部右侍郎金　批

乾隆壬子科

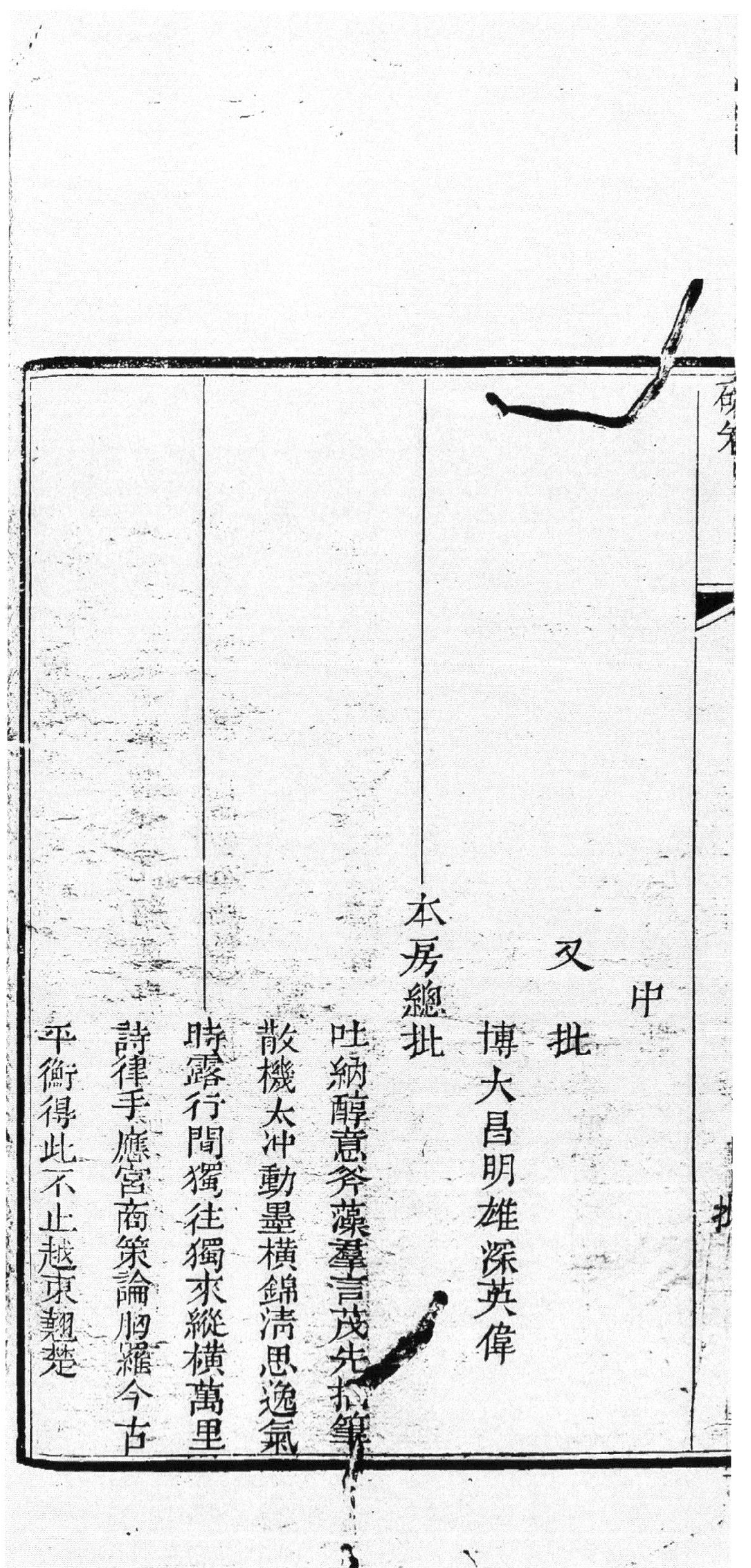

中

又批

博大昌明雄深英偉

本房總批

吐納醇意斧藻羣言茂先扌筆散機太冲動壘横錦清思逸氣時露行間獨往獨來縱横萬里詩律手應宫商策論胸羅今古平衡得此不止越東翹楚

本房加批
宏深灝瀚上薄雲漢
脉的理清
停頓悠久氣度安閒

悠久所以成物也　王登堵

即成物以觀至誠而悠久之用大矣蓋物不可以不成而非悠久則無以成也故至誠不息之用必極之成物而始全耳今夫物有消長之機而非豫以順之則其機日促物有精凝之氣而不恒以固之則其氣日渝自古神靈首出積涵育之心以副胞與之量恍然知太和之保合道在利貞焉載物覆物至誠之博厚高明既如此矣夫惟至誠能自成而功及於覆載亦惟至誠不獨自成而功及於所覆載之物吾嘗即其悠久思之羣倫之萃渙王者欲平其性情王者必不欲殖其性情化裁以盡利鼓舞以盡神其不能不

黃河一曲而千里吞雲夢者八九物兼人物而言却又側重人上老筆巨眼天地之成物至誠之成物說得

遲囘以俟諸氣數者勢也運會之轉移王心爲之維持王心卽爲之保聚撫綏者百年沐浴者百年其不能不閱歷以洽諸時雍者望也且夫物之待成於至誠者難更僕數矣一陽之時至而湊二陽之時至而柝三陽之時至而芽以暨飛躍毛毬咸思泳與爾游優游爾休以待一人之正命况夫恩勤鞠育本諸咳而名之之初衣食耕桑極諸耄而耋焉之候向使化導之用不舒而長養之機不求不且物也無涯而成也有涯哉乃觀於至誠之悠久而會其故也健行者乾之德而品物咸亨道必申之以巽悠久者盎有浹髓淪肌之化焉仁壽積而物自舒中和積而物自遂雖兩間之沴

是一是二却仍是說至誠不類買珠還櫝程朱之理韓蘇之筆兼而有之

斟酌飽滿所以字寫得奕奕有神

厲時出以撓化育之神而本數世之累洽重熙則水火陰陽終不得而傷其氣所謂垂拱仰成者其以此矣簡能者坤之原而庶物蕃變道必受之以需悠久者葢有降年延譽之休焉醞釀深而物不害感應孚而物不蒙節衆類之泯棼迭見以擾絪緼之宰而經奕葉之從容坐理則剛柔遲速終隨在而葆厥初所謂惇大成裕者其以此矣自非至誠之不息曷克與天地同用若此

本房加批

腹有詩書辭無枝葉

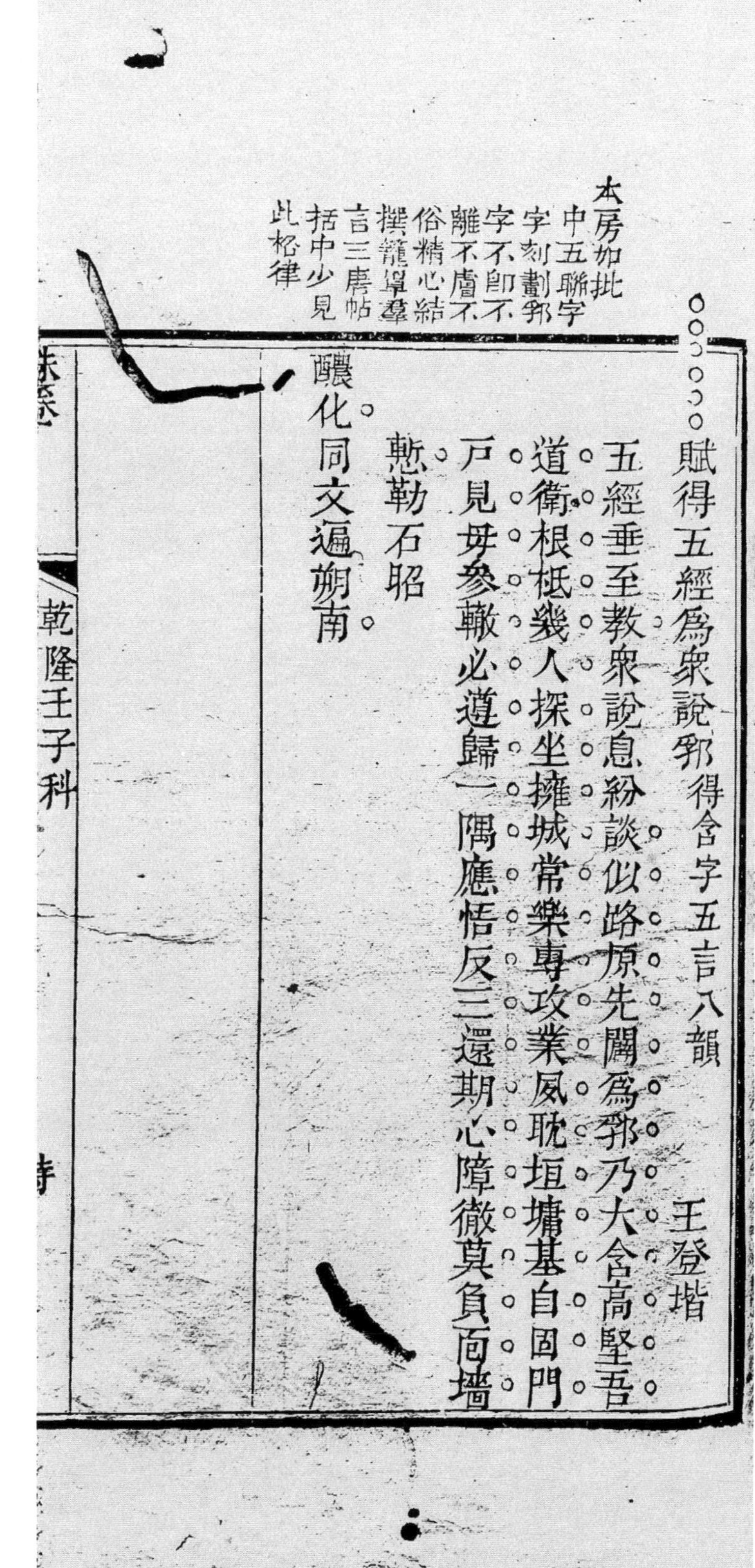

本房加批
中五聯字字刻劃郛字不即不離不盧不俗精心結撰籠罩羣言三唐帖括中少見此格律

○○○○○○○賦得五經爲衆說郛得含字五言八韻　王登堦

五經垂至教衆說息紛談似路原先闢爲郛乃大含高堅吾
道衛根柢幾人探坐擁城常樂專攻業夙耽垣墉基自固門
戶見毋參轍必遵歸一隅應悟反三還期心障徹莫負面墻
慙勒石昭
釀化同文遍朔南

賦

乾隆壬子科

詩

乾隆壬子　王登堦（二）

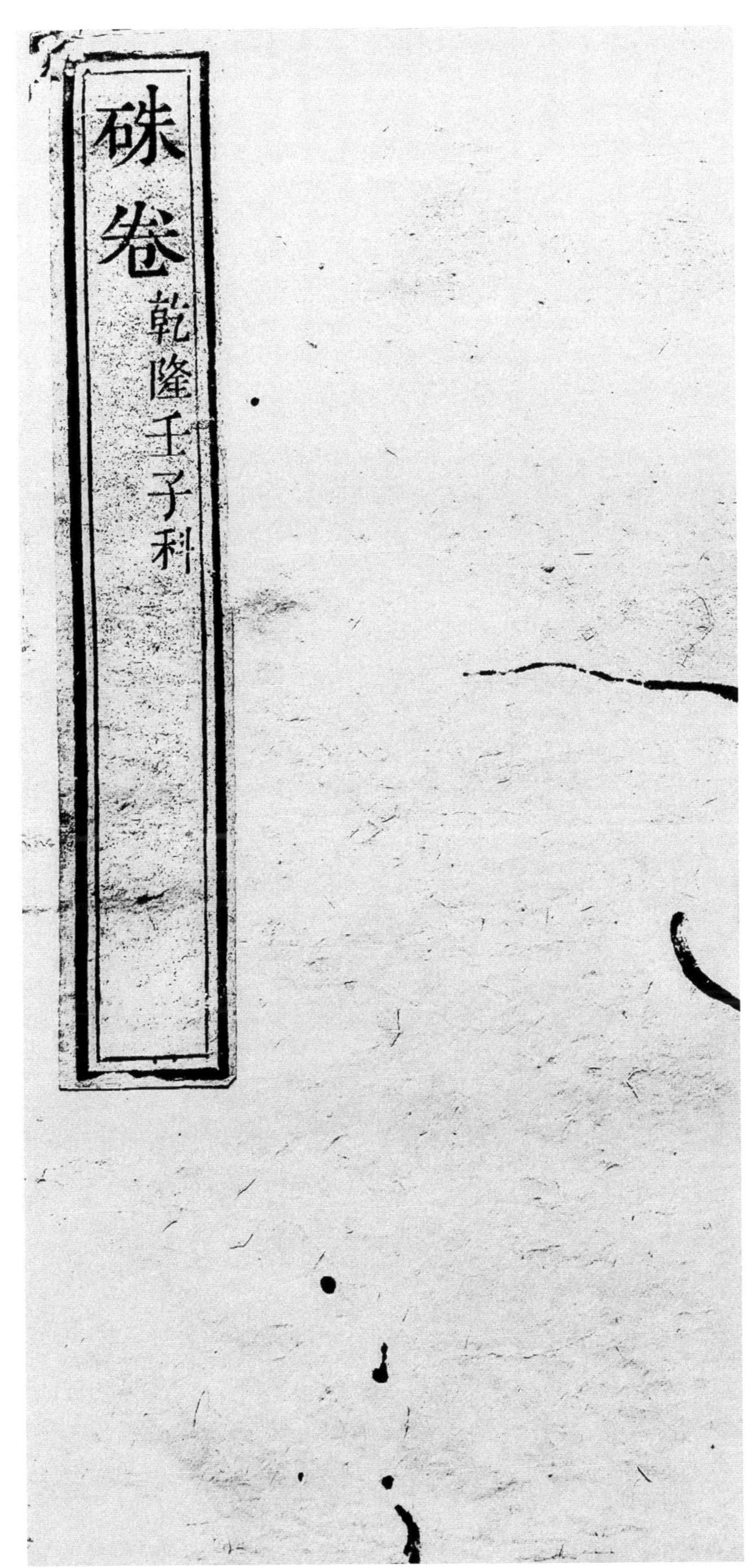
硃卷
乾隆壬子科

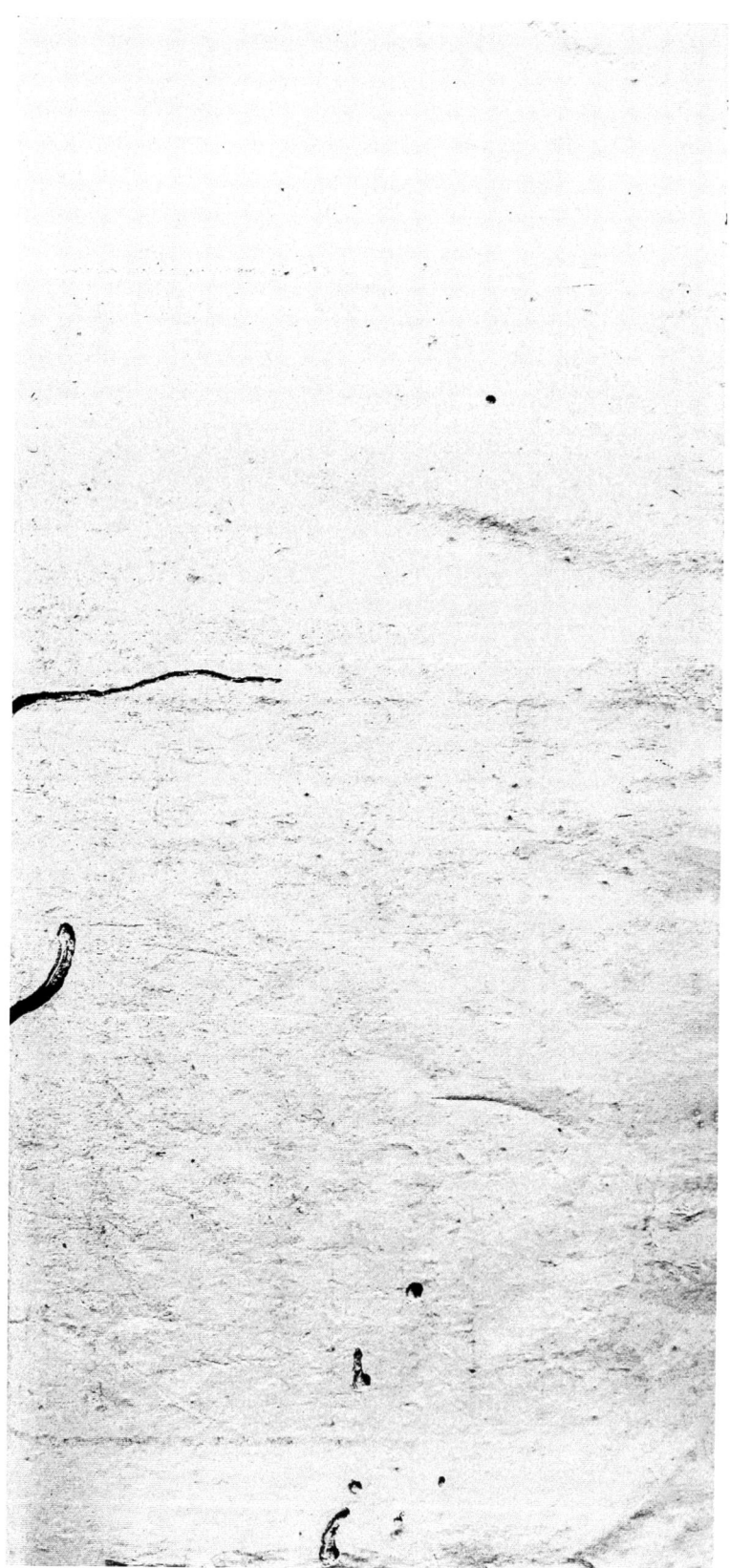

王登堦

遷杭始祖銘　洪武初以開國勳宮錦衣衛右軍都督載明史列傳

高高祖玉璽　順治辛卯鄉試第一名壬辰會試第一名殿試第一甲第一名官天津掛印總兵誥授榮祿大夫

繼高祖鍵邦　誥贈榮祿大夫

繼高祖母宋氏　誥贈一品夫人

本生高祖邦鉽　誥封榮祿大夫

履歷

字躔六號星墀行一乙酉年二月初二日生紹興府上虞縣學附生民籍

胞伯祖本　懋　俱國學生

胞叔祖桄　衛守府

堂叔祖梧　國學生　校　候選縣左堂

樂　戊子科舉人候選知縣　松　國學生

兆棠　江寧布政使司誥授通奉大夫

堂伯文煒　甘肅蘭州府經歷

焜　烜

堂叔烱　焯　運學生　煜　光炘　河南安陽縣右堂

履歷

本生高祖母陳氏 誥封一品夫人

曾祖濤 康熙乙酉科舉人 官廣東提督軍門

誥授榮祿大夫著有浩氣集行世

曾祖母潘氏 誥授一品夫人

祖森 國學生選上虞

祖母馬氏 廣東歸善縣 諱燧公之女

父曜然 國學生

母劉氏 邑庠生諱岱瞻公之女

具慶下

業師

煨 炎 仁和學庠生 烷 錢唐學庠生

文熙 文杰 文烈 俱業儒

胞叔煦 國學生

胞弟登墉 廪膳生戊申科餘杭縣張公薦

嫡堂弟開堉 業儒

妻韋氏 鄉飲賓諤廷公之女

繼娶姚氏

子

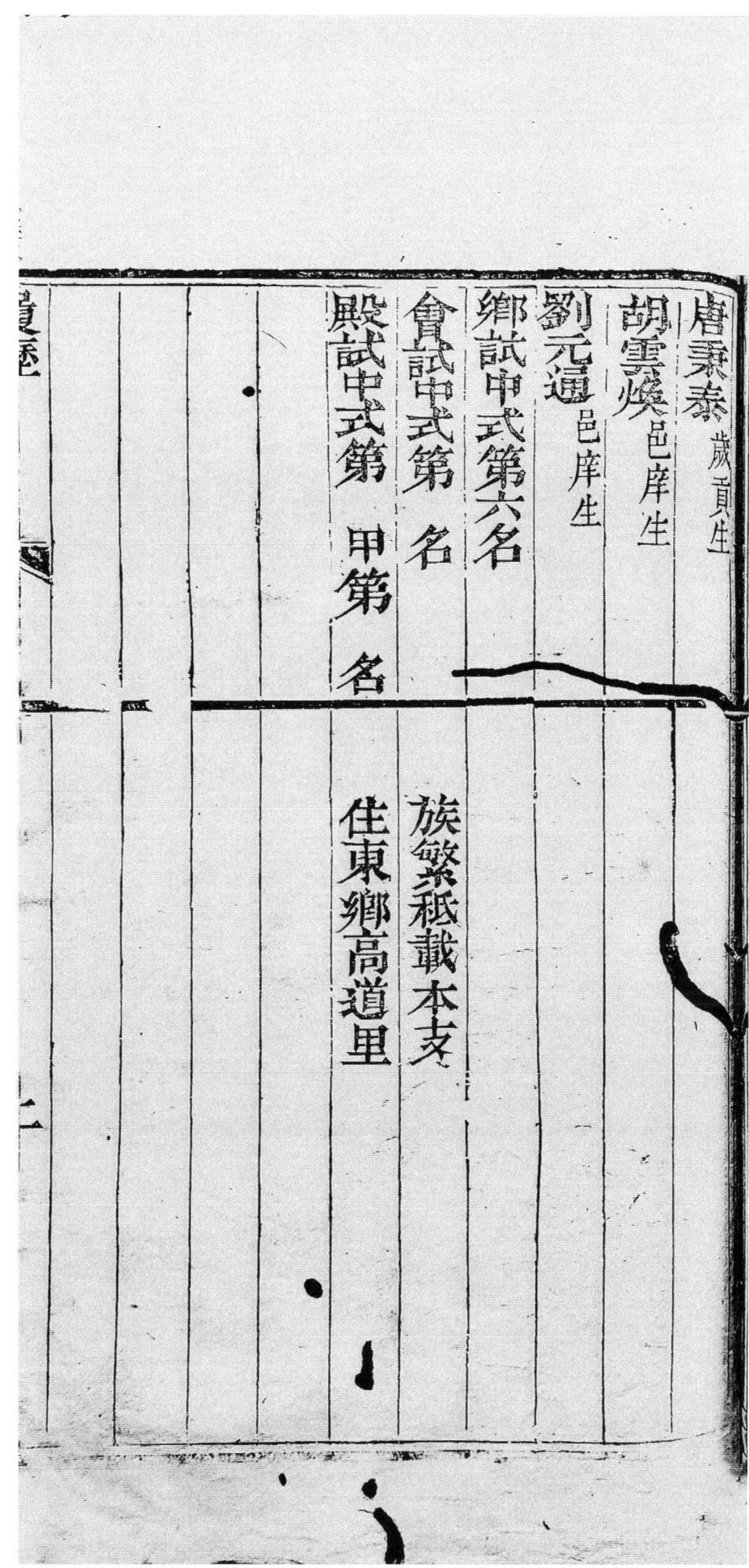
唐秉泰歲貢生
胡雲煥邑庠生
劉元逼邑庠生
鄉試中式第六名
會試中式第　名
殿試中式第　甲第　名

族繁秖載本支
住東鄉高道里

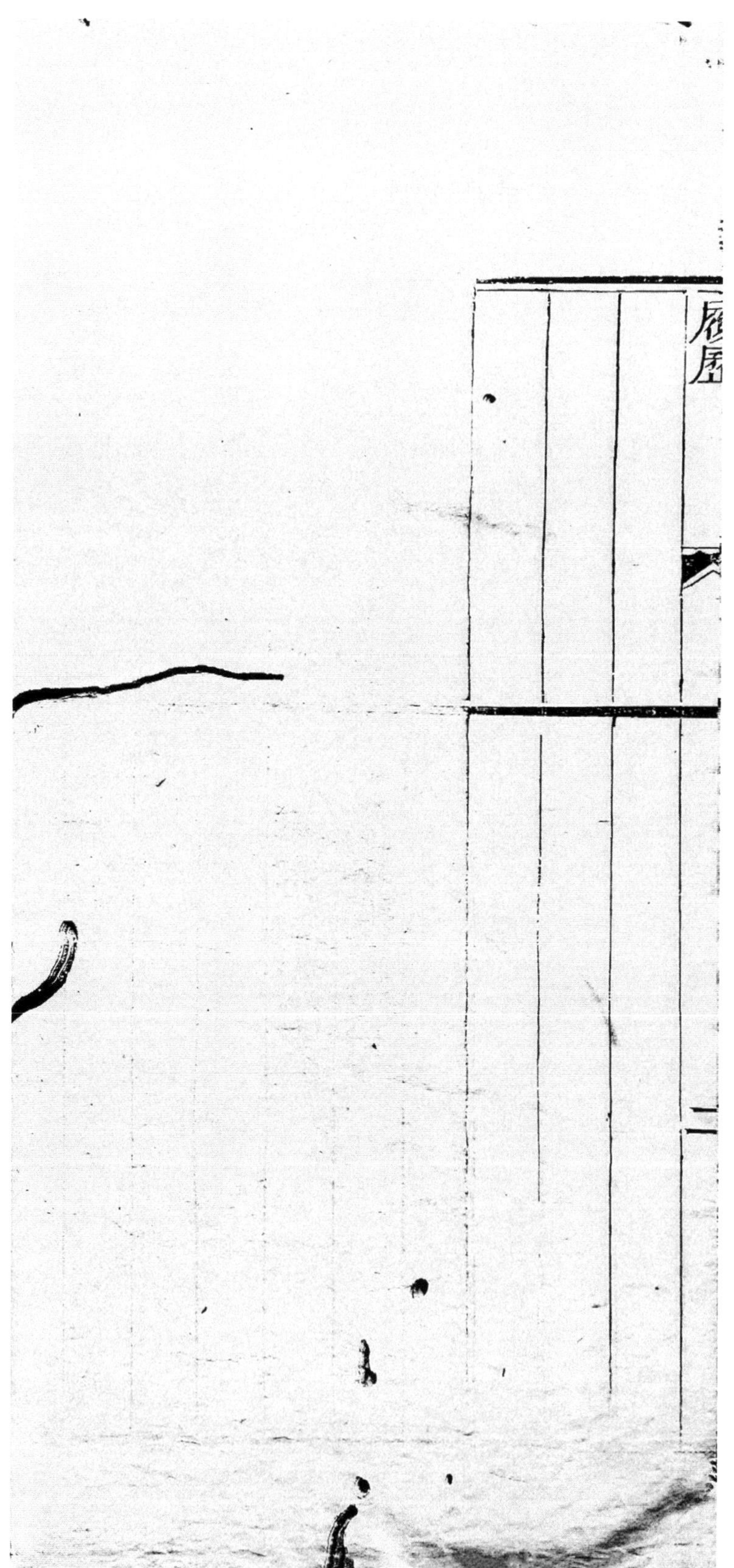

浙江鄉試硃卷　第伍房

中式第六名王登堦浙江紹興府上虞縣學附生民籍

同考試官紹興府蕭山縣知縣謝　閱　薦

大主考　日講起居注官翰林院侍講曹　批　取

又　批　高華沈實卓犖不羣

大主考　經筵講官武英殿總裁南書房行走吏部右侍郎兼署禮部右侍郎金　批

硃卷　乾隆壬子科　批　王

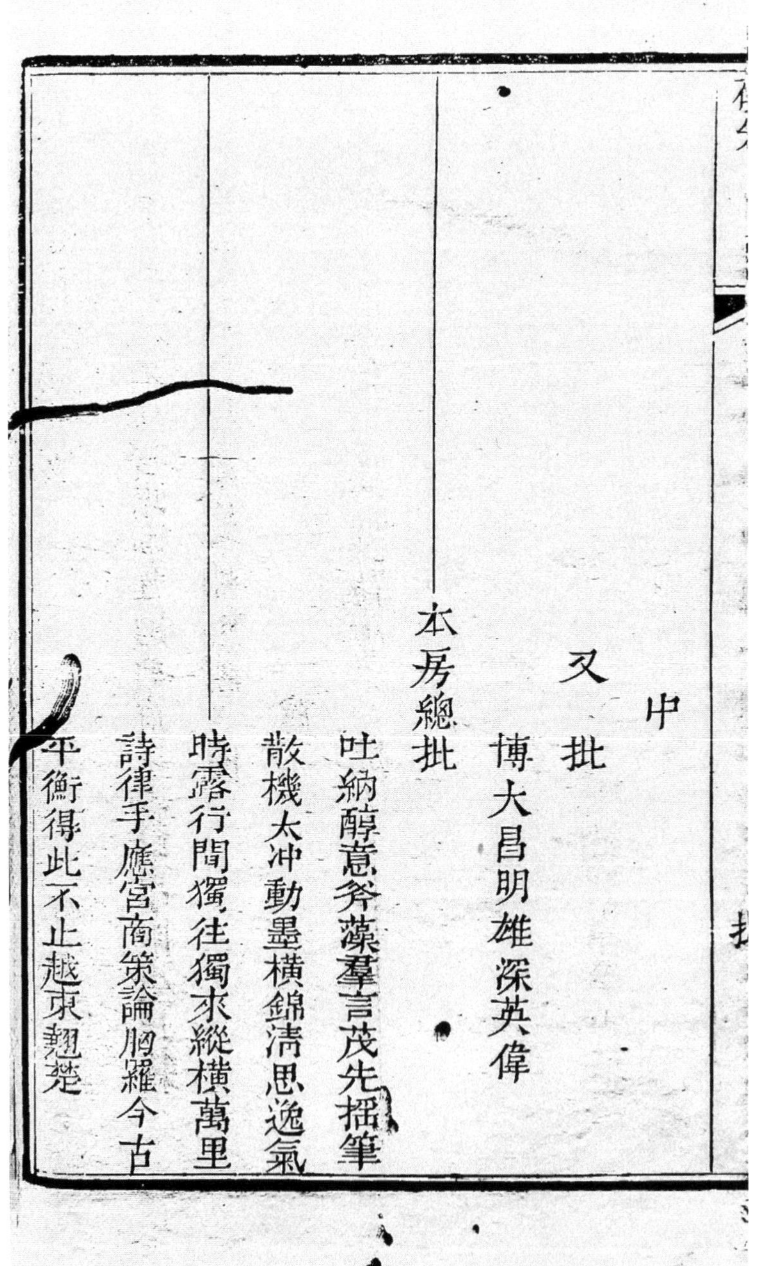

中

又批

博大昌明雄深英偉

本房總批

吐納醇意斧藻羣言茂先摇筆

散機太冲動墨横錦清思逸氣

時露行間獨往獨來縱横萬里

詩律手應宫商策論胸羅今古

平衡得此不止越東翹楚

本房加批
驊騮開道卓立森張髯蘇論體之雄
接入題旨矯矯不群

子曰君子易事而難說也說之不以道不說也及其使人也器之

王登堦

君子本公以行恕道足以維天下矣夫人事君子而不知其說之難則事以求說者多矣非道不說而使人以器誠本公以爲恕哉今夫操宰制之權以進退天下所恃者道而已矣惟道能馭士世之人材亦惟道能端一身之軌範蓋軌範嚴則私暱之緣自絕此道之所由成已也人材盡則籲俊之用自宏此道之所由成物也不然君子端方以示人蕩平以持世豈必斤斤焉以事說之難易見哉自世之事與說者妄以私意測君子而君子乃不可以窺測

力踞題巔肅括宏深不獨涵蓋得神

安頓中間緊含易事提筆有兎起鶻落之勢

二十一史羅心胸

題中字字

硯名

矣君子有不自隘之量任官惟材左右惟人久克協夫奔走趨承之意以故曲成而物不遺智勇賢愚胥歸陶鑄焉君子有不自失之守敬以直內義以方外早自立於光明俊偉之中以故心享而行有尚高卑健順罔越範圍焉君子蓋易事而難說者也且夫世之說君子也每因事而起而君子之予人以易事也即難說而知朋比者無論已其或奇才以効命自榮竊思求繫援而假以詞色抑知君子將勵士之功名必先養士之氣節也不說也僉壬者無與巳彼夫豪傑以殊猷自奮且希略名義而曲爲因依抑思君子誠薄待夫一巳即無以厚待夫斯人也不說也無他不以道故也

如種出土
如磚落地

靈樞獨闢
日頭天開

雄勁清剛
絕無描頭
畫角家數
先輩中過
近陶菴黃
氏矣

雖然砥厲廉隅幾莫覯夫有道而攬越英俊究惟出以無方及其使人也小大兼收將薄技偶呈必爲汲引短長互用卽微材足錄亦獲優容吾觀於務使之心乃歎向之難說者克全夫易事也三代之隆也後先疏附盡賢良炮翟煇闇皆正士其人可事卽其人可說也君子乃以分端見之志不自欺人不得而欺其志才不自用人樂得而用其才方正以嚴道之防鼓舞以盡器之利而君子可畏矣而君子又可親矣一王之作也克知三有宅心灼見三有俊心審其所事乃得其所說也君子則以兩途衡之先器識而後文藝吾不敢輕進其人略節概而課勛猷吾不敢輕違其學惟正

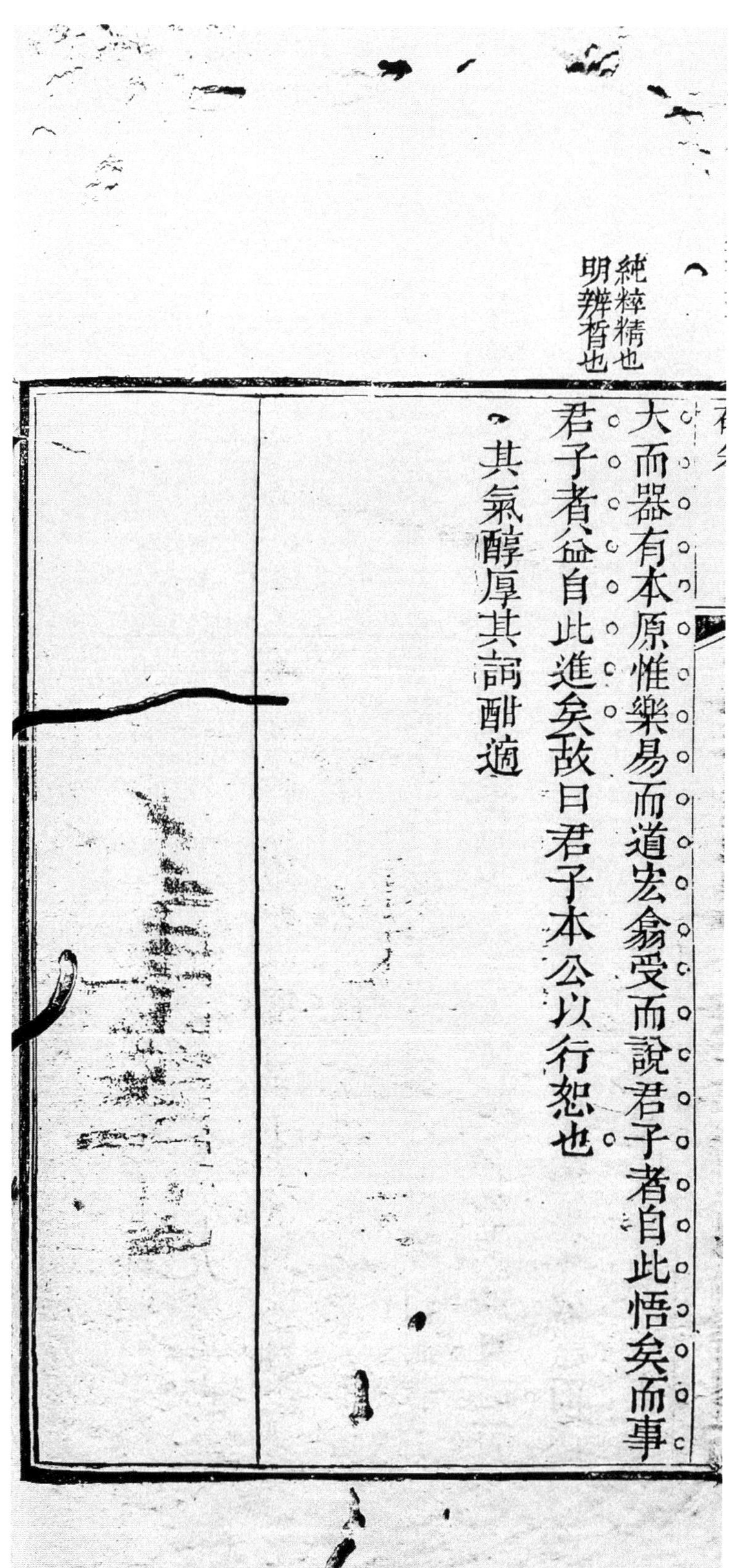

純粹精也
明辨晳也

大而器有本原惟樂易而道宏翕受而說君子者自此悟矣而事
君子者益自此進矣故曰君子本公以行恕也

其氣醇厚其詞酣適

本房加批
宏深灝瀚
上薄雲漢

脉的理清

停頓悠久
氣度安閒

悠久所以成物也

王登堦

即成物以觀至誠而悠久之用大矣蓋物不可以不成而非悠久則無以成也故至誠不息之用必極之成物而始全耳今夫物有消長之機而非豫以順之則其機日促物有精凝之氣而不恒以固之則其氣日渝自古神靈首出積涵育之心以副胞與之量恍然知太和之保合道在利貞焉載物覆物至誠之博厚高明既如此矣夫惟至誠能自成而功及於覆載亦惟至誠不獨自成而功及於所覆載之物吾嘗即其悠久思之羣倫之萃渙王者欲平其性情王者必不欲遁其性情化裁以盡利鼓舞以盡神其不能不

乾隆壬子科

黄河一曲而千里吞雲夢者八九

物兼人物而言却又側重人上老筆巨眼

天地之成物至誠之成物說得

遲回以俟諸氣數者勢也運會之轉移王心爲之維持王心即爲之保聚撫綏者百年沐浴者百年其不能不閲歷以洽諸時雍者理也且夫物之待成於至誠者難更僕數矣一陽之時至而湊二陽之時至而柝三陽之時至而芽以暨飛躍毛毧咸思涉與爾游優游爾休以待一人之正命況夫恩勤鞠育本諸亥而名之之初衣食耕桑極諸耋而耋焉之候向使化導之用不舒而長養之機不求不月物也無涯而成也有涯哉乃觀於至誠之悠久而會其故也健行者乾之德而品物咸亨道必申之以巽悠久者益有浹髓淪肌之化焉仁壽積而物自舒中和積而物自遂雖兩間之滲

是一是二却仍是說至誠不類買珠還櫝程朱之理韓蘇之筆兼而有之

斟酌飽滿所以字寫得奕奕有神

屬時出以撓化育之神而本數世之累洽重熙則水火陰陽終不得而傷其氣所謂垂拱仰成者其以此矣簡能者坤之原而庶物蕃變道必受之以需悠久者蓋有降年延譽之休焉醞釀深而物不害感應孚而物不蒙即衆類之泯棼迭見以擾絪緼之宰而經奕葉之從容坐理則剛柔遲速終隨在而葆厥初所謂惇大成裕者其以此矣自非至誠之不息曷克與天地同用若此

本房加批

腹有詩書辭無枝葉

本房加批
清折矯異
直本小序
兼採鄭疏
反合靈

文王以民力爲臺爲沼而民歡樂之謂其臺曰靈臺謂其沼
曰靈沼　　王登堦
民樂於所爲繹所稱而其心可知焉夫力出於民而以之者文王
也臺沼何靈而民顧謂之其歡樂之所由形乎今夫天下最易違
者羣情之勞瘁而最難愜者率土之謳思三代而上君不敢輕用
其民而民知愛君君不必不用其民而民愈知愛君則一時之揚
厲鋪張有非尋常頌禱所得擬者靈臺之詩民始附王而作也臣
嘗觀於其臺其沼而殷然念我文王矣官禮爲理民之書而三日
公旬司徒特愼其役使夫亦哀此憚人不敢告勞爾文雖順識如

弦無虛發

落以字卽呼起下二句手法何許靈緊二比躡虛步虛得古文離字訣出比疏闊其字對比疎靈字鑄逸絕人才暑風簷得

人帝則安必此唱彼和咸頌祝於鎬京豐水之間洛誥亦用民之事而東西瀍澗多士惟諭以伻來夫亦相彼小民各自有心爾交來集大勛於天心何以後舞前歌皆踴躍於築堵屢馮之曰民豈忘爲臺爲沼實王以之而顧歡樂如此哉不知民正謂以民力者爲文王而嘖嘖稱臺沼勿衰也今夫人有所甚愛之一人則必爲之推其德於物是故指示相將旣有主名之專屬雖幾經拮据幾經況瘁而且不覺爲勞人有所樂附之一人則又必爲之原其事於天是故嘉名肇錫頓忘渙號之不經雖歸之造物歸之太空而亦不驚爲誕往者文王之民知之矣稱其臺謂其沼專屬之詞也

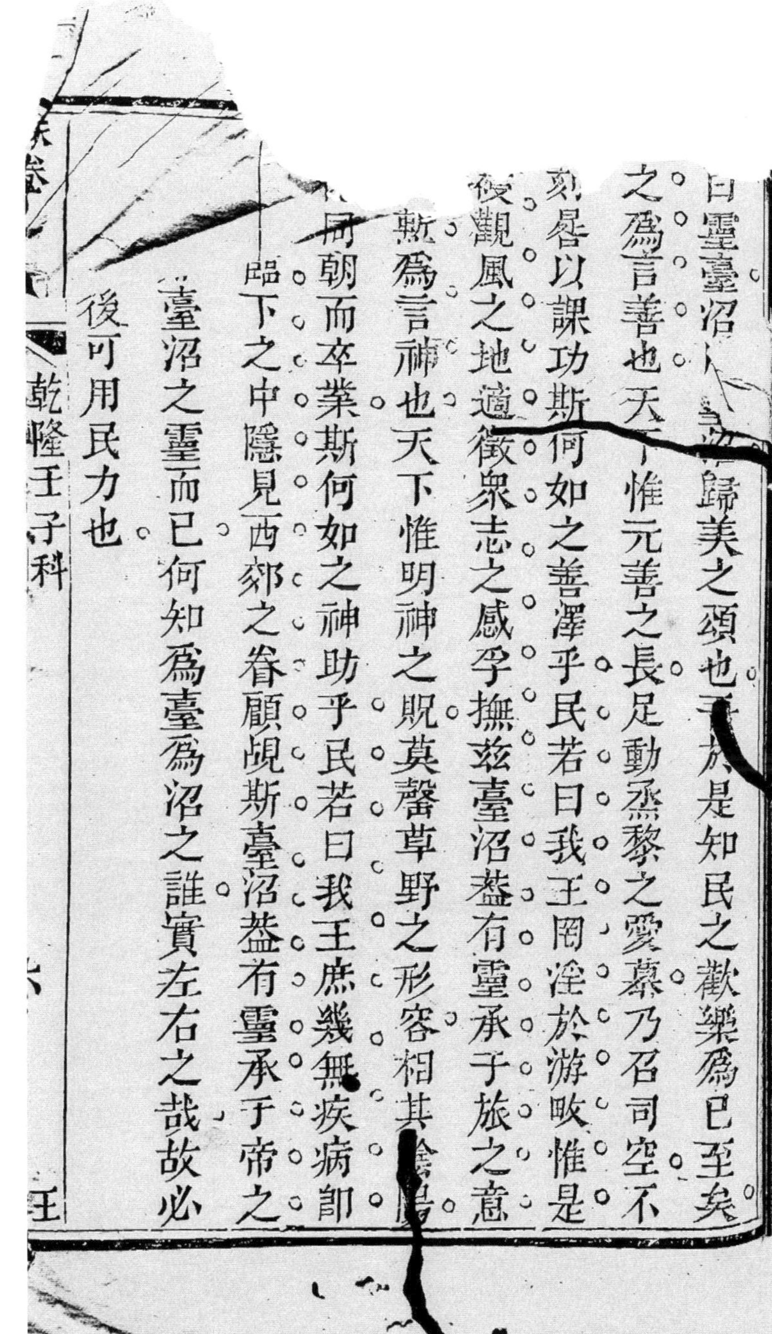

曰靈臺沼[illegible][illegible]歸美之頌也[illegible]於是知民之歡樂爲已至矣
之爲言善也天下惟元善之長足動烝黎之愛慕乃召司空不
刻晷以課功斯何如之善澤乎民若曰我王罔淫於游畋惟是
後觀風之地適徵衆志之感孚撫茲臺沼葢有靈承于旅之意
靈之爲言神也天下惟明神之睨莫馨草野之形容相其陰陽
同朝而卒業斯何如之神助乎民若曰我王庶幾無疾病郎
臨下之中隱見西郊之眷顧覘斯臺沼葢有靈承于帝之
臺沼之靈而已何知爲臺爲沼之誰實左右之哉故必
後可用民力也

乾隆壬子科　　王

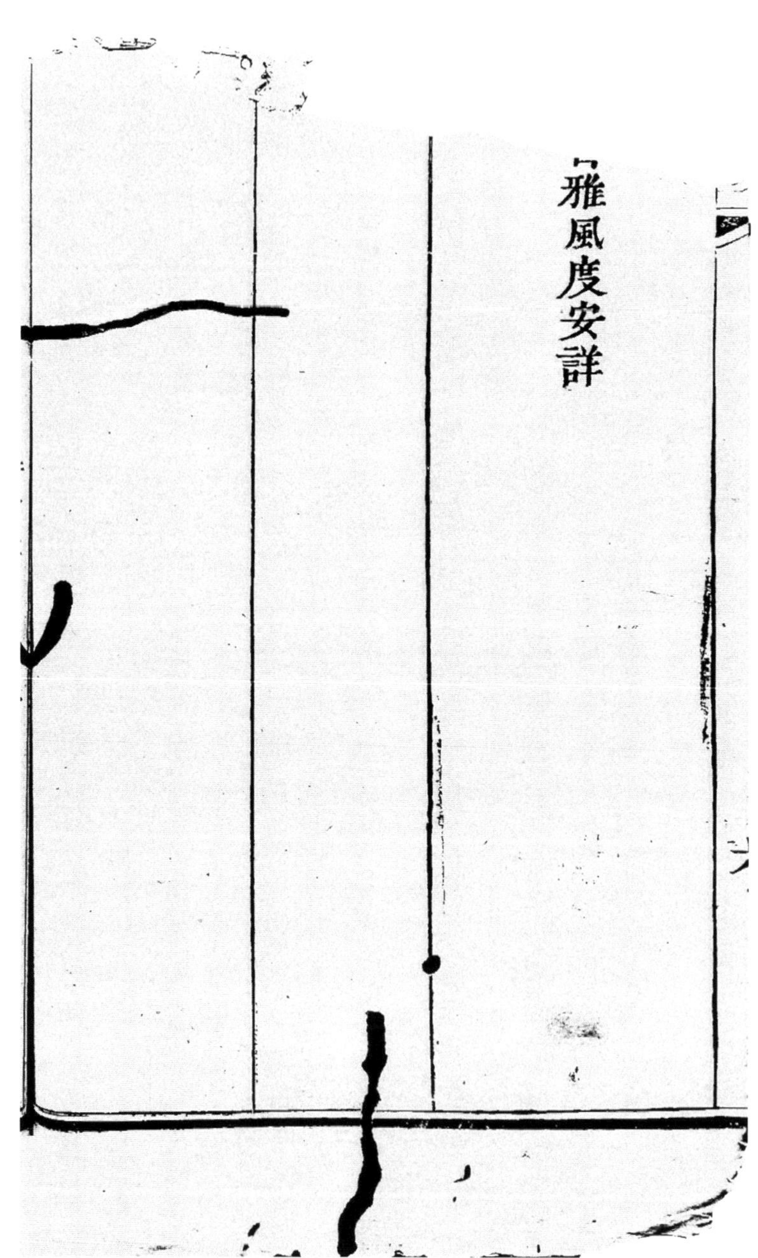

雅風度安詳

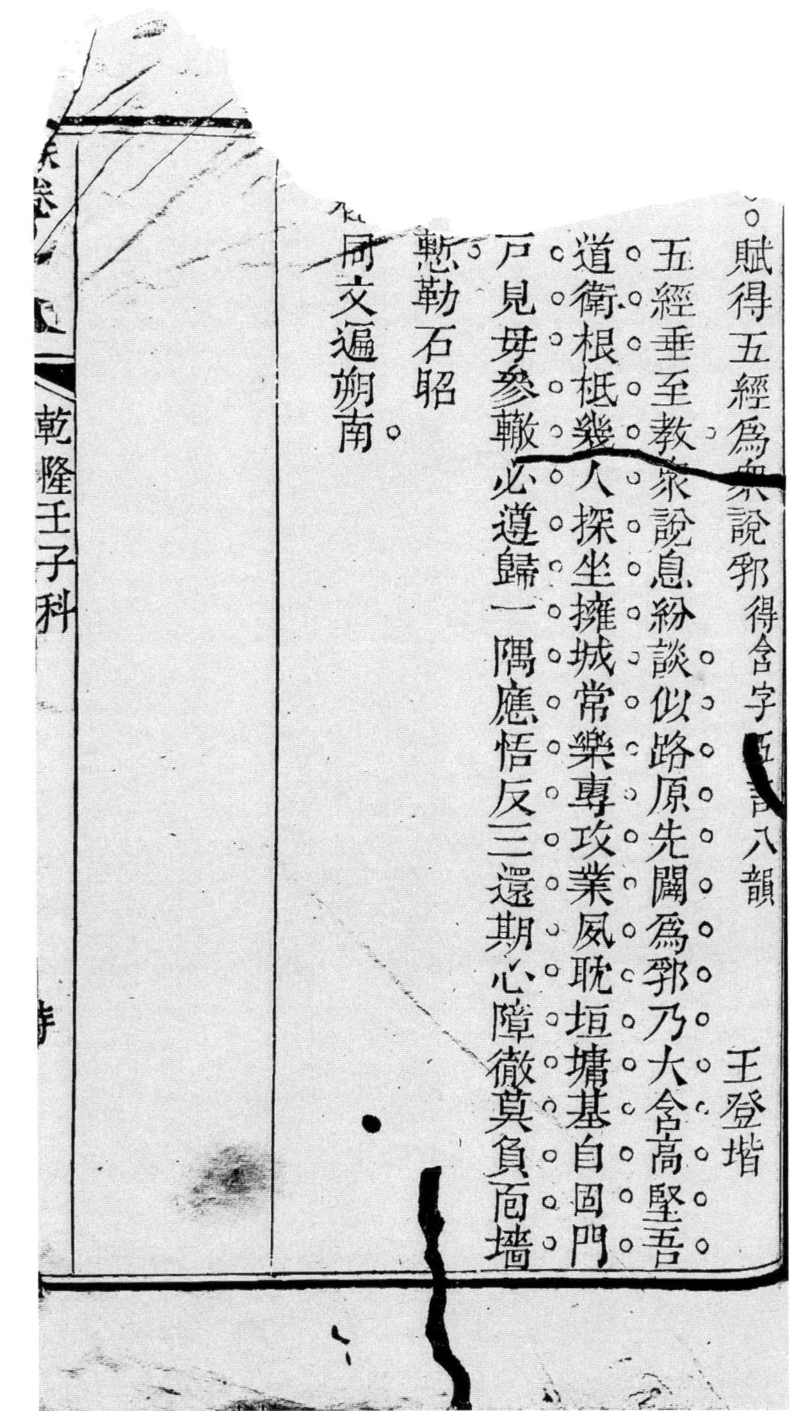

賦得五經爲衆說郛得含字五言八韻　王登堦

五經垂至教衆說息紛談似路原先闢爲郛乃大含高堅吾
道衛根柢幾人探坐擁城常樂專攻業夙耽垣墉基自固門
戶見毋參轍必遵歸一隅應悟反三還期心障徹莫負面墻
慙勒石昭
同文遍朔南

乾隆壬子科

乾隆壬子　王登堦（三）

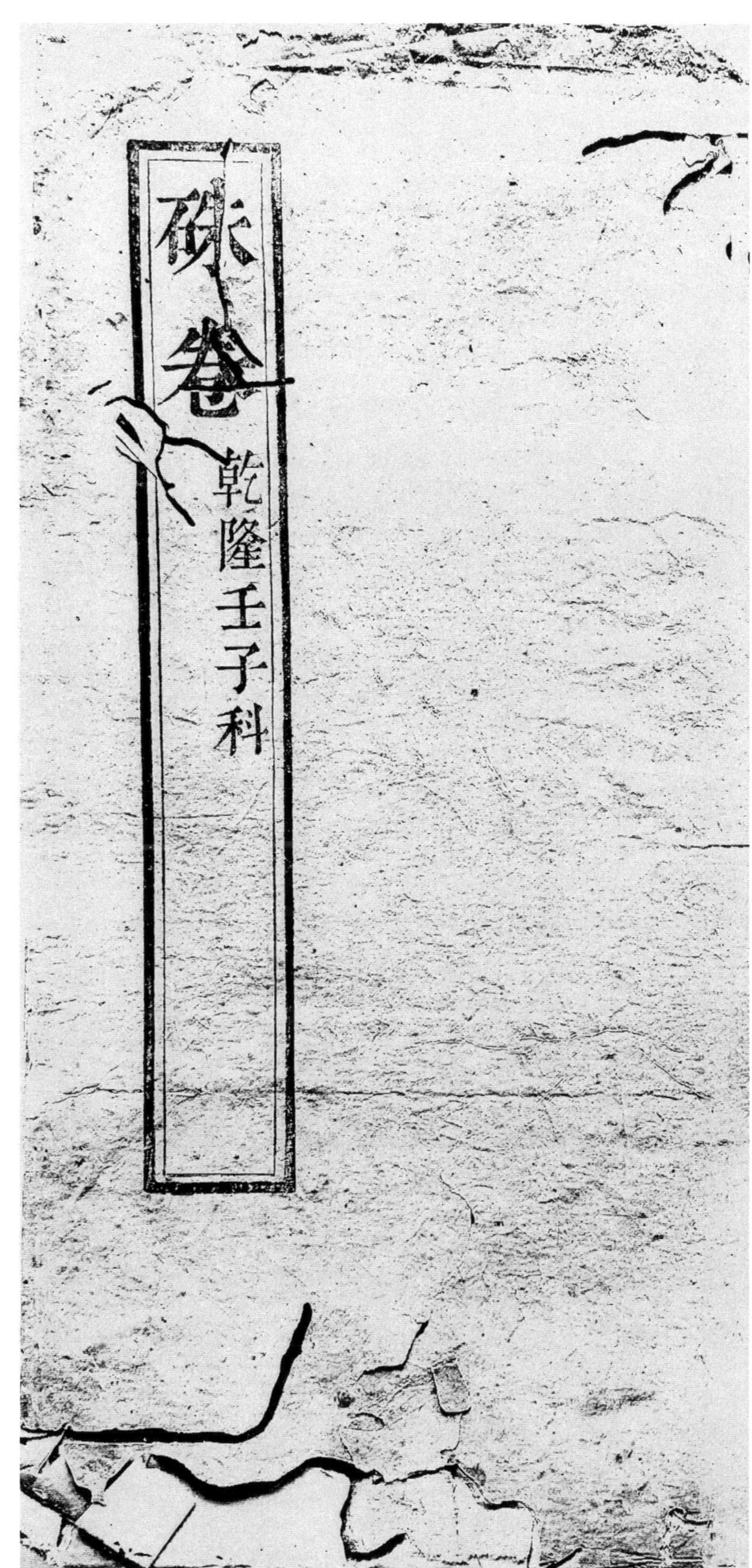
硃卷
乾隆壬子科

棘闈事宜

一監臨教條及科場條約將入場宜先細看檢點避忌〔同三場〕○一進場時衣服筆管內俱宜細看不得誤攜片紙隻字　一尋號及納卷時卷子須藏袋內須防水坑石塊恐致跌仆污損卷子點進之時持燭油手勿得搦污卷子　一進號收拾號舍先將卷子包裹藏好以免污損凝神靜息以待出題不得越號聚談致亂文思且爲鄰友所厭　一未出題時先將逐件事宜詳寫坐號板上完卷時一一查對　一燭放穩磨墨剪燈煤用飲食俱宜將卷子收好以防污卷如遇風雨尤宜小心檢點　一題目須照題紙式様寫如題紙字様模糊須查鄰號清楚者查對　一文内字畫勿寫古体及破體省便字如舉字寫挙字頭馬字爲字不寫四點至連用字眼点不得點〻　一草稿在前首幅履歷翻板即寫起不得空白一二行或半幅一幅

後須留餘地以便弥封不得真草相聯文字俱要有稿不可顛倒
不得塗抹太多自加圈點至題目宜寫全題不得寫全節全章亦
題目字眼不得遺失清做者須還七草不得僅寫一半○防曳白
翻板字時須將手指逐頁挑翻自無此患　一文中謹避　聖諱
及試官名號凡碍目字眼俱當檢點　一謄清不可用墨太濃恐透
紙背　一卷子清完記寫添注塗抹共幾十幾字於文字之後不得
接寫文字之下須于次行低一二格書之不得太高更不得過五十
字以違式也以上三場俱同　一卷清完須將題紙逐一對過文中亦須仔
細檢點翻板過接處尤宜細讀方可往納　一頭場不可用七夫七
蓋七且夫七嘗謂等字起結處不可七篇一樣　一二場上做論表
判詔誥不必做即詔誥題目亦不得寫草稿上　一二場論題照頭
場書題寫法文頂格寫起　一二場表題依題目紙寫下要注年號

一伏以頂格寫起表內如誠惶誠恐及竊惟茲蓋伏遇皇帝陛下
臣等伏願瞻天仰聖等項不可遺失差錯　一賀表誠歡誠忭稽首頓首
臣等無任瞻天之至謹奉表稱賀以聞　一謝表誠惶誠恐稽首頓
首臣等無任瞻天仰聖激切屏營之至謹奉表恭進以聞　一表中
皇天　聖　聞四字俱頂抬頭至頌聖勉聖慶四字句俱單抬頭
其餘或單或雙俱以意爲高下至末幅表稱賀以四字形如四隅宜加檢
點辭稱謝恭進做此　一五判寫法與論同俱要依題次序不可錯亂
字句不得雷同草稿亦不得顛倒及遺失一條　一表策擡頭草稿
先自斟酌對稿謄清自無差錯　一三場策問五道只寫第一二問
第二問等第字用竹字頭一二三四五勿寫大壹貳叁肆伍字
策文並兩字須並第字寫起不可頂格　一執事單抬頭　皇上
天子朝廷頂抬頭天地祖宗出格一字　一五策不可無抬頭然不

可有三四抬頭並列一處　一五策首尾俱要變化不可一様
凡筆墨飲食等項宜多帶以備不虞或他有遺忘以便持贈　宜多
帶物件襯卷藍布三尺洗淨卷袋布簾以蔽風雨竹丁掛卷袋供給
薑蘇合丸一時風寒心腹頭疔並用紫金錠辟穢氣泄瀉腹疔並用
阿魏恐坐號底備以辟穢
科名得失雖曰天命數然必人事盡而後天瑞歸焉每見老
成名宿或以註誤爲傷後彥新才多以差訛抱恨失一時之檢點
致三載之空勞下泣隋悲千秋同歎不揣迂陋謹列規條以人所
共知之内用助百密一踈之誠云爾

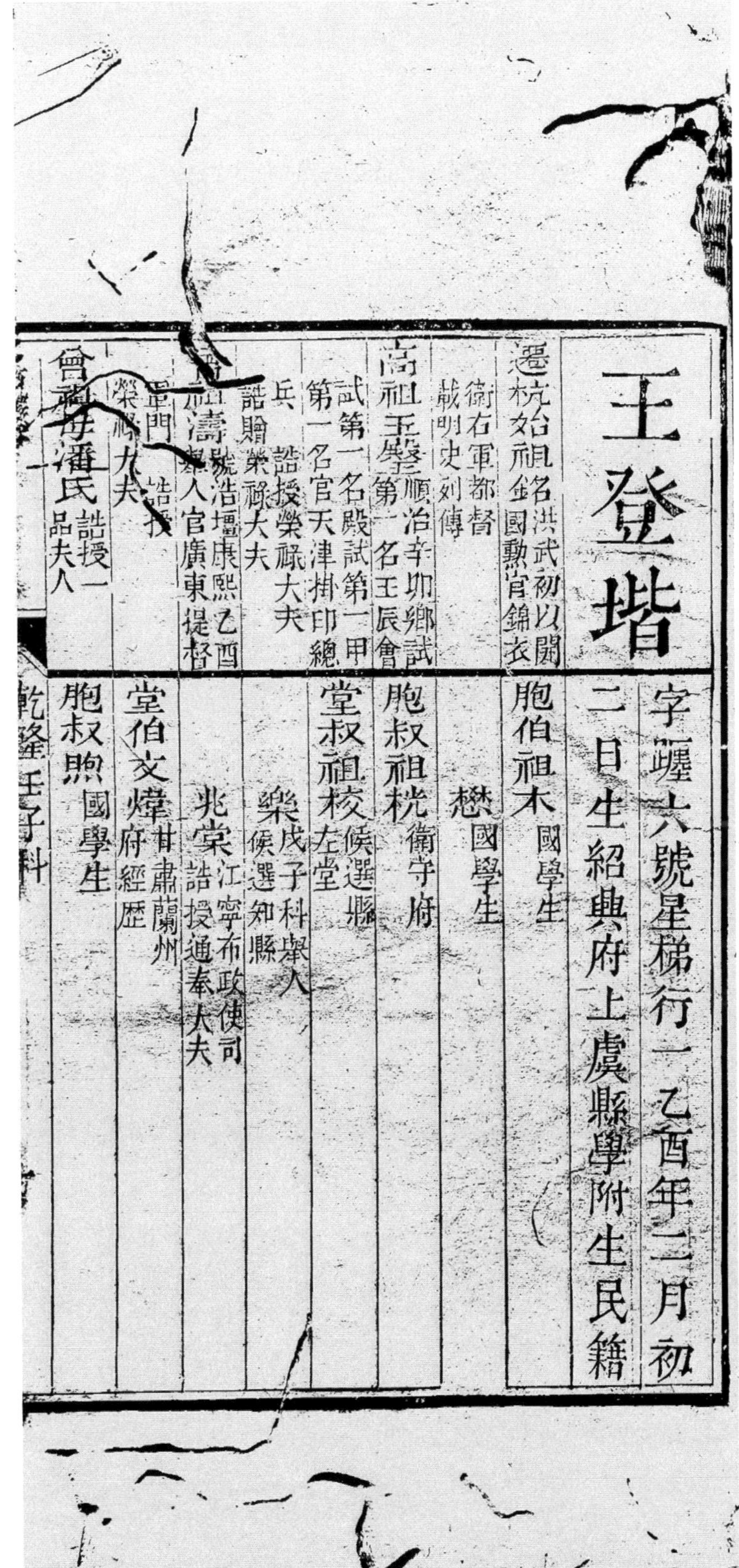

王登堦

字躔六號星梯行一乙酉年二月初二日生紹興府上虞縣學附生民籍

遷杭始祖銘洪武初以開國勳官錦衣衛右軍都督載明史列傳

高祖玉璽順治辛卯鄉試第一名壬辰會試第一名殿試第一甲第一名官天津掛印總兵誥授榮祿大夫誥贈榮祿大夫

曾祖□濤號浩壇康熙乙酉舉人官廣東提督軍門誥授榮祿大夫

曾祖母潘氏誥授一品夫人

胞伯祖木國學生

樾國學生

胞叔祖梲衛守府

堂叔祖校左堂候選縣

樂戊子科舉人候選知縣

兆棠江寧布政使司誥授通奉大夫

堂伯文煒甘肅蘭州府經歷

胞叔煦國學生

乾隆壬子科

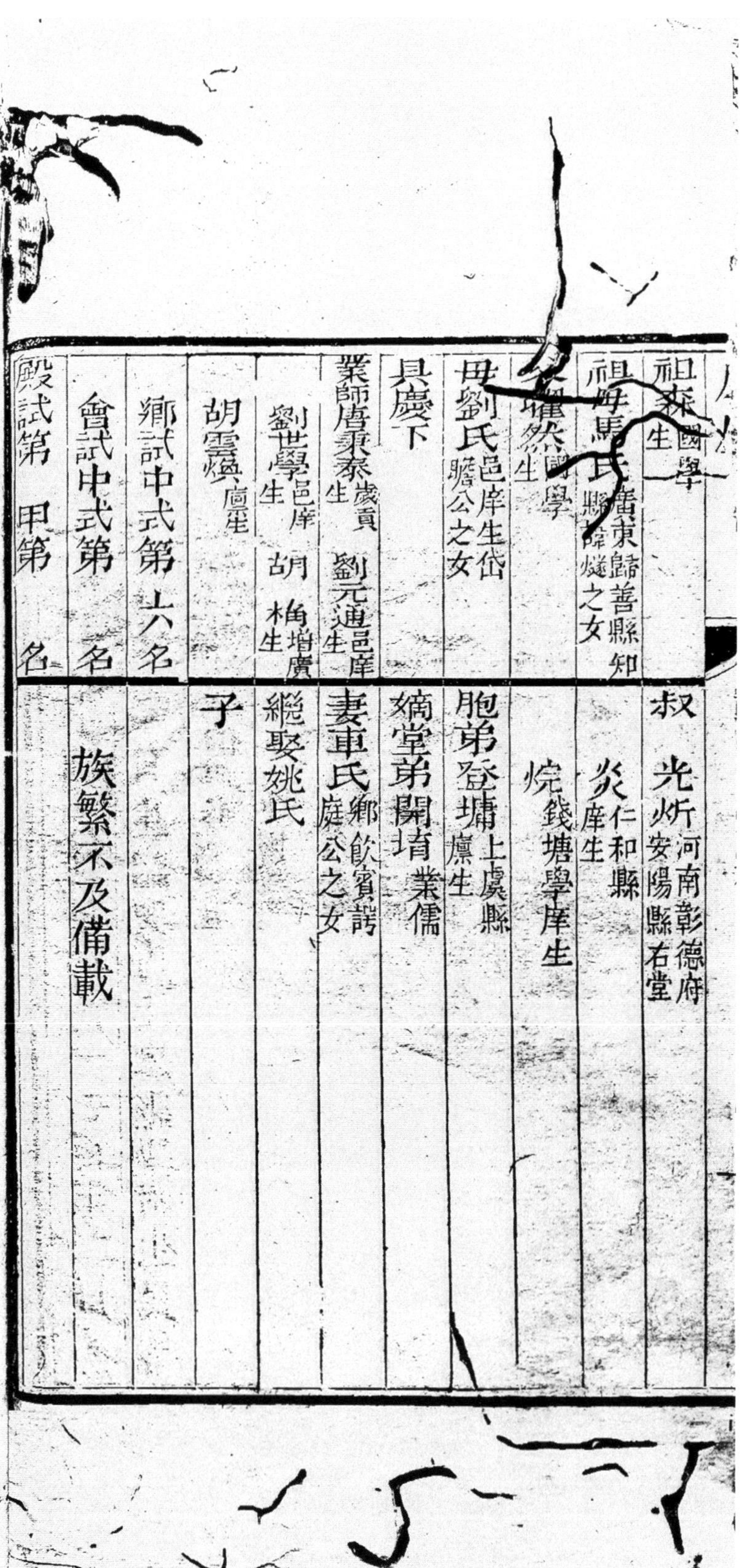

祖□森國學生

祖母馬氏廣東歸善縣知縣諱燧之女

□□燿然國學生

母劉氏邑庠生岱瞻公之女

具慶下

業師唐秉泰歲貢生　劉元通邑庠生

劉世學邑庠生　胡梅增廣生

胡雲□廩生

鄉試中式第六名

會試中式第　名

殿試第　甲第　名

叔　光炘河南彰德府安陽縣右堂

炎仁和縣庠生

烷錢塘學庠生

胞弟登墉上虞縣廩生

嫡堂弟開靖業儒

妻車氏鄉飲賓誥庭公之女

繼娶姚氏

子

族繁不及備載

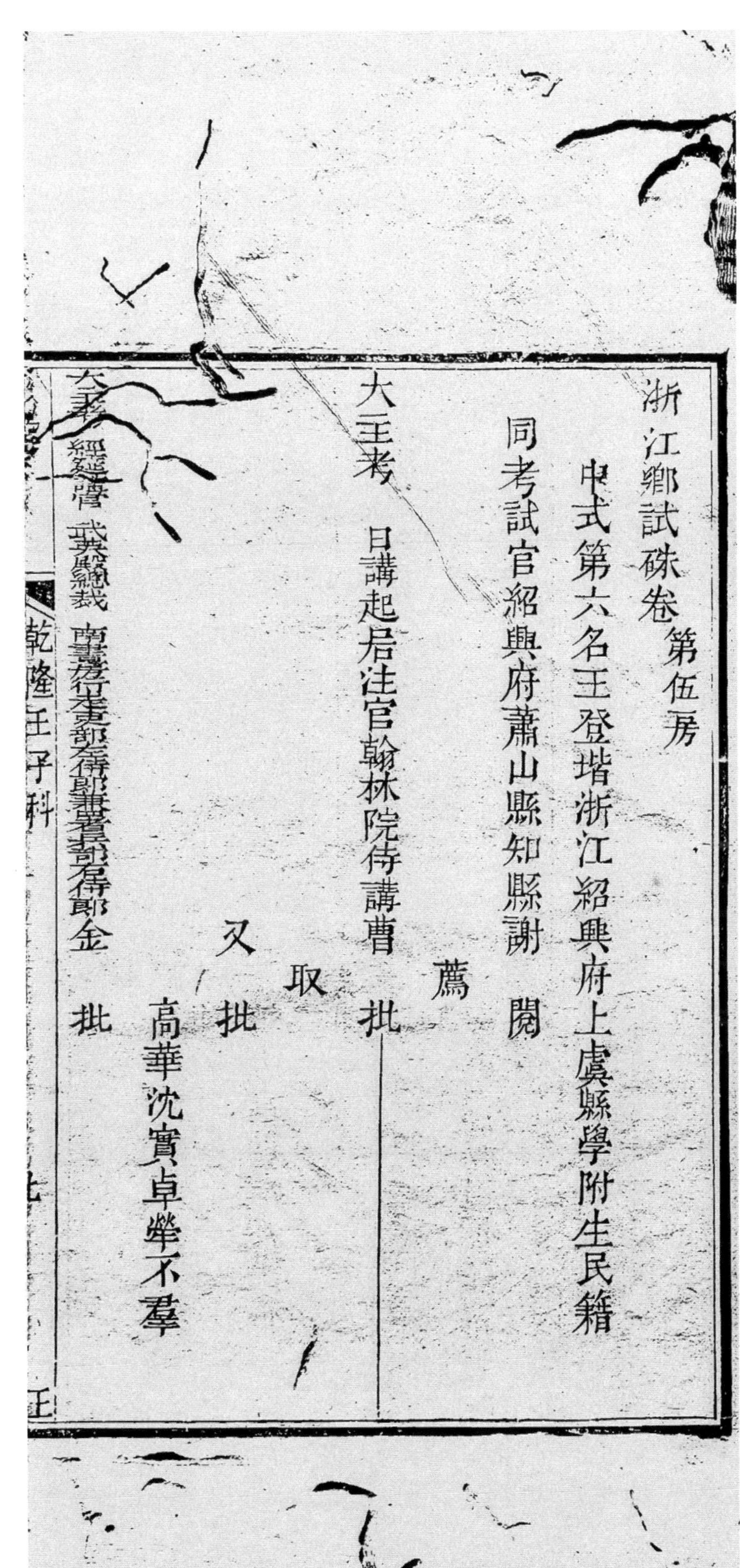

浙江鄉試硃卷　第伍房

中式第六名王登堦浙江紹興府上虞縣學附生民籍

同考試官紹興府蕭山縣知縣謝　閱　薦

大主考日講起居注官翰林院侍講曹　批　取

又　批　高華沈實卓犖不羣

大主考經筵講官武英殿總裁南書房行走吏部右侍郎兼署戶部右侍郎金　批

乾隆壬子科

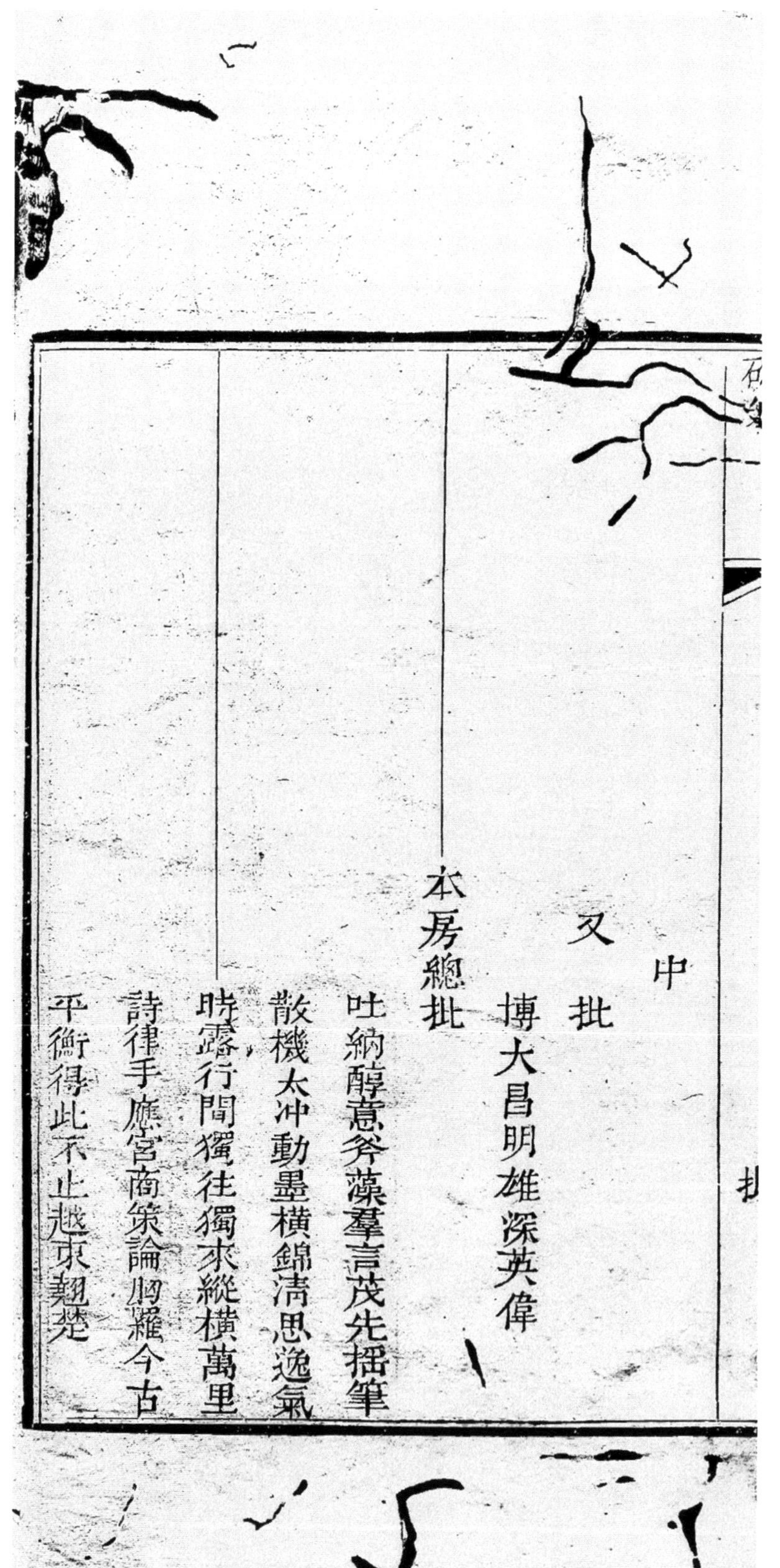

批

中

又批

博大昌明雄深英偉

本房總批

吐納醇意斧藻羣言茂先摇筆

散機太冲動墨横錦清思逸氣

時露行間獨往獨來縱横萬里

詩律手應宮商策論胸羅今古

平衡得此不止越東翹楚

子曰君子易事而難説也説之不以道不説也及其使人也器之

王登堦

本房加批
驊騮開道卓立森張髯蘇論體之雄

接題青
矯矯不群

君子本公以行恕道足以維天下矣夫人事君子而不知其説之難則事以求説者多矣非道不説而使人以器誠本公以爲恕哉今夫操宰制之權以進退天下所恃者道而已矣惟道能馭一世之人材亦惟道能端一身之軌範蓋軌範嚴則私昵之緣自絶此道之所由成已也人材盡則籲俊之用自宏此道之所由成物也不然君子端方以示人蕩平以持世豈必斤斤焉以事説之難易也哉自世之事與説者妄以私意測君子而君子乃不可以窺測

文跌題[illegible]
[illegible]宏深
不[illegible]涵蓋
得神

安頓中間
緊含易事
提筆有兔
起鶻落之
勢

二十一史
羅心胸

題中字字

夫君子有不自隘之量任官惟材左右惟人久克恊夫奔走趨承之意以故曲成而物不遺智勇賢愚胥歸陶鑄焉君子有不自失之守敬以直內義以方外早自立於光明俊偉之中以故心亨而行有尚高卑健順罔越範圍焉君子葢易事而難說者也且夫世之說君子也每因事而起而君子之予人以易事也即難說而知朋比者無論已其或奇才以効命自榮竊思求繫援而假以詞色抑知君子將勵士之功名必先養士之氣節也不說也僉壬者無與己彼夫豪傑以殊猷自奮且希略名教而曲爲因依抑思君子誠薄待夫一己即無以厚待夫斯人也不說也無他不以道故也

如種出土　如磚落地

靈樞獨闢　日朗天開

雄勁清剛　絕無描頭　畫角家數　先輩中逼　近[illegible]松黄　氏矣

雖然砥厲廉隅幾莫親夫有道而攬延英俊究惟出以無方及其使人也小大兼收將薄技偶呈必爲汲引短長互用即微材足錄亦獲優容吾觀於器使之心乃歎向之難說者克全夫易事也（三）代之隆也後先疏附盡賢良炮翟煇闇皆正士其人可事即其人可說也君子乃以分端見之志不自欺人不得而欺其志才不自用人樂得而用其才方正以嚴道之防鼓舞以盡器之利而君子可畏矣而君子又可親矣一王之作也克知三有宅心灼見三有俊心審其所事乃得其所說也君子則以兩途衡之先器識而後文藝吾不敢輕進其人略節概而課勛猷吾不敢輕違其學[illegible]止

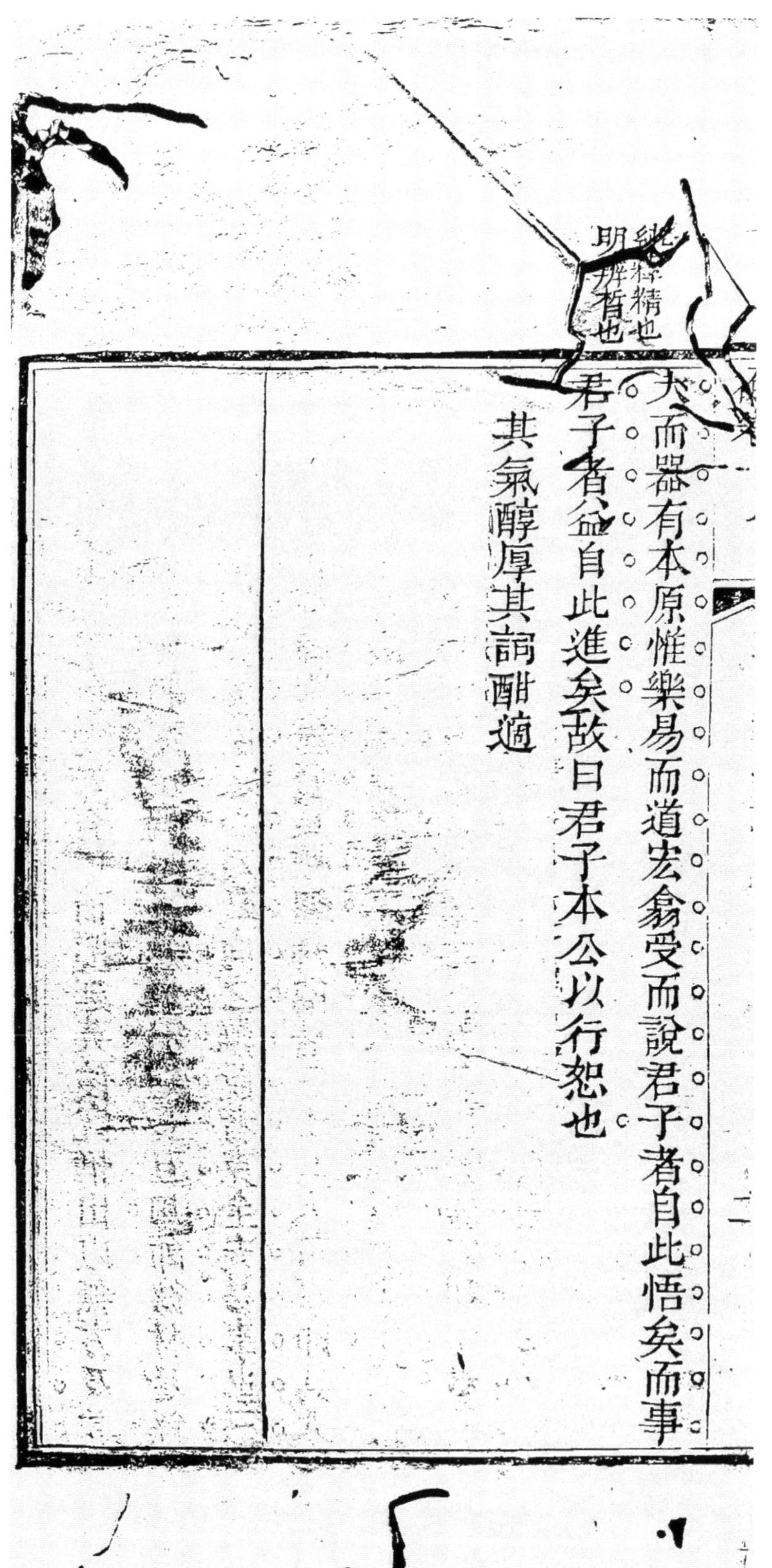

純粹精也
明辨晢也

大而器有本原惟樂易而道宏翕受而說君子者自此悟矣而事君子者益自此進矣故曰君子本公以行恕也

其氣醇厚其詞酣適

本房加批
宏深灝瀚
上薄雲漢

脉的理清

停頓悠久
氣度安閒

悠久所以成物也　王登堦

即成物以觀至誠而悠久之用大矣蓋物不可以不成而非悠久則無以成也故至誠不息之用必極之成物而始全耳今夫物有消長之機而非豫以順之則其機日促物有精凝之氣而不恒以固之則其氣日渝自古神靈首出積涵育之心以副胞與之量恍然知太和之保合道在利貞焉載物覆物至誠之博厚高明既如此矣夫惟至誠能自成而功及於覆載亦惟至誠不獨自成而功及於所覆載之物吾嘗即其悠久思之羣倫之萃渙王者欲平其性遒王者必不欲逌其性情化裁以盡利鼓舞以盡神其不能不

黃河一曲而千里吞雲夢者八九物兼人物而言卻又側重人上老筆巨眼天地之成物至誠之成物說得

遲回以俟諸氣數者勢也運會之轉移王心為之維持王心即為之保聚撫綏者百年沐浴者百年其不能不閱歷以洽諸時雍者理也且夫物之待成於至誠者難更僕數矣一陽之時至而湊二陽之時至而柝三陽之時至而芽以暨飛躍毛毨咸思泮奐爾游優游爾休以待一人之正命況夫恩勤鞠育本諸孩而名之之初衣食耕桑極諸耄而耋焉之候向使化導之用不舒而長養之機不永不且物也無涯而成也有涯哉乃覩於至誠之悠久而會其故也健行者乾之德而品物咸亨道必申之以巽悠久者蓋有浹髓淪肌之化焉仁壽積而物自舒中和積而物自遂雖兩間之滲

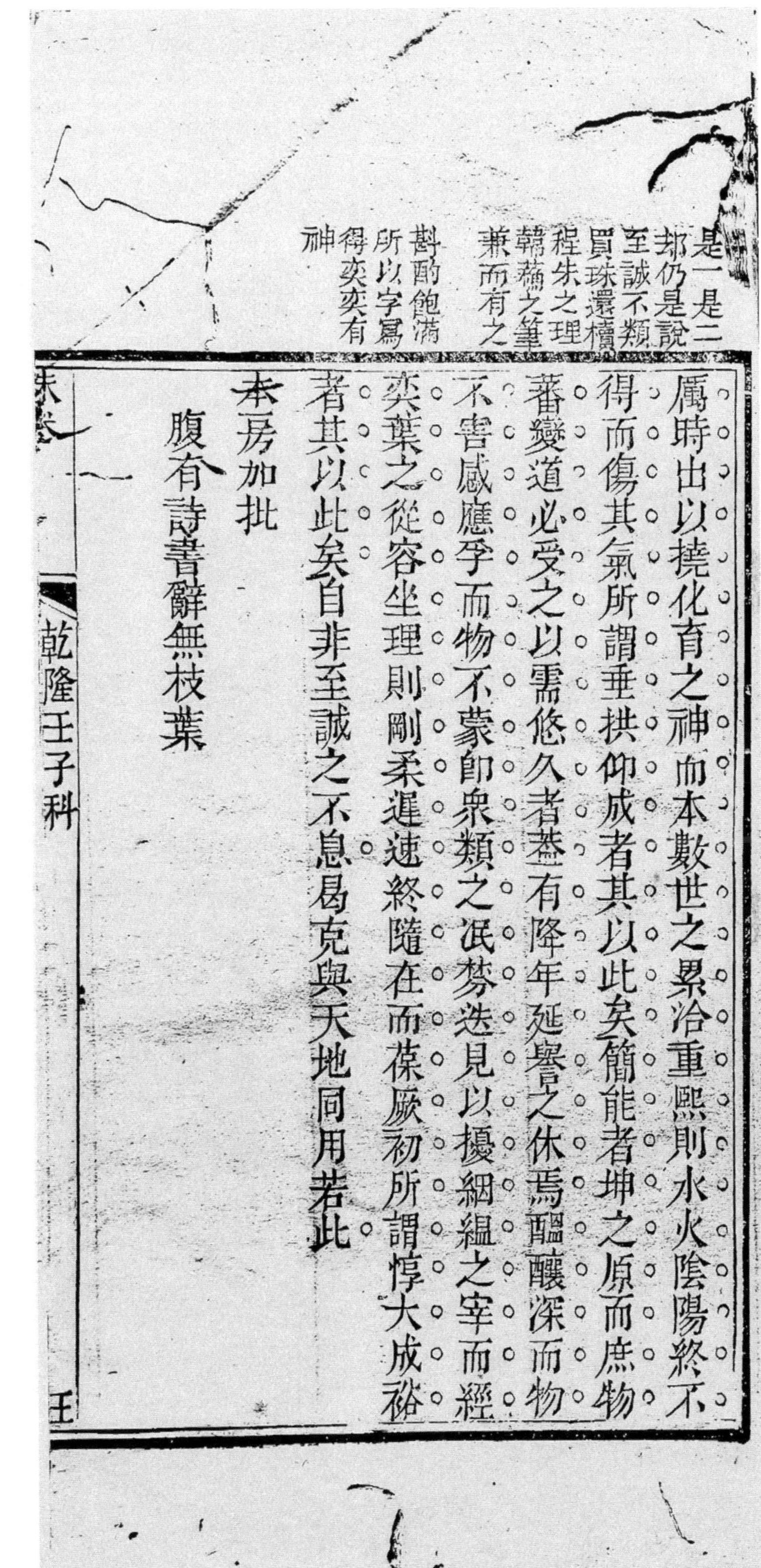

是一是二却仍是說至誠不類買珠還櫝程朱之理韓蘇之筆兼而有之

斟酌飽滿所以字寫得奕奕有神

屬時出以撓化育之神而本數世之累洽重熙則水火陰陽終不得而傷其氣所謂垂拱仰成者其以此矣簡能者坤之原而庶物蕃變道必受之以需悠久者蓋有降年延譽之休焉醞釀深而物不害感應孚而物不蒙即衆類之泯棼迭見以擾絪縕之宰而經奕葉之從容坐理則剛柔遲速終隨在而葆厥初所謂惇大成裕者其以此矣自非至誠之不息曷克與天地同用若此

本房加批

腹有詩書辭無枝葉

乾隆壬子科　王

本房加批　清折矯異
直本小序　兼採鄭疏
反含靈字

文王以民力爲臺爲沼而民歡樂之謂其臺曰靈臺謂其沼

曰靈沼　王登堦

民樂於所爲繹所稱而其心可知焉夫力出於民而以之者文王也臺沼何靈而民顧謂之其歡樂之所由形乎今夫天下最易違者羣情之勞瘁而最難愜者率土之謳思三代而上君不敢輕用其民而民知愛君君不必不用其民而民愈知愛君則一時之揚厲鋪張有非尋常頌禱所得擬者靈臺之詩民始附王而作也臣嘗觀於其臺其沼而殷然念我文王矣官禮爲理民之書而三日公旬司徒特愼其役使夫亦哀此憚人不敢告勞爾文雖順識如

弦無虛發

落以字卽呼起下二句手法何許靈緊二比蹠寔步虛得古文離字訣出比疏調其字對比疎靈字雋逸絕人才暑風簷得

於帝則安必此唱彼和咸頌祝於鎬京豐水之間洛誥亦用民之事而東西灑澗多士惟諭以伻來夫亦相彼小民各自有心爾交来集大勛於天心何以後舞前歌皆踴躍於築堵屢馮之日民豈忘爲臺爲沼實王以之而顧歡樂如此哉不知民正謂以民力者爲文王而嘖嘖稱臺沼勿衰也今夫人有所甚愛之一人則必爲之推其德於物是故指示相將旣有主名之專屬雖幾經拮据幾經況瘁而且不覺爲勞人有所樂附之一人則又必爲之原其事於天是故嘉名肇錫頓忘渙號之不經雖歸之造物歸之太空而終不驚爲誕往者文王之民知之矣謂其臺謂其沼專屬之詞也

此静細令人擊節不置

靈善也此說本趙岐註

雅歌頌體和聲鳴盛耶

吐涛沛乎寸心與會淋漓停筆時已置身百尺樓矣

臺曰靈臺沼曰靈沼歸美之頌也吾於是知民之歡樂爲已至矣靈之爲言善也天下惟元善之長足動烝黎之愛慕乃召司空不爲刻晷以課功斯何如之善澤乎民若曰我王罔淫於游畋惟是望祲觀風之地適徵衆志之感孚撫茲臺沼葢有靈承于旅之意焉靈之爲言神也天下惟明神之覞莫馨葶野之形容相其陰陽已不崇朝而卒業斯何如之神助乎民若曰我王庶幾無疾病郎此履高臨下之中隱見西郊之眷顧覘斯臺沼葢有靈承于帝之休焉民知臺沼之靈而已何知爲臺爲沼之誰實左右之哉故必如文王而後可用民力也

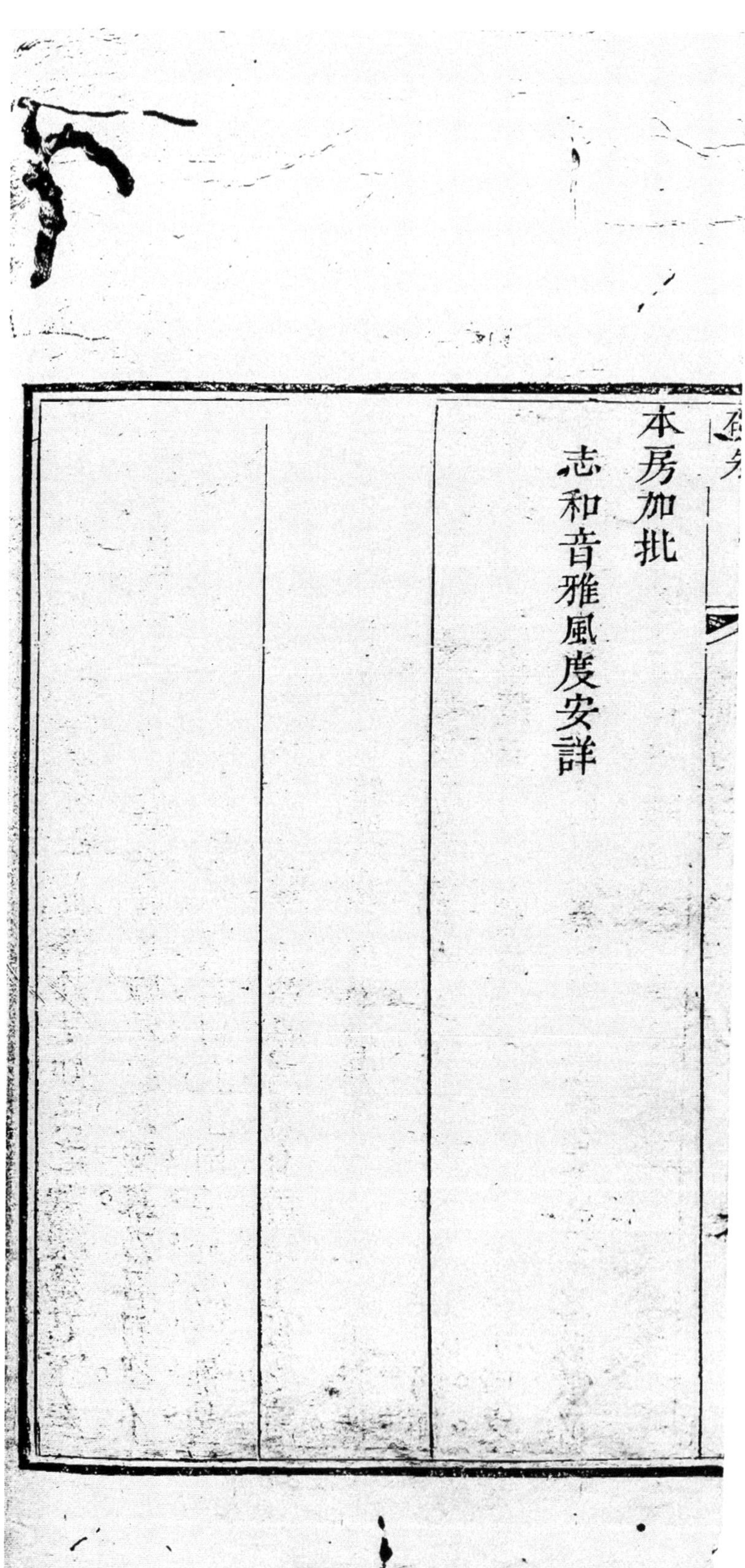

本房加批

志和音雅風度安詳

本房加批　中五聯字字刻劃郛字不即不離不腐不俗精心結撰籠罩羣言三唐帖括中少見此格律

賦得五經爲衆說郛得含字五言八韻　王登堦

五經垂至教衆說息紛談似路原先闢爲郛乃大含高堅吾道衛根柢幾人探坐擁城常樂專攻業夙耽垣墉基自固門戶見毋參轍必遵歸一隅應悟反三還期心障徹莫負面墻慙勒石昭

釀化同文遍朔南

本房加批
提要鉤元
羅羅清疏

子曰君子易事而難說也說之不以道不說也及其使人也器之

張　馨

君子之馭下以道可合事說以驗之焉夫君子非故爲難易也不說非道則說難矣使人惟器則事易矣其斯爲馭下之道歟今夫居上有大權焉黜陟乎羣倫者是居上有大道焉所以黜陟乎羣倫者是論者謂權以行道而不知實道以行權杜干謁之階而不病於苛寬登庸之格而不流爲濫斯權與道合無夤緣亦無棄材也且上之於下有事之之道斷無說之之道而下之於上有事之之人卽有說之之人則因應宜慎焉子曰是可觀君子君子不屑

冠冕遒整語語諦當

醒目

及其字精神出

接法駘宕

要結乎羣材而輿臺胥隸恆擴含宏之量以容之責備寬則甄拔不爽羣材每見收而不見遺君子不忍屏棄夫萬物而瞻視衣冠常秉尊正之氣以飭之操持重則嚬笑亦嚴萬物每可親而不可狎以云事事誠易也以云說說誠難也何也有道在也而吾為通而論之實而按之聲色貨利宵小所挾為迎合之緣者非不多方以相引而一衡以公明之識則伎倆輒窮於所施蓋君子之守道嚴矣彼占小善以自名者幾疑所如之不合抑知喜怒無私名器正復不吝材無論大小莫不澄藻鑑以慎書升唐虞之盛也明哲無畏孔壬而惠疇亮采必資六二十二人此道得也夫笑貌語言

的對

突兀崢嶸筆力迥不猶人處處提醒主意

匪人所飾爲脂韋之態者亦且專意以相干而一入于正大之胸則譸張無復能爲幻蓋君子之秉道正矣彼挾片長以自見者恐難如願以相償抑知晉接不開僥倖之路拔擢復不貽屈抑之嗟藝無論偏全莫不廣搜羅以勸秉石昭代之隆也立政勿昵僉人而分職設官必極之三百六十此道得也夫非道不說說不亦難乎及其使人惟器事不亦難乎諸媚遠而嚴正之性昭策力全而報効之力奮君子本道以權衡之道之所在難非故矜崖岸易非私植黨援不失已亦不失人內外各協大中之準衡鑒平則倖門者斂迹好尚正則席珍者彈冠君子原道以取舍之道之所存卻

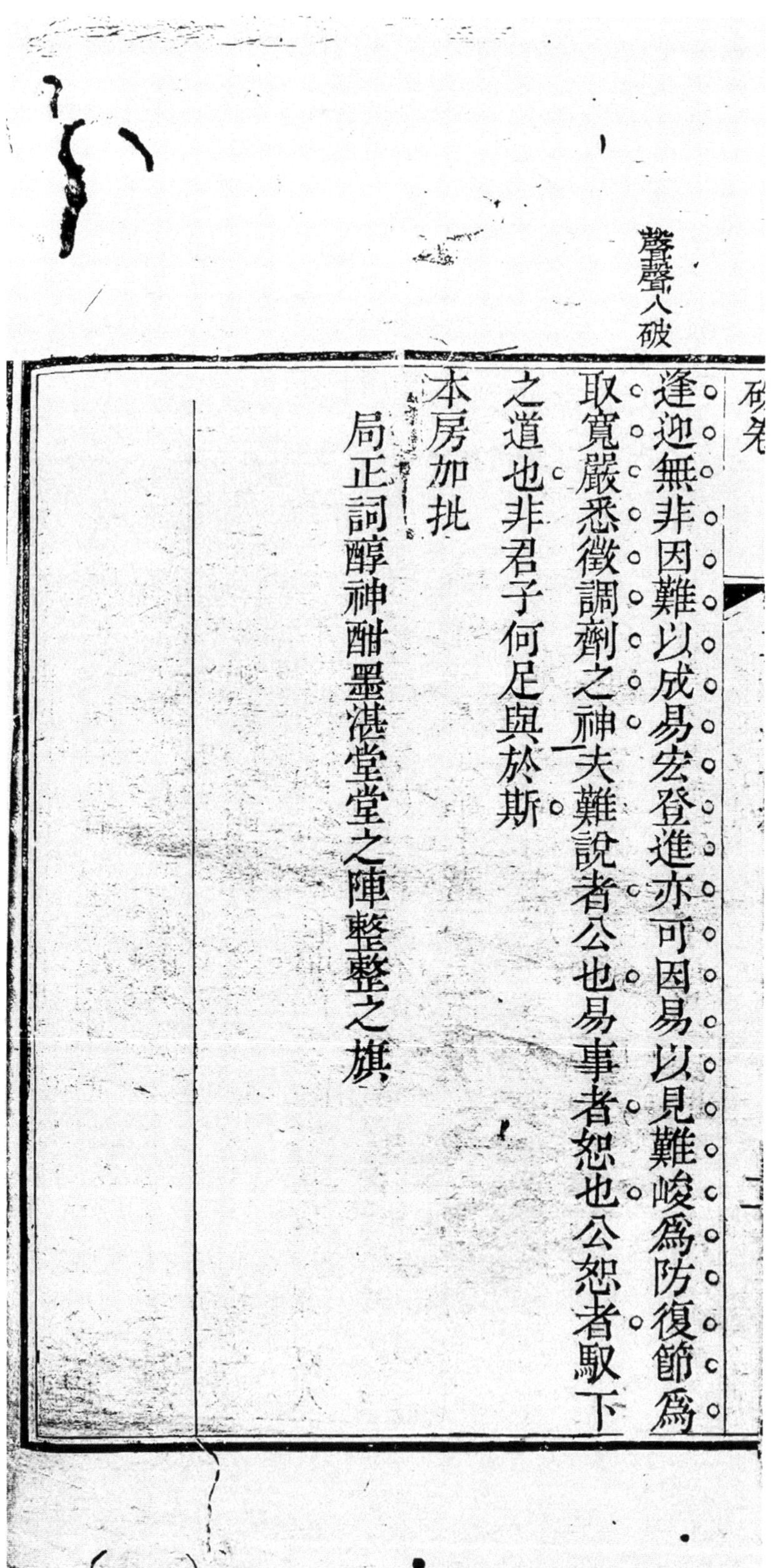

聲聲入破

逢迎無非因難以成易宏登進亦可因易以見難峻爲防復節爲取寬嚴悉徵調劑之神夫難說者公也易事者恕也公恕者馭下之道也非君子何足與於斯

本房加批

局正詞醇神酣墨湛堂堂之陣整整之旗

本房加批
清眞刻露
書理一絲不走
反面逼醒

悠久所以成物也　張學

更卽成物以明至誠之用惟歸於不息而已蓋成物云者合覆載而言之也而其所以成之者寧外悠久哉中庸明至誠之用而終及此今夫開物而成務者聖人之責也其責不可以暫而弛而其效非可以驟而致蓋物之成非自爲成有成之者而物乃成聖人之成物非漫爲成有所以成之者而物始成則試由博厚高明而進言夫悠久夫悠久者博厚高明所由致而博厚高明又必要於悠久焉四達不悖而眞積不窮者至誠也然使致之不以其漸而無寬然有餘之氣以養之則操之已蹙而其爲功也有限神功峻

所以字出落亦醒

敎養立柱朴實老當

合到至誠極醒

極而道化昭融者至誠也然使持之不以其恆而無凝然永貞之德以守之則速而易儆而其爲功也未宏是人知物之成而不知所以成也曾亦思常如此覆常如此載何一非至誠之博厚高明極于悠久耶成物莫先於養極億姓之田疇閭井以資利導而或一物不免缺陷之端非所云成也聖人舉事動貫百世制田里者有年導樹藝者有年開源而節流者有年寸衷操福命之原而凡所以遂物之生者歷之日月寒暑而不虞其竭是成物在養也唯至誠爲能握其樞矣成物莫大於敎合五方之秀頑剛柔以仰甄陶而或一物未泯偏畸之憾非所云成也聖人立法道閱千載建

闡發桂意　詞精筆健

洗刷圓靈　轉筆更醒

語語切理　饜心

兩語精確

學校者幾何時頒法制者幾何時奬善而黜惡者幾何時措施大陶冶之化而凡所以復物之性者統之常變久暫而終沐其休是成物在教也唯至誠有以擅其能奚萬物各有其性情揣其性情而副之則不必逐物以推而已不啻如願以償然而無取乎急遽矣試觀中天沕穆初開而時雍風動之休必遲之數十年而始克底于有成是知事關遠圖非一手足之烈亦非一旦夕之功也至誠所以有類情通德之方萬物各有其分量如其分量以予之則無一物不荷滋培即無一物不躋仁壽然而不尚夫苟且矣試觀昭代文明已盛而大定永清之化必積之數十世而始克適觀厥

煞醒所以字水到渠成

成是知功非小就善人須百年之遠而王者亦必世而仁也至誠所以有久道化成之用成物之本於悠久何莫非不息之誠哉

本房加批

切實發揮理意精到

本房加批
清折夭矯
以收作領

文王以民力爲臺爲沼而民歡樂之謂其臺曰靈臺謂其沼曰靈沼

張　譽

周王善用民力民氣樂而頌聲作焉夫爲臺沼而用民力勞亦甚矣乃且稱其爲靈焉文王果何道而得此歡樂之民哉今夫民力之與民心常相因者也顧得民力易得民心難庸主不能得民之心而不能得民之力英主得民之力而不能得民之心賢主得民之力而復能得民之心臣嘗繹靈臺靈沼之詩而得之文王得之文王之民矣竊念民生于文王之世也王室抱如燬之痛魴魚來赬尾之傷凡不得其所者方且孔邇與歌望有以安戢我矣況文

逆振有注射

坐得實卻運得虛手法靈妙

反擊合拍

王賢者也賢者愛民愛民者重用民力卽公旬有令尚惻然有所不忍而顧有事遨遊輕驅斯民而役之其勿監前此高臺卑池之失惕然深戒耶乃詩曰經之營之庶民攻之則已明明爲臺矣明明爲沼矣明明以民力爲臺爲沼矣且夫民亦何樂有此爲臺爲沼之舉哉大凡入君之舉事也上之爲金湯之固下之爲廬井之防所圖者大所需者急雖猝作興事民力不堪而佚道使民民無怨焉至若娛心志悅耳目僅以供登眺觀覽之資民卽不敢不荷鍤持畚上赴鼛鼓之招勢必咨嗟歎息而相謂曰吾王之好爲臺吾王之好爲沼夫何使我煩苦至此而力之不卹耶而抑知當日文王之民

更起一波

代口放寬折入愈靈愈緊

靈字不略

有大不然者夫文王遠矣文王之民亦遠矣迄今歷汝墳之旁過江漢之濱訪遺跡覽名區見夫巍巍聳峙奕然臨于其上者有臺焉文王所以瞻雲物望氛祲者也臺之下有沼幽然而靜窅然而深其更有臨淵可羨之樂乎是臺也沼也名何以稱焉父老相傳嘖嘖人口謂其臺曰靈臺謂其沼曰靈沼噫誰為謂之而靈臺靈沼之稱乃至今存耶夫孰知即當年為臺為沼之民所歡樂而致之也吾聞成于天者謂之靈非人事所能致也妙於神者謂之靈非人功所能及也當日者締造非關民事而踴躍者爭先嘉名錫自顧蒙而頌揚者恐後文王以力勞民而民之歡樂如是文王之

從靈字設色和盤託出全神

効靈于民民之効靈于文王俱未可知而要其樂臺沼之樂已可于文王見之已可於文王之民見之矣

本房加批

一眼覷定賢者而後樂此儘力騰挪直如神龍出沒不可端倪

賦得五經爲衆說郛 五言八韻得含字　張　摩

儒林羅載籍富有五經函卓犖羣英彙閎深衆說涵麟文藻古史鑯易括清談禮樂中和蘊詩書性道參範圍原不越典冊任相探擁處城維百咀來味恰三環攻堅未勝讀破與猶酣

聖學提綱要名言記戴含

本房加批

清新俊逸庾鮑之遺

乾隆壬子　傅德臨

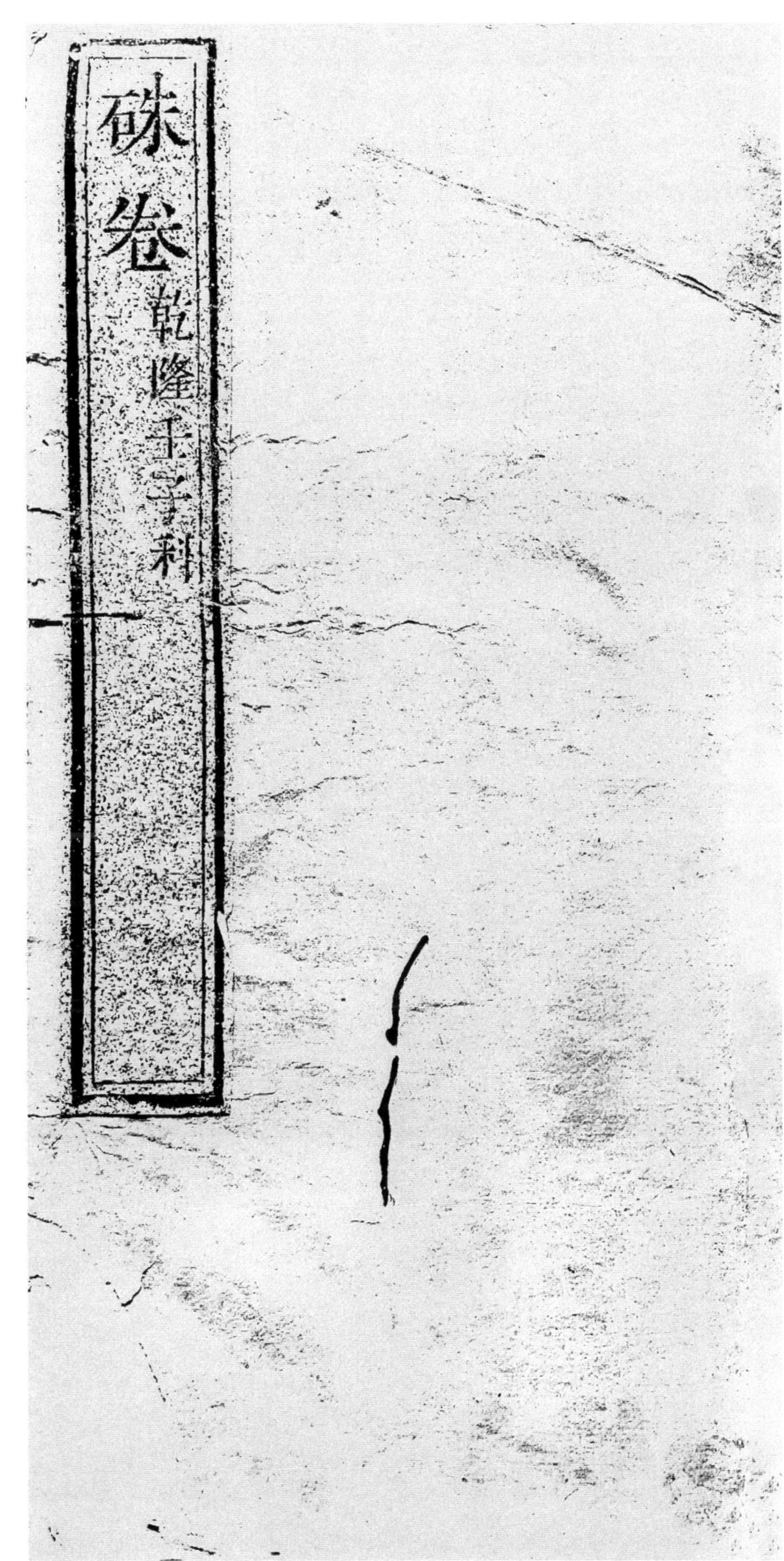
硃卷
乾隆壬子科

傅德臨

高祖爾甲　順治庚子科舉人候補知縣例授文林郎誥封宣武大夫
高祖母田氏　例贈孺人誥封恭人
繼高祖母胡氏　例贈孺人誥封恭人
庶高祖母董氏
曾祖學廣　紹興郡庠生例贈文林郎
曾祖母胡氏　例贈孺人
繼曾祖母王氏　例贈孺人

履歷

字咸九號梅崖行二乾隆甲申年二月初二日生紹興府山陰縣學廩膳生民籍

曾伯祖學琯　郡庠生　學尹　康熙丙午科武舉任江南揚州泰州所守備　學周　餘姚邑庠生

胞兄德謙　紹府增廣生戊申科秀水縣朱公薦同科孝豐縣李公薦

娶徐氏　增貢生景崧公女

子孫瀚　年幼業儒

胞侄孫浩　孫涵　俱幼業儒

女一　年幼

侄女三　年幼

房

祖巖山陰邑庠生例贈文林郎

祖母李氏例贈孺人

父廷芳乾隆乙酉科舉人候選知縣例授文

林郎

母楊氏邑庠生春公女

慈侍下

鄉試中式第一名

會試中式第　名

殿試第　甲第　名

住本縣十五都二啚魯墟

浙江鄉試硃卷　第二房

中式第一名傅德臨紹興府山陰縣學廩膳生民籍習　經

同考試官金華府武義縣知縣黃　閲

薦

大主考　日講起居注官翰林院侍講曹　批

取

又　批

局正詞醇學養兼到

大主考　經筵講官武英殿總裁南書房行走吏部右侍郎署兵部右侍郎金　批

硃卷　一　乾隆壬子科

批

中

又批

氣度安閒丰神恬澹

本房總批

理解精湛風格渾成元識元度兼而有之二三塲經義清晰條對詳明排律雅飭此爐火純青候也扶摇直上指顧俟之

本房加批
大氣渾舉
更白細意
熨貼

徵用互筆

子曰君子易事而難說也說之不以道不說也及其使人也器之

傅德臨

事與說衷諸君子可觀用心之公而恕矣夫非易事難說曷足以見君子非道不說而使人以器不誠用心之公而恕哉今夫以一人綱紀百物而天下於以仰風旨焉此其舉動顧絕非可苟焉已也寬以收一世之人材亦嚴以絕衆情之希倖是故有落落難合之懷而天下不得議其矯也有休休有容之度而天下不得訾其疎也厥惟君子君子者操進退斯人之權而爲事與說之所由集者也自夫人有高視君子之心效一技之能非不競思其得當一

單一截題便挪移不去轉折拍合元氣盎然

出落起接直一筆書

反面托題是畫家背染法

接以凜然難犯之容知嚬笑不容稍假將有望風而廢然返者而君子固有不入於刻者焉自夫人有妄干君子之念恃一已之智敢謂遽中於所私一動以肫然相待之意覺纖曲未嘗或遺將有挾術而欣然進者而君子則有不流於昵者焉君子固易事而難說也是則說無以得君子乎曰有正士不容悅以媚人偶然晉接未必無意好之偏顧不言說則已一言說必非可以爲君子試者誠以君子秉道以爲衡也苟其氣誼可投語事功則矢以勵翼謀學術則勗以精純道與道相合譬諸臭味焉有差池也而不然者毋寧靳也斯其說何如也然則事遂無以測君子乎曰否英俊奮

各還正位
如題處更
饒精警

總發精蘊
題中層折
依然不紊
大力搏捖
一氣鼓鑄

功名以自效一朝拔擢不勝有鼓舞之機顧不言事則已一言事
慮有不堪為君子使者然而君子因器以為量也當夫人材競進
用其長不摘其短得其鉅亦取其細器與器相範言采葑菲無以
下體也則其使人無過苛也斯其事何如也而吾於以嘆君子之
用心之公而恕也不敢以刻覈長澆漓之習尤不欲以諧媚開奔
競之風正其性卽以正萬物之性及其搜羅既徧一術技而必登
一功緒而必錄蓋君子之別乎說以為使者其道固如是也有所
可以証衆志之孚卽有所不可以守一身之介平其情遂以平萬
類之情及其援引無方程以材而各著其能咨以事而無不畢效

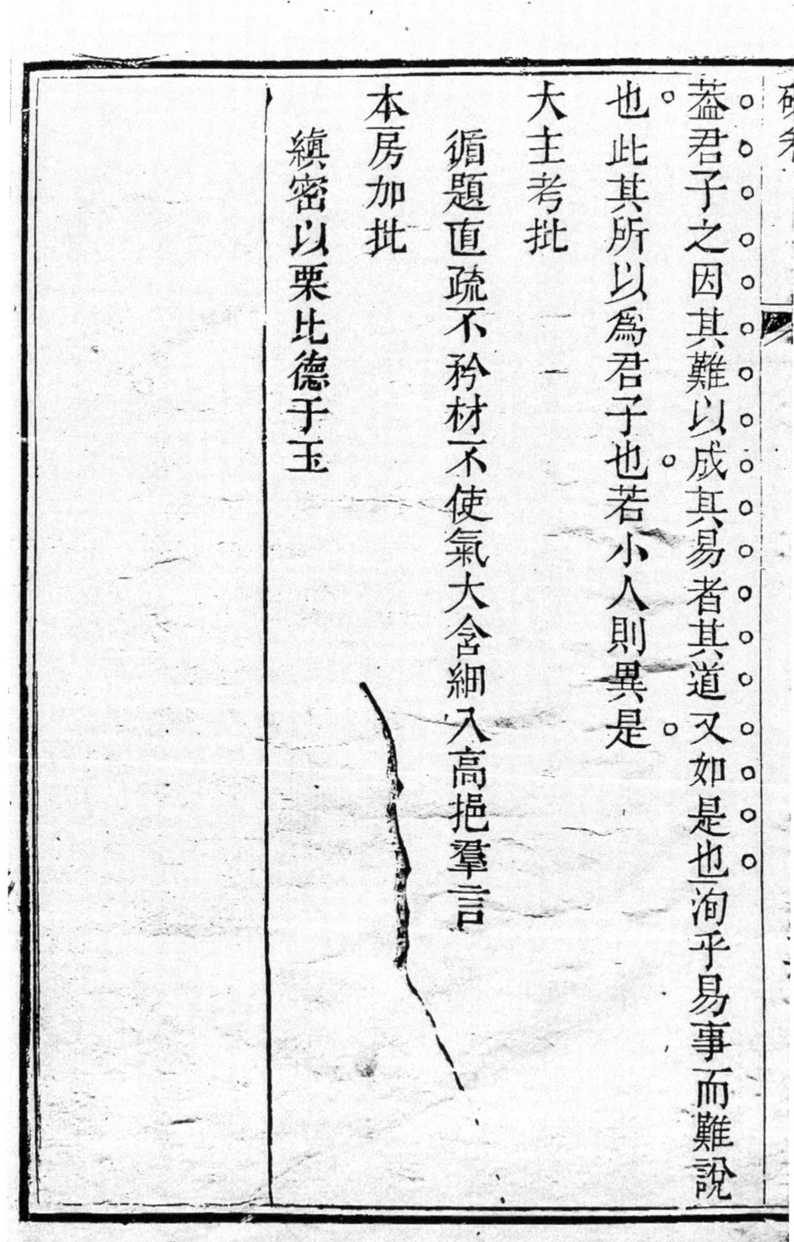

蓋君子之因其難以成其易者其道又如是也洵乎易事而難說也此其所以爲君子也若小人則異是

大主考批

循題直疏不矜材不使氣大含細入高挹羣言

本房加批

縝密以栗比德于玉

本房加批
探源爭本
題脈獨清

悠久所以成物也　傅德臨

觀物之所以成而知至誠悠久之功矣葢至誠之悠久仍不離乎
高厚而所以成物者卽在此此其爲不息之所致哉今夫至誠之
無息由久而徵徵而悠遠而遂及乎高厚此理之自漸以積也抑
知理之積於未徵以前者自有綿延之緒而功之積於既徵以後
者聿彰久遠之規則至誠之博厚高明豈特一時之覆載已哉試
卽博厚而究言之浩浩乎擴萬物以爲量統百體以爲形葢無一
不在厚德之中矣苐使敦大之規既備而艮固之神未凝物之托
於我者靡有始終而我之係乎物者蹙諸旦夕非所以爲成矣至

氣靜神恬
理法兼到

按部就班
恰如題分

誠以無息爲體自其博厚之優裕而不廹也則爲悠自其博厚之
安固而不遷也則爲久悠故百物皆化久故羣物皆立追乎性命
各正彝倫攸敘治極於遐邇覃敷而功成於萬世永賴遊其域者
幾自忘芸生之何以奠定而要皆至誠之由所載而積焉者其所
成固有然也更即高明而進求之巍巍乎首庶物而作覩觀萬國
以咸寧蓋無一不仰崇高之宇矣第使恬冒之量旣周而緝熙之
功未至物之戴乎我者靡有親疏而我之鼓乎物者不無疏密非
所以爲成矣至誠以不息爲徵自其高明之日新而有漸也則爲
悠自其高明之行健而自強也則爲久惟悠故可貞惟久故可大

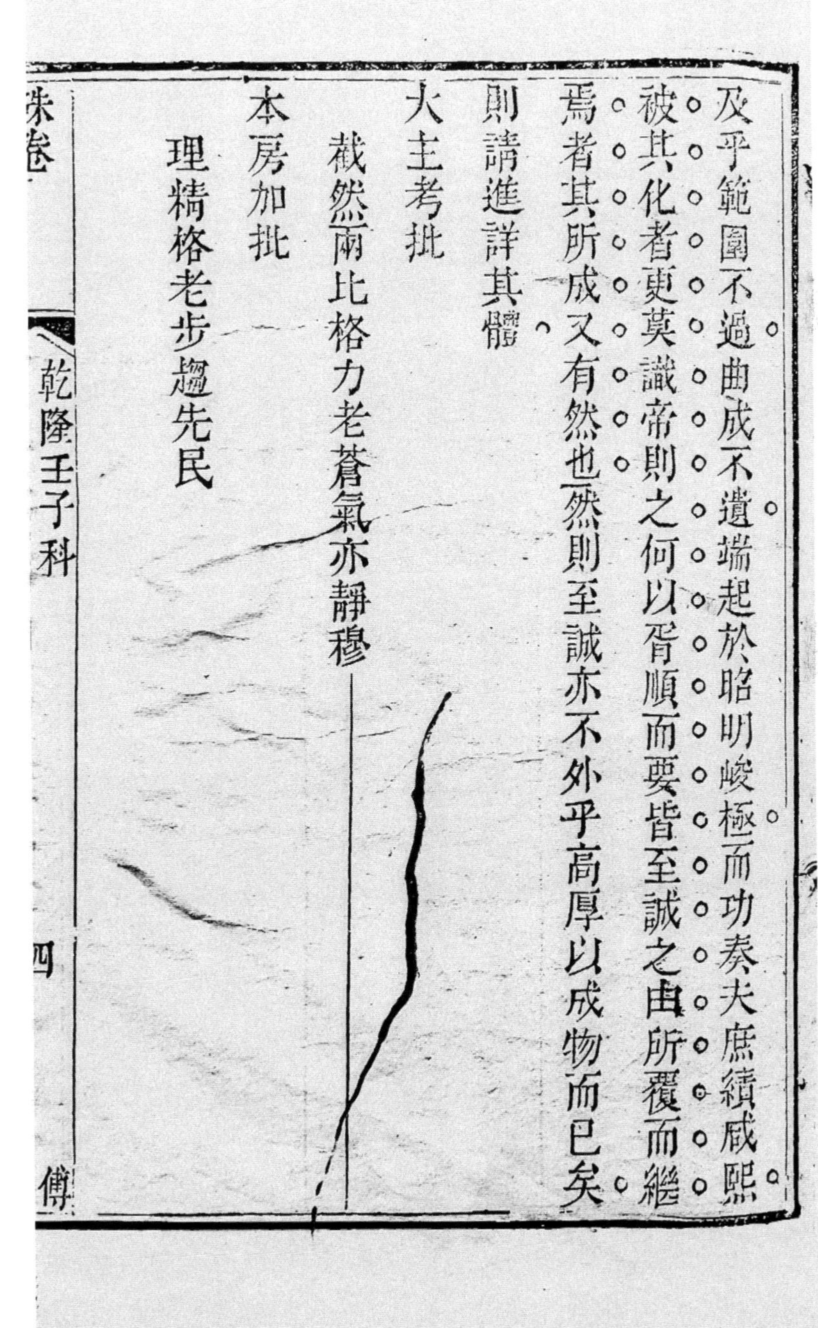

及乎範圍不過曲成不遺端起於昭明峻極而功奏夫庶績咸熙被其化者更莫識帝則之何以胥順而要皆至誠之由所覆而繼焉者其所成又有然也然則至誠亦不外乎高厚以成物而已矣

則請進詳其體

大主考批

截然兩比格力老蒼氣亦靜穆

本房加批

理精格老步趨先民

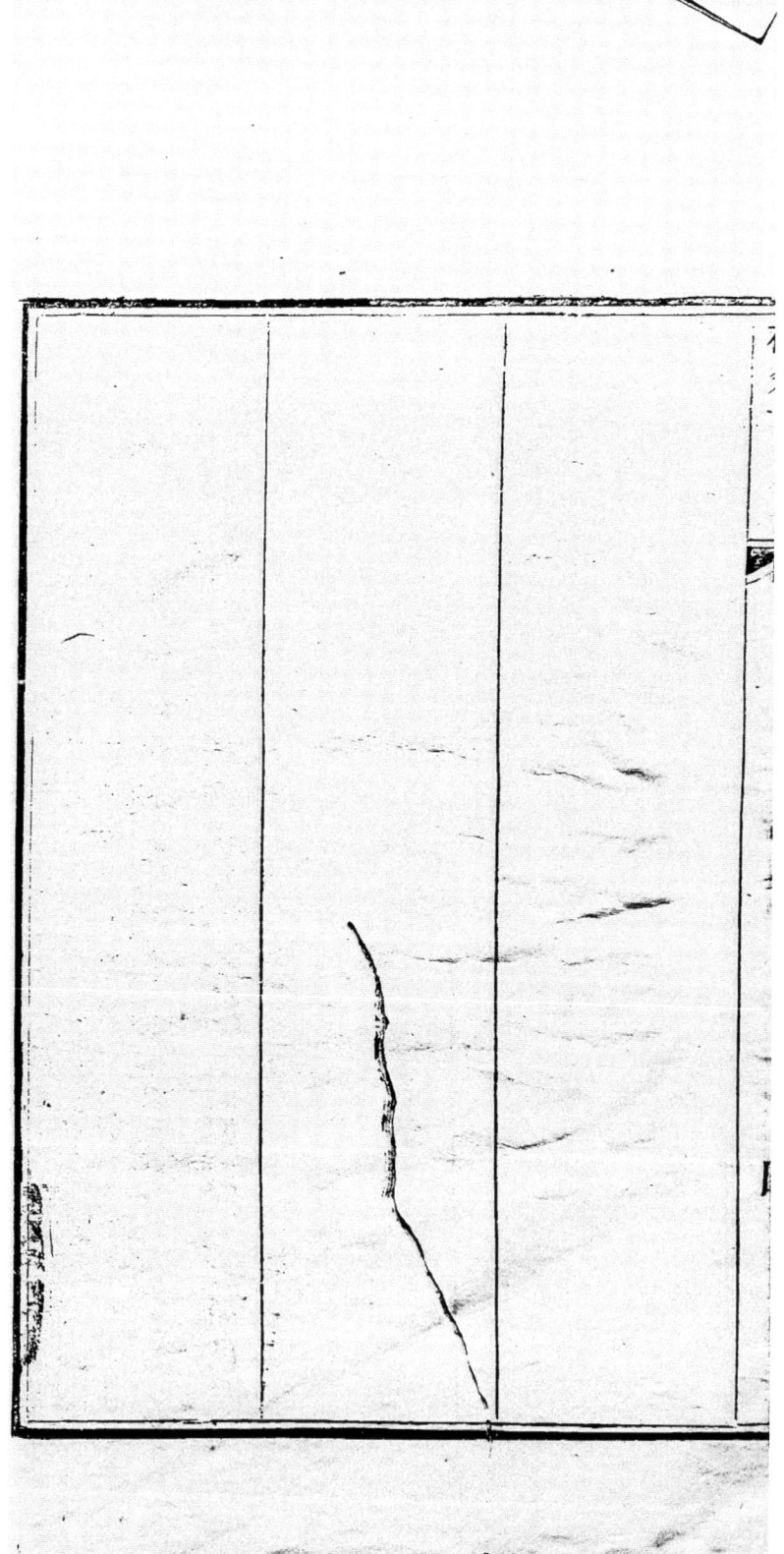

本房加批
開講扼題
起訖旋用
反攻轉正
獨見簡老
開手籠題
清微淡遠

文王以民力爲臺爲沼而民歡樂之謂其臺曰靈臺謂其沼曰靈沼

傅德臨

述詩之稱臺沼者民幾自忘其力矣夫文王之臺沼民爲之而靈臺靈沼之名卽自民謂之民之忘力也有如此今夫國有興作而頌揚之語不聞者豈民之各匿其情哉工築具舉方以爲況瘁之已甚又何有於頌禱之維殷而文王之民則不然夫詩何以靈臺名篇也辟雍鐘鼓之旁而嘉名肇錫不啻得所未曾非臺與沼之素有是稱也夫有謂之者也作豐築城之外而鉅制維新不覺傳爲盛事非臺與沼之猝能告成也夫有爲之者也孰謂之民謂之

提筆靈緊

二比襯托崇論閎議然却着筆于虛不涉一毫沾滯

再用提頓神氣更旺

孰為之民力為之也且天下神異之規有謂之而不必為之者矣即有為之而未嘗謂之者矣國家剏建非常一時侍從鋪張對天之宏休揚厲無前之偉績蓋惟勞瘁之勢會不親嘗自不難飾為盛德以上頌聖神此謂臺謂沼者之非其所為也人主喜功好大一朝舉動頌聲不作於閭閻詛祝時聞于黔首蓋惟率作之勞幾深勤動自不能詭為感恩以歷陳符瑞此為臺為沼者之一無所謂也而非所論於文王之民也夫文王非能舍民力而別有臺沼之為也即民亦非輕棄其力而故為媚上之文也草野何知大義而用力而不自居此其中有至情焉而非強為歡也雖浚築方興

情致纏綿恍見熙皞景象

在文王自不忍以朝夕觀遊重煩鼛鼓而民則不僅以其臺其沼目之蓋臺沼之爲靈信而有徵也此豈周召散望之所得而贊小民何喻文章而功成而不自有此其間有深義焉而非貌爲樂也雖高深殊致在文王自不敢以勤劬所積妄托天功而民則不啻以其臺其沼親之蓋臺沼之爲靈言之有味也此固汝濆江漢之所得而歌文王以民力爲臺爲沼而民歡樂之謂其臺曰靈臺謂其沼曰靈沼而并樂其所有此其故可以恍然悟矣

大主考批

渟意高文縝密以栗

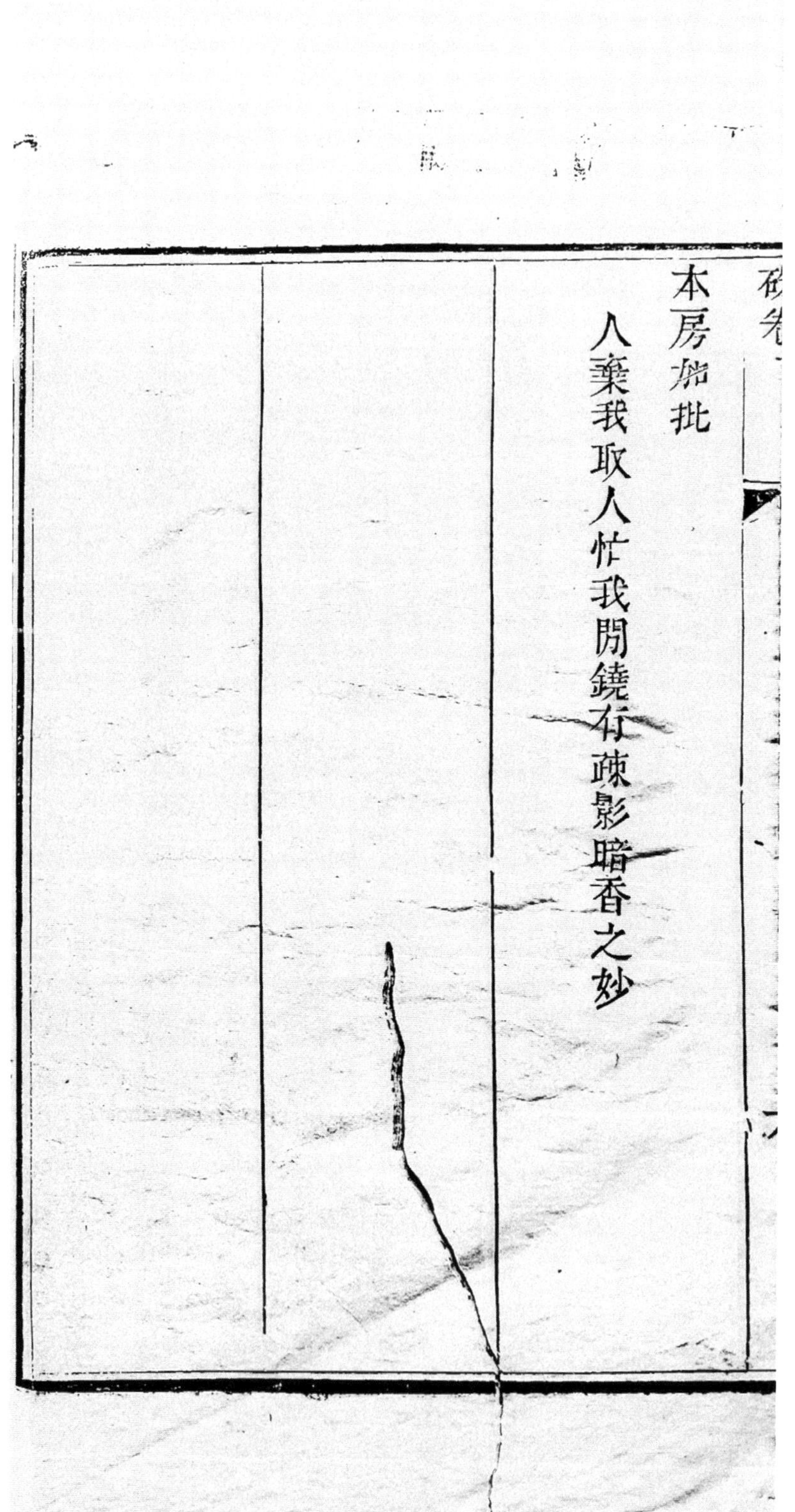
硃卷
本房加批
人棄我取人忙我閒鏡花疏影暗香之妙

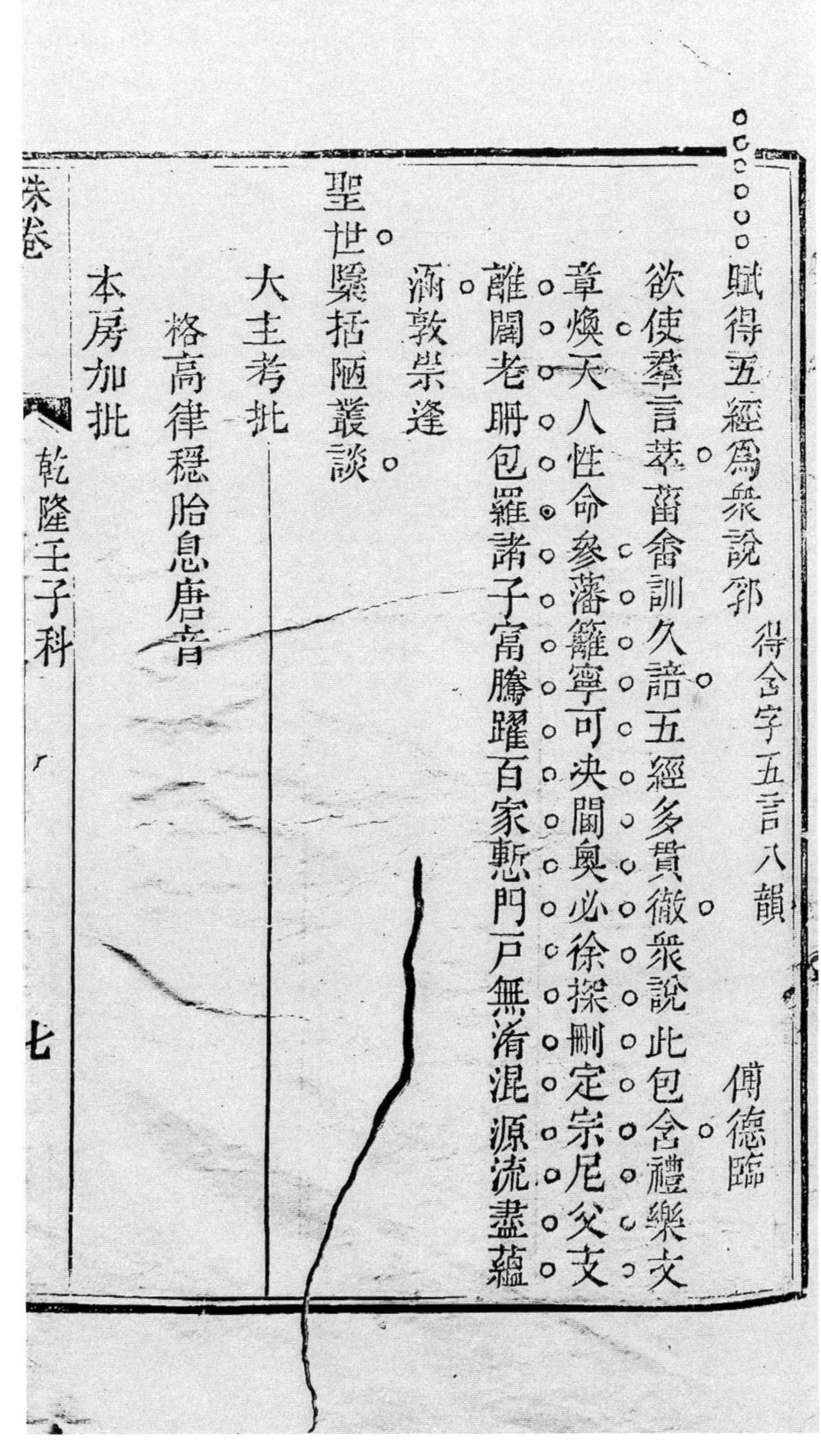

賦得五經爲衆說郛　得含字五言八韻　傅德臨

欲使羣言萃，菑畬訓久諳。五經多貫徹，衆說此包含。禮樂文章煥，天人性命參。藩籬寧可決，閫奧必徐探。刪定宗尼父，支離闢老聃。包羅諸子富，騰躍百家慙。門戶無淆混，源流盡蘊涵。敦崇逢聖世，檃括陋叢談。

大主考批　格高律穩，胎息唐音。

本房加批

硃卷　乾隆壬子科　七

清新俊逸兼庾鮑之長

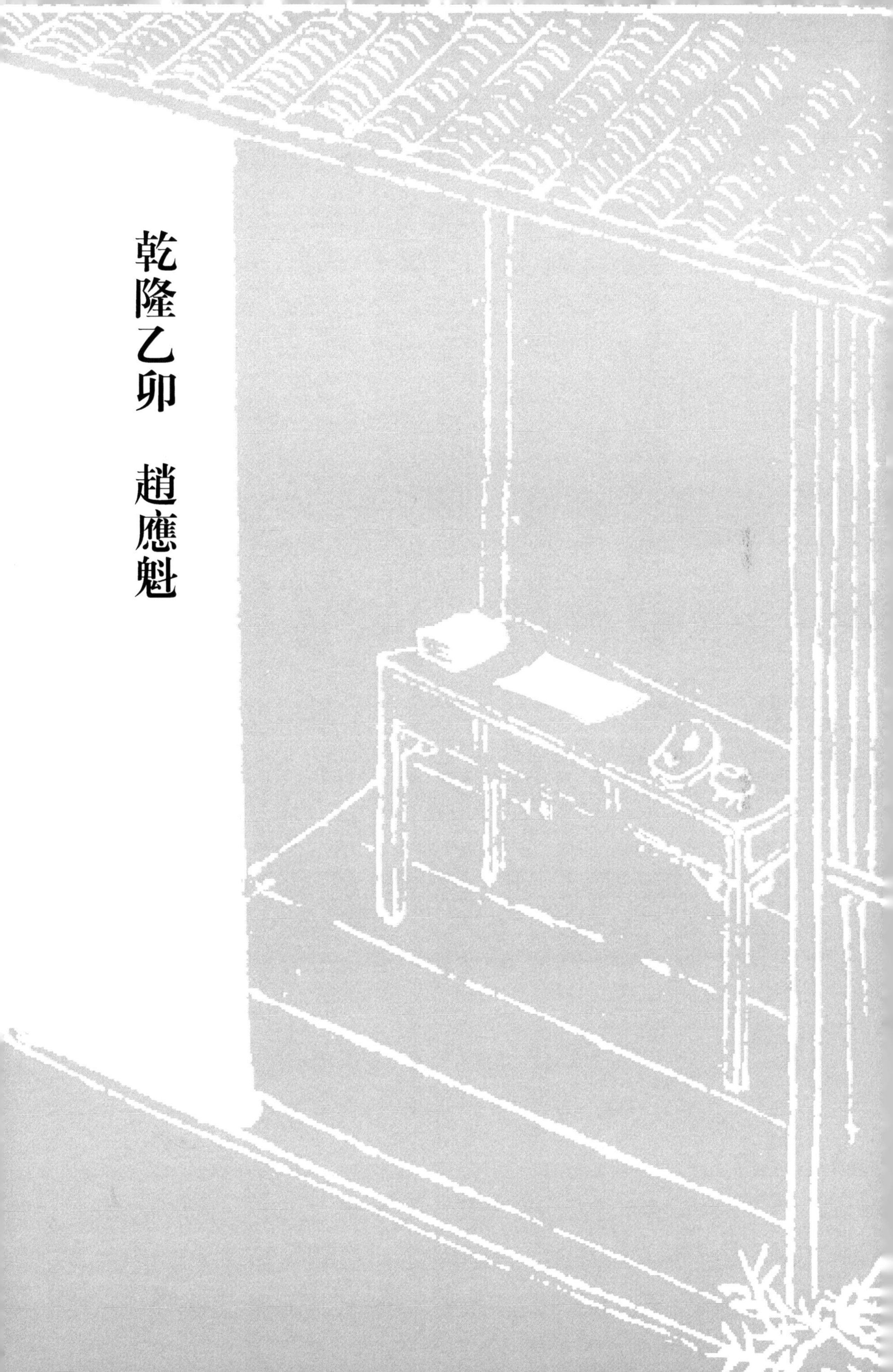

乾隆乙卯　趙應魁

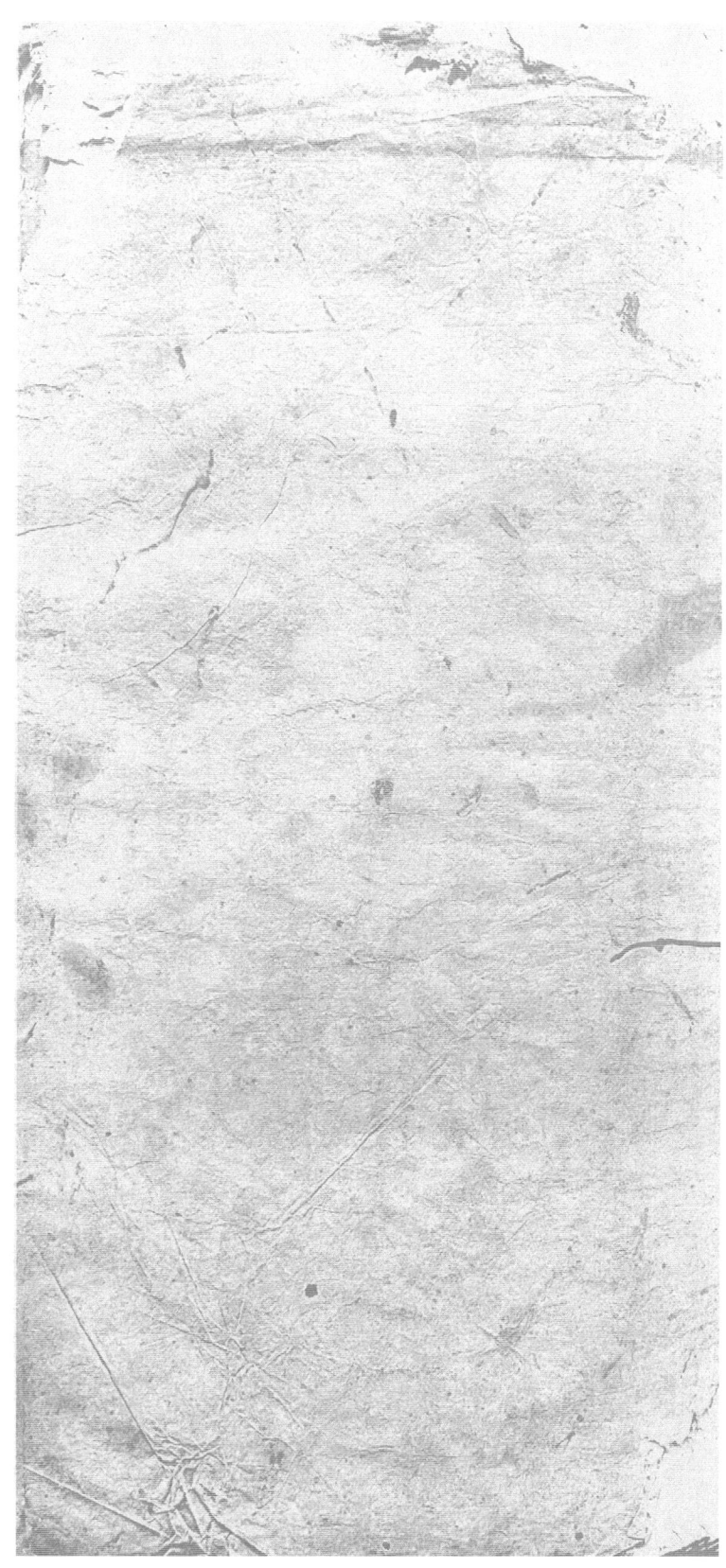

細閱統卷句斟字酌無一剩字累累墨只以今人刊去者於此可以見讀書人斷賴先有淘汰之功能後磨厲以須當鋒破敵實患不能振懺而登

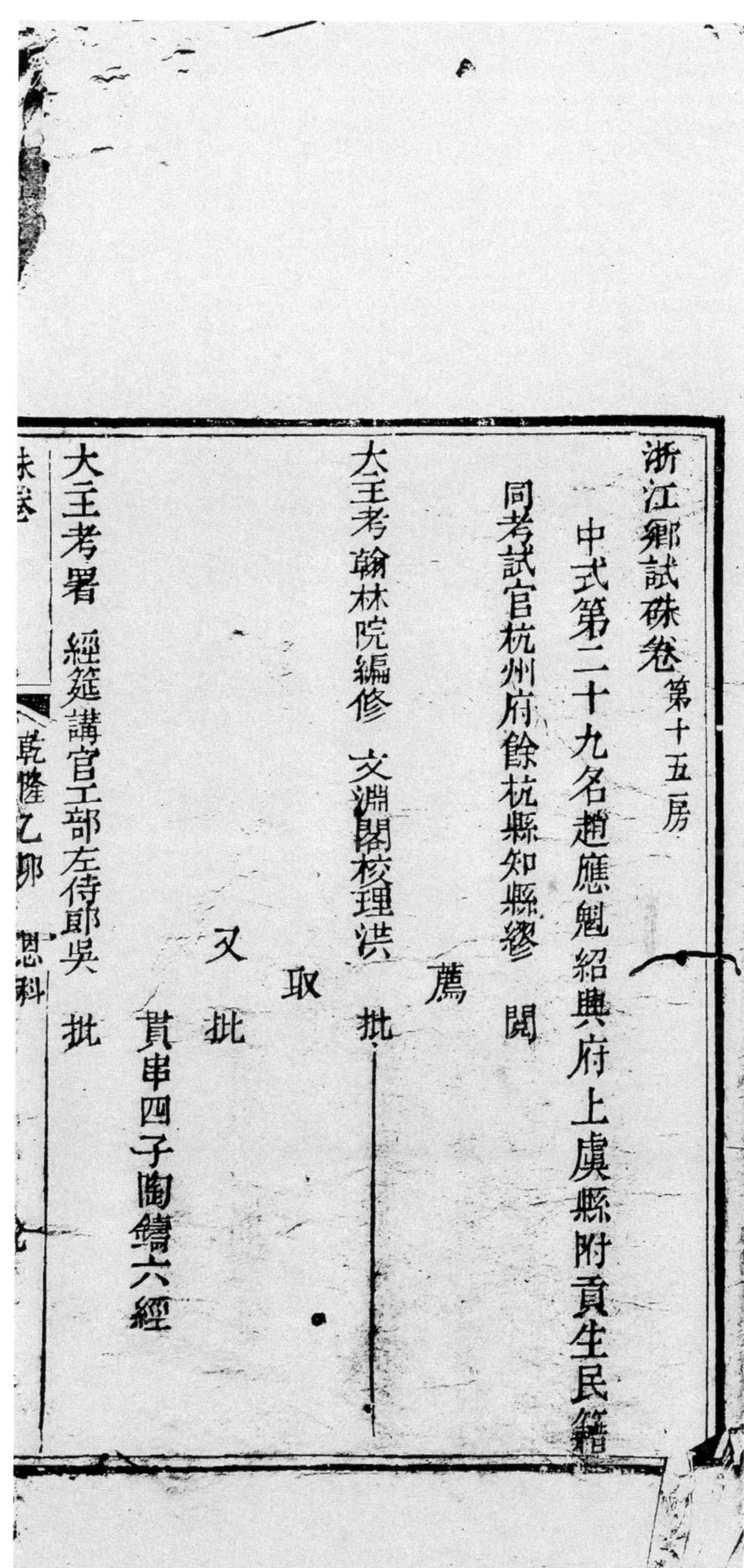

浙江鄉試硃卷第十五房

中式第二十九名趙應魁紹興府上虞縣附貢生民籍

同考試官杭州府餘杭縣知縣繆　閱

薦

大主考翰林院編修　文淵閣校理洪　批

取

又　批

貫串四子陶鑄六經

大主考署　經筵講官工部左侍郎吳　批

硃卷

乾隆乙卯　恩科

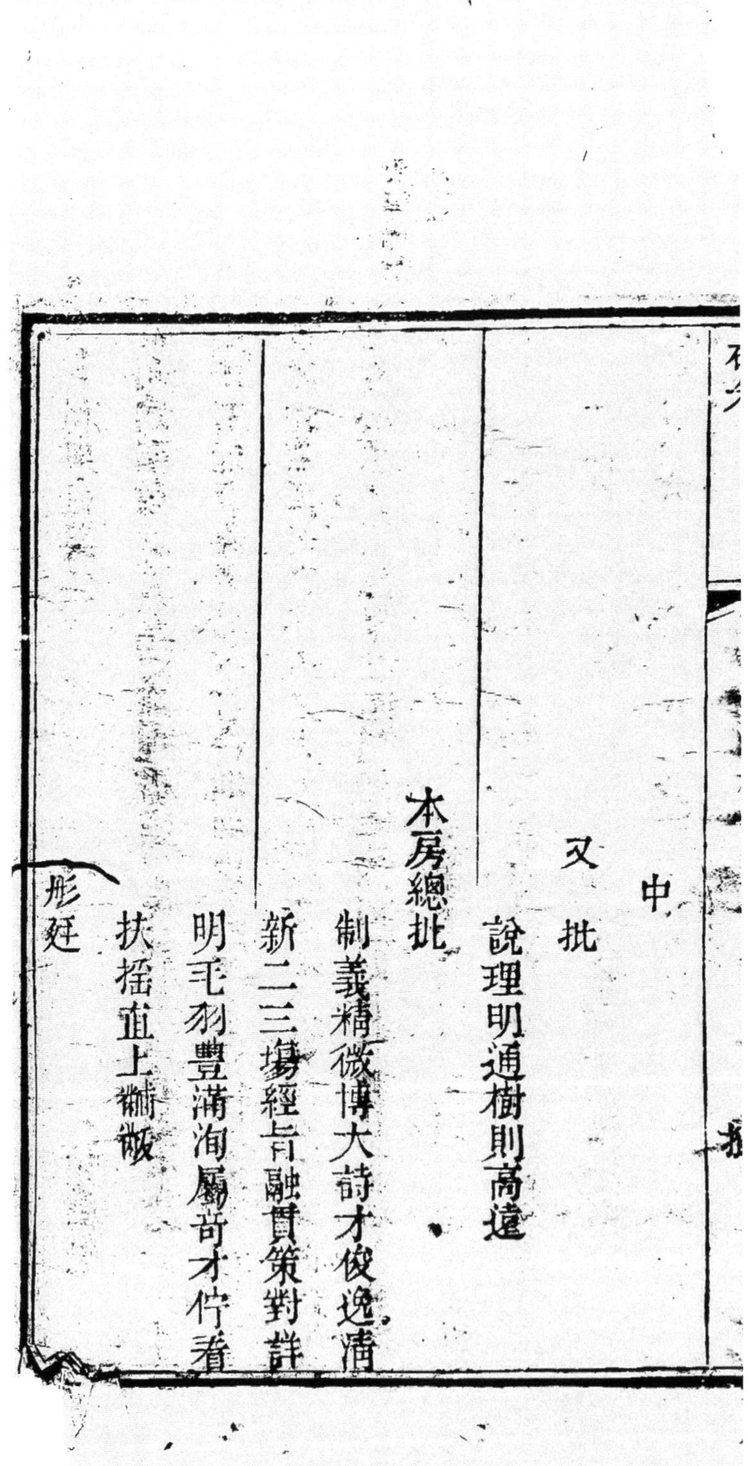

中

又批

說理明通樹則高遠

本房總批

制義精微博大詩才俊逸清

新二三場經旨融貫策對詳

明毛羽豐滿洵屬奇才佇看

扶搖直上[illegible][illegible]

彤廷

本房加批　鎔成一片

利與命與仁

趙應魁

惟利爲聖教所首嚴而窮理盡道之尤難其人也葢利之念一生則未有能全義者而欲言命則知幾其神過言仁則窮大失居子故於此並愼之嘗思道之大原出於天必人能精察夫理欲之原始存心養性而識參化工閑邪存誠而德備元善然聖功不可以驟幾而人心恒中于多欲聖人於學者始欲其正誼明道徐俟其盡人合天葢禁嚴非義之防而尤重傳道之人也吾黨嘗從無隱之至教而念罕言之微旨一在于利今夫利而公溥猶命之在天也利以和義比仁之長人也吾觀天下之言利者其始計利不知

抉透世情串揷在有意無意之間

推勘至隱胡思泉之銅墻鐵壁

於所以然之故俱寫得透徹

硃卷

義趨避熟而忘命之爲窮而爲通其繼見利而忘義欣羡生而違仁之無貳而無雜且夫以億中而爲貨殖則不受命矣以非道而處富貴則已去仁矣其關乎學術者甚大則愼其教思者尤甚切吾子方欲學者清心寡欲守義命之常以敦安仁之業則其罕言也固宜然而命亦不可以言傳也天道之昭露雷風霆亦無非教顧命至顯而亦至微立命者殀壽不貳害不避而利不趨也至命者窮理盡性道既全而仁亦全也吾覩人世之言命者其始惑於氣數之命而吉凶禍福機智深而逞其趨利之心其繼昧于義理之命而進退屈伸操存失而喪乃求仁之學且夫仰行生于無言

從高處說入恰好拍合聖言

對仗工緻妙極自然

造物之利濟奚測溯物則於攸好生民之仁愛難知其極諸微妙者無窮則擬諸形容者亦無盡惟聖人合天地之德通鬼神之機始能達天以知命而同堂則豈容輕示之然而仁亦不可以言盡也人心之矩視聽言動克復乎禮顧仁至精而亦至大論功者博施濟衆雖溥萬物之利而猶病也立德者任重道遠必體不已之命而無息也吾觀古今之盡仁者心無自利而無一夫不獲利者充胞與之量道通天命而爲萬物立其命者廓覆載之功且夫立人道之綱維君子不爲命而以爲性居人身之安宅知者惟能利而後能安其極諸廣博者無量則鶩爲高遠者亦無益惟聖人盡

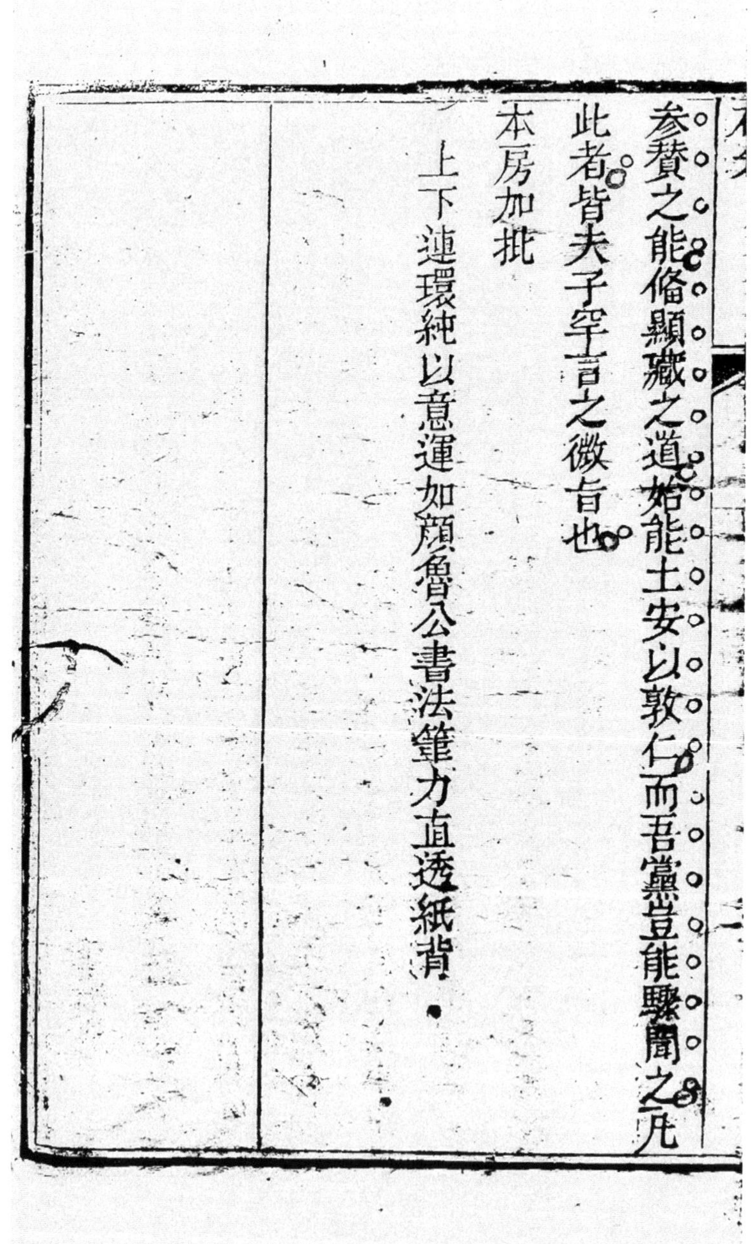

參贊之能脩顯藏之道始能土安以敦仁而吾黨豈能驟聞之凡此者皆夫子罕言之微旨也

本房加批

上下連環純以意運如顏魯公書法筆力直透紙背

本房加批
圓明如珠
提綱挈領
異境天開
中丞史事
恰與敬字

官盛任使

趙應魁

隆其輔以專其權大臣之分愈尊矣蓋總庶務之成以之進退人才者大臣也故必官盛而足任使焉而後益見大臣之尊今夫周之分職三百六十屬而公孤惟三卿士惟六蓋為人主之腹心賴有元老而供碩輔之臂指事先庶司人才彙進于王朝而國事畢羣策聽命于輔臣而國體尊經是以有敬大臣之事焉臣敬為君陳之大臣者有大臣之體又有大臣之才國家之有大臣也庶幾啟廸是資論道經邦而外承宣之事不與焉位高則體崇也錢穀可不答兵刑可不知師保也而吏事責之將為樹英明之望已有

反照

包括無遺

下面勸字已不豎而伏其脈矣

語如鐵鑄

硃卷

厭老成之心夫朝廷建官以來師濟一堂亦云盛已惟大臣實臨之以分而董之以功故大臣而為先朝之彥則恩聯世勳未嘗責奔走之事大臣而有師道之尊則誼切保傅不令親煩劇之司圖度萬幾叢脞之虞權衡舉朝互陳之議百官之功名皆大臣之功名也其重大臣之體者如此國家之有大臣也庶幾輔弼是望代天亮工之餘燮理之任獨專焉德高則尤大也台輔象於天冑銘勒於祖公輔也而天人繫之豈應舍百年之業但使爭一日之功夫朝廷建官以來左右惟人亦云盛已惟大臣有官人之能而享得人之樂故大臣持綱紀之總而百度惟貞鞏欽坐鎮之風大臣奏

筆歌墨舞

久遠之謨而庶事惟康咸樂奮庸之載官闆而受外朝之治府藏而董歲會之成百官之材能皆大臣之材能也其廣大臣之才者如此是故重其權而勳名不以震主為嫌尊其秩而分位不以寵偪為忌賞罰公而上無廢職黜陟當而下無冗員大臣矢公忠之志而盡翼戴之忱者皆官盛任使有以致之焉此敬大臣之事也

本房加批

冠冕堂皇議論均關體要

本房加批
監意濶大

安頓首句
結言高爍

方里而井井九百畝

趙應魁

計里而井有定形亦計畝而井有定數也夫以井地之不可無定制也制之以方而地勢定制之以百而田數定此仁政之行於井地者可明數之也嘗思王者疆理天下井田之制行焉論者謂井田與封建相表裏故本體國爲經野其成象則泯袤延之迹其成數則昭經緯之宜未嘗不歎任地有深心其良法之所區畫者猶得於繡壤相錯間見之蓋先王建國以袤計而立井以方計自四（頂小講）井爲邑四邑爲邱四邱爲甸皆以四相推而一里之可以井授者則亦矩方以度之隱然有畫疆分界之定形先王之以袤計者覽（流水見淺深）

折入下句章法渾成

此按計畝均分意

此按通力合作意

山川之形便而以方計者盡原野隰之廣延自畝百爲夫夫九爲井井十爲成必以十相準卽百里之可以井授者則亦規方以酌之顯然無越陌度阡之流弊是則方里而井其仁政之所以均井地與井地定而畝亦可以定矣然而畝亦豈有一定者哉蓋舉一井而爲酌盈劑虛之權則有不易一易再易之不齊而一百畝二百畝三百畝者地力爲之也顧按歲入而豐嗇均焉則區井爲九而可以百畝一之且舉一井而爲損上益下之用則有上地中地下地之相次而萊百畝萊二百畝萊三百畝者人力爲之也顧按歲工而勞逸均焉則分井爲九而可以百畝合之吾于是而知九

石破天驚

語如天造地設

仍分頂地力人力發論

百畝之制不可易也天下土滿之患莫大乎田制未定而原隰隨平因多寡而分其盈絀夫職方掌圖形方辨域地理豈獨無奇零而核以九百畝則無不一且自有此畝而凡通十爲成成十爲終終十爲同一縱一横均顯示以錯壤相制之形而里以方而爲耦者畝以九而爲奇明此制而知稅履畝以病民終非聖人之經制天下人滿之患莫大乎田制未分而計戶授業以參差而致爲豊歉夫司空授土司徒授民戶口豈獨無衆寡而核以九百畝則無不均且自有此畝而凡十夫有溝百夫有洫千夫有澮我疆我理亦明示以按籍而登之意而里以四隅衛其外者畝以參伍錯其

痛闢時事
關合仁政

內明此制而知開阡陌以富國實非王道之經綸。即是而知井之界又不可不定也。先公後私，不于是乎見哉。

本房加批

就題詮發恰與仁政相關，藻不妄抒

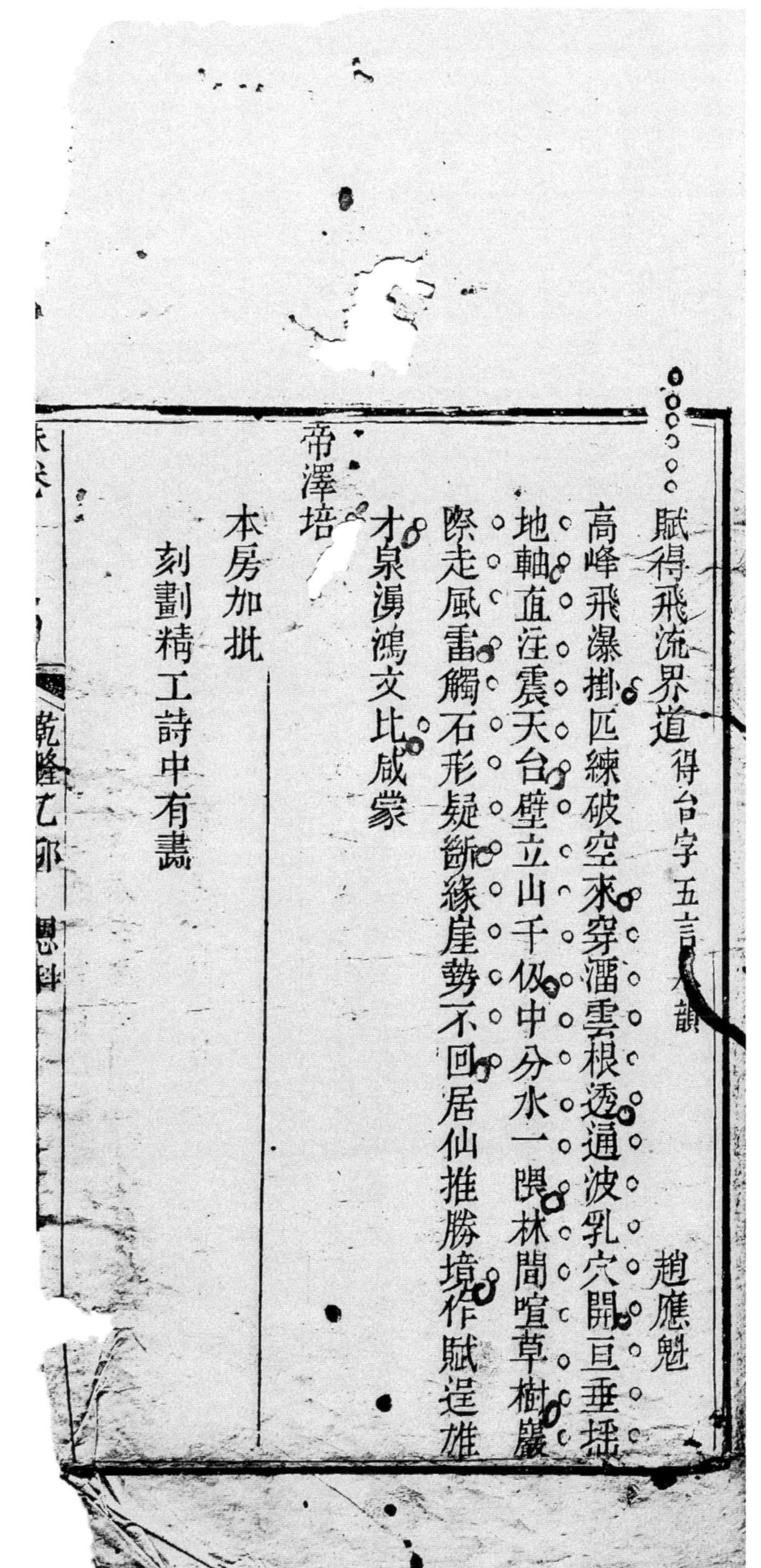

賦得飛流界道得台字五言八韻　趙應魁

高峰飛瀑掛，匹練破空來。穿溜雲根透，通波乳穴開。亘垂搖地軸，直注震天台。壁立山千仞，中分水一隈。林間喧草樹，巖際走風雷。觸石形疑斷，緣崖勢不回。居仙推勝境，作賦逞雄才。泉湧鴻文比，咸棠帝澤培。

本房加批

刻劃精工，詩中有畫。

嘉慶戊午　葉煌

硃卷
嘉慶戊午科

丹石晴霞外尼山夕照神如今
縱縱殘火身間間野鶴招深微
閒雲去復來萬嶺驅驅盡書
踪別子子天

葉煌

字位東號石菴行八乾隆乙亥年十月初七日生紹興府上虞縣學附生民籍

曾祖振元
曾祖母唐氏
周氏
祖鳳岡
祖母謝氏
父楠邑庠生
母朱氏敏脩公女
周氏

胞兄天防
妻陳氏
子錫勇　錫疇業儒　錫圖　錫袞俱幼
姪際隆邑庠生　錫田幼

慶堂

嘉慶戊午科

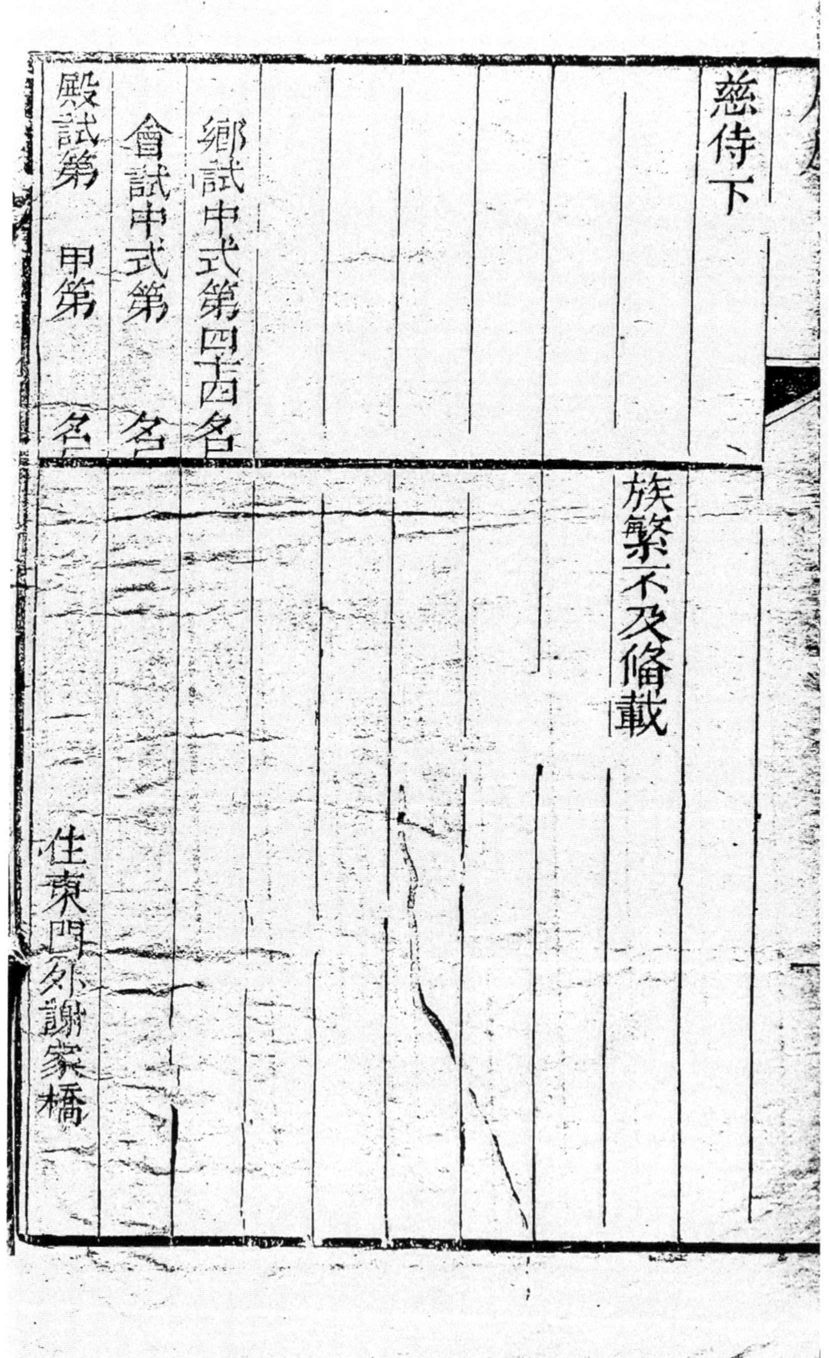

慈侍下

族繁不及備載

鄉試中式第四十四名

會試中式第　名

殿試第　甲第　名

住東門外謝家橋

浙江鄉試硃卷　第拾陸房

中式第四十四名葉　煌浙江紹興府上虞縣學附生民籍

同考試官嘉興府嘉善縣知縣萬　閱

薦

大主考翰林院編修國史館纂修蔣　批

取

又批

論堅而明筆老而健

大主考　南書房行走部右侍郎兼翰林院學士吳　批

嘉慶戊午科

硃卷

中

又批

氣體堅卓闊深肅括

本房總批

監議不蹈恒蹊運腕力爭先輩吐
納醇醲斧藻羣言勁氣特達健筆
凌雲獨往獨來縱橫萬里詩律應
宮商策學羅今古佇看扶搖直上

本房加批　開局宏敞　峥崚磅礴　中仍復俯注仰承　劃然開天地

周因於殷禮所損益可知也　　　葉煌

周禮獨得其時中其本殷而酌之者又曉然矣夫禮莫盛於我周要其盛焉者皆酌殷而獨得其時中者也損益可知豈第殷之因夏哉嘗思官禮一書出自姬旦者薄海皆知論者謂我周之制度出於作而不出於因顧裒前人已闢之章程而酌而裁之因卽爲作統前人應開之憲典而擴而充之作亦爲因文盛於勝朝律尚夫殷鑒準時中以綏王猷膺姫籙等於開商祚也豈第殷之因夏可知其禮之損益哉今夫代殷而有天下者周也一代之典必有一代之禮吾嘗卽殷周之大勢論之而知其不因而自合者說有

議論深醇
置身題巔

如土委地
水到渠成

分疏時中
原原本本

二從來發祥之地每足徵其畫一之原殷祖契而遺那者天命周宗稷而履武者帝歆累制作於祖宗歸統緒於孫子宅殷土宅鎬京無二道也此不因而自因者也從來啟命之天最可驗其大同之數南巢偉烈而殷之謚祖者曰武牧野鴻功而周之謚祖者亦曰武開征伐於王運煥誥誓於史臣集珙球樂臣附大一統也此不因而若因者也而禮之因於殷者從可知矣雖然不一者時也協一者中也敬授天時咨於帝周之受殷猶殷之受夏懋昭而承以無競也禮所原本也而周官立政顯而布乘時之書允執厥中垂爲統殷之傳周猶夏之傳殷敬踰而代以敬勝也禮所由來也而

局意一綫
銀鉤鐵劃

大議宏開
並非虛峰
浮泛

馳驟縱橫
無意不搜

訪洛陳疇會而歸建中之極則夫損益之以善其因者亦固有其所也而時之義著中之則立或謂數聖之造周勝於一聖之開殷豈知聖哲之多寡存乎數禮在而數不能違雖其間不無建子建丑之異而所謂天經地義民行之不可紊者殷道尚而周道亦隆體立而用或不同時之所以欽若也咏於詩立洛商之戒陳於書垂反政之箴尊親一準於駿肅禮自尊而光或謂周再傳而基命勝於殷一傳而顛覆豈知嗣服之賢否係乎天禮在而天不能變求其異不過尚文尚質之分而所謂君臣父子夫婦之不可干者殷序傳而周庠亦設德正而施有各當中之所以相協也存殷賢

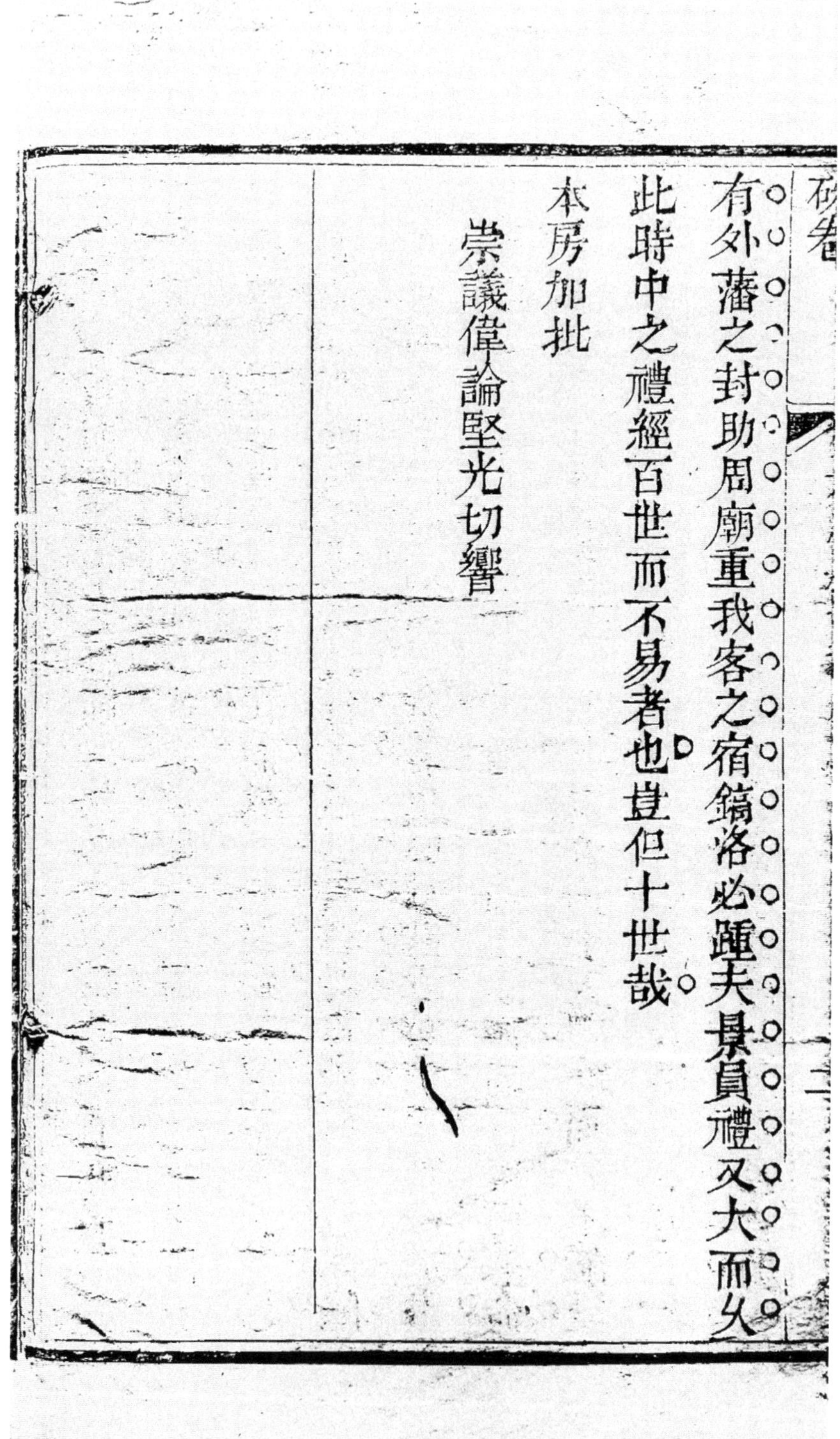

硃卷

有外藩之封助周廟重我客之宿鎬洛必蹕夫景員禮乂大而久此時中之禮經百世而不易者也豈但十世哉

本房加批

崇議偉論堅光切響

本房加批
起局得體
曲折以赴

補足題前

燕毛所以序齒也　葉煌

祭畢而燕同姓齒齒講於廟矣盖年齒之上下以毛色別之而自定武周之祭畢而燕同姓也不於廟中而講齒齒之禮哉今夫盛王之世未有遺年者年之貴乎天下尚已而武周即準此意以行之廟中夫當祭而同姓嘗與異姓就班祭畢而異姓不與同姓飲福第族大則人多人多則等雜諸父兄弟恐難辨尊卑於備言燕私時者武周則曰有燕毛之禮在當其時鼓鐘以送者皇尸分胙以歸者多士留先靈之口澤而思我宗人則幼子童孫不得上而干尊長之列從乎君次者諸父從乎后列者諸姑合天潢之世冑

桂義天然
証佐確鑿

字字梳洗
精切不浮

而隆祫禘飲則著顏白髮豈得降而就卑幼之班齒之重於廟中
也固也武周之燕毛非所以序齒也哉齒有序乎伯者凡伯芮伯
系自天家毛伯彤伯氏由王族溯源則按其譜而行燕則視其毛
當此式燕以樂而或紊乎年齒之崇卑則人以燕而慨者神亦以
燕而恫武周忍之乎自有燕毛而皤皤黃髮位有常尊濯濯老夫
分無稍屈舉凡統屬於伯者皆合歡於肅廟雖宮而燕安而不亂
齒有序乎叔者蔡叔霍叔豈無支庶康叔虢叔亦有禮初廟祭則
重其官而廟燕則尚其齒當此式燕以衎而竟忘乎毛色之黑白
則以燕而聯族誼者適以燕而爽祖心武周安之乎自有燕毛而

豈讓閑辟
筆情奔赴

餘勇可賈

以祈黃耇式食庶幾以介眉壽式飲庶幾舉凡同本於叔者均邀福於文考文母而燕樂而不流享諸侯則有燕義然而在朝之燕究不等於在廟我周世篤親親恭衛爭先幾渝宗盟而隆高年以均神惠儼然見天子有父諸侯有兄卽尚父元老不得與毛耼會衛並祝壽考之祺惠嘉賓則有燕禮然而合好之燕何足擬於收族我周義重老老吳晉相長實亂姬宗而按世次以享遐年無非是振振公姓振振公族郎五叔無官亦得與凡蔣邢茅同爲大斗之酌禮有之王燕則諸侯毛毛之爲言老也武周之齒齒講於廟也所以敦盛王尚年之典而通其孝也

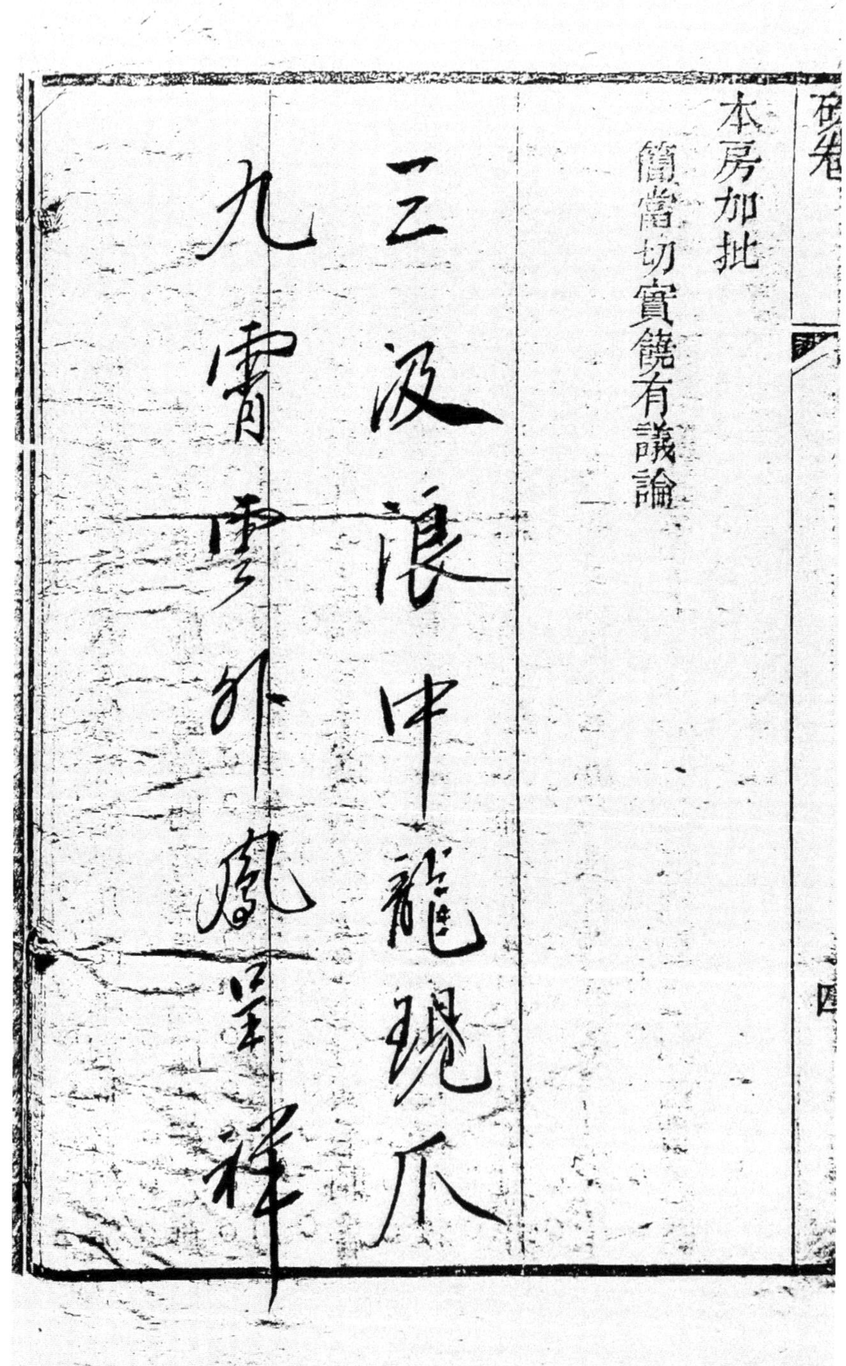
硃卷

本房加批

簡當切實饒有議論

三汲浪中龍現爪

九霄雲外鳳呈祥

本房加批　立一篇之骨

脉縷清真　得法得勢

欲得不屑不潔之士而與之是狷也　葉煌

潔己之爲狷欲得者又爲傳道計焉夫不潔者而屑爲之亦何與於士之數哉狷也不然矣所以有欲得之心而亦爲傳道計也且夫跬步必嚴之儒論者以爲拘謹太甚矣然而失之放何如失之拘過於肆毋寧過於謹拘則猶有自治之學爲謹則猶有絕物之識焉此亦任道之器而爲吾黨之不可少所以有心者不得不睠戀其人於不置也狂者又不可得則可爲傳道計者不更有狷在乎夫狷亦自期於潔已爾而孔子之殷然而欲得也何哉學問之從事貴一不貴二岐於二者雜膠於一者貞貞之爲言潔也天地

全神渾涵
氣局宏開

縱送馳驟
有黃河天
上來之勢

硃卷

之正氣以潔持之今古之宏綱以潔維之潔之重係於吾黨也而安可無不磷不緇之操心思之向往在理不在物徇於物者濁執於理者清清之爲言潔也帝王之心傳以潔始之聖賢之道法以潔終之吾黨之重顧夫潔也而安得有獨醒獨清之品孰知天下事之有不潔者往往然矣天下人之爲不潔者又紛紛然矣以猥者而爲此屑乎不屑乎然而猥者見而生耻也耻其事之有累於吾躬亦見而生鄙也鄙其人之樹敵於吾道於是堅其自治之學而拘而守之守其介節而瑕疵不玷於清明嚴其絕物之識而謹而矢之矢其孤心而邪穢不形於動靜雖未得於吾道爲一而安

簡醇筆酣
力爭上游

不得於吾道無與此其士亦難得也有之大可幸無之深足憂矣
下果有狷者乎而我孔子之欲得而與之也非一日矣入世而涅
不潔之風於狷何望然若塗炭而去爲若浼其學雖偏其心實正
心正而道脈有賴矣與之言學而介介之素懷即可造精純之至
詣猶可因其學之偏而棄之一心潔而聖賢爲往來一心不潔而
宵小爲隊伍狷者有是孤標也是固孔子之所躊躇滿志者耳本
身而示至潔之化於狷何能然懼溷濁而自立於獨其識雖隘其
志實堅志堅而道源不息矣與之言治而皎皎之本體即可爲揚
激之微權當不因其識之隘而置之一身潔而危微之脈已通一

身不潔而入禽之防已潰猥者有是淸節也是又孔子之所擧然高望者耳是猥也是重係於吾道者也而與中行又次一等矣

本房加批

大氣盤旋工力悉敵

松下問童子言師採藥去

只在此山中雲深不知處

賦得桂馨一山　得顔字五言八韻　葉煌

至德馨無際清芬已滿山春風溫似孔秋桂雅如顔克已栽培厚歸仁旨味還郭田來逸趣陋巷度幽閒卓爾花生谷虛乎韻不衰飄香盈聖域落子滿賢關秀奪銀宮種芳流泗水灣及門沾化雨應許一枝攀

本房加批

工穩雅飭

嘉慶癸酉　徐樹丹

徐樹丹

始祖一桂字桂巖行其六元初自奉化聯山卜居上虞縣二十都二里下管鄉

始祖妣氏汪

二世祖德昌字君玉行昌四

二世祖妣氏周

三世祖宗輔字舜傑行真七入宗譜鄉望傳

三世祖妣氏王

四世祖成字用成行完六

四世祖妣氏王金

五世祖璐字叔璐行琚三壽九十五歲入

字天桂號梯山叔號小山行六又行甌廿一乾隆辛丑年五月廿八日吉時生紹興府上虞縣學優行廩膳生民籍

二世伯祖珪誥贈奉直大夫江西路提舉著有君璋集

三世伯祖宗堯應至正宏才聘江西路提舉著有舜臣集　宗夔誥贈武畧將軍

四世伯祖椿應至正明經聘著有雍年集　松一字喬年應洪武明經聘福建按察使僉事著有喬年集　德鎮撫司鎮撫　啟洪武丙辰進士遼東益州衛武畧將軍以勳功世襲　禮應洪武儒術聘著有用和集　裕應洪武孝廉聘著有崆峒等集　道應永樂儒術聘鄉飲大賓　復敕贈七品散官著有聽泉集行世

五世伯叔祖皓建文巳卯舉人庚辰進士副榜廣西橫州學正著有海雲集　亨光祿寺監事著有無為集　庸武畧將軍　良侯選主簿　恩七品散官　心敕贈七品散官著有竹溪詩稿嗚嚶等集行世詩入古虞選

六世伯叔祖謨廣東南海縣縣丞著有野雲集　暕武畧將軍　源壽膺冠帶　濟庠生著有夢覺松南定雲等集　朴宏治巳未進士山東青州府知府　淮特授七品散官

嘉慶癸酉科　一

歷

宗譜鄉望傳

五世祖妣氏丁

六世祖衍 字序衍行衍一

六世祖妣氏任

七世祖琛 字章之號月溪行聰三

七世祖妣氏屠

七世本生祖珮 字珮之號雪泉行聰六讀書通古善楷書入宗譜文學傳

七世本生祖妣氏吳

八世祖份 字世藩號中山行傑六邑庠生博通經史誥贈大中大夫廣東布政使司叅政

八世祖妣氏陳 誥封淑人

七世伯叔祖烋 薦辟南直英山縣主簿誥贈奉政大夫光祿寺少卿著有澹菴集特祀名宦 綱 武畧將軍 瑩 庠生著有玉輝集 安 廣東陽春縣古艮巡檢 紳 庠生 守中 庠生 金 鄉飲大賓 斆 慶飲大賓壽膺冠帶誥贈奉直大夫雲南陸涼州知州著有拱北稿地理辨說事載通志 楩 成化辛卯舉人 文彪 應正德經明行修聘忤瑾廷杖謫戍鎮番後瑾敗宥歸敕贈承德郎南直池州府通判崇祀府縣學鄉賢諭祭 文卿 兩膺賓薦例贈山東朝城縣學訓導著有雲鄉入景集行世 瑗 壽一百九歲榮膺冠帶

八世伯叔祖子熙 宏治辛酉經魁乙丑進士欽賜詩賦狀元光祿寺少卿著有丹峯等集事載通志崇祀鄉賢 子然 應正德經明行修聘著有南峯集 登 武畧將軍 子淪 慶飲大賓壽膺冠帶著有月齋等集 子器 庠生著有經傳玉髓 子光 貢生著有西峯等集 子奎 庠生伊府典膳鄉飲大賓著有石峯泣椿等集事載通志 子行 三舉鄉賓壽膺冠帶著有寶峯集事載通志 子恒 慶飲大賓著有任直集事載通志 子忱 正德己卯舉人雲南安寧州知州進階朝列大夫著有兩峯集崇祀鎮江寶慶名宦 子宜 正德己卯舉人南直池州府通判著有玉峯等集崇祀名宦 子厚 正德己卯舉人副榜著有燕峯等集事載通志 子俊 正德丁丑進士著有方山集事

九世祖秉文字美中號敬齋行達九邑庠生　誥封工部都水司主事　晉封中憲大夫廣西潯州府知府　誥贈大中大夫廣東布政使司參政崇祀鄉賢

九世祖妣氏王　誥封淑人

十世祖良棟字國楨號涌素行宰一萬歷辛丑進士初任南京刑部主事尋轉工部督榷荆關任廣東潯州府知府復補青州歷任廣東惠潮副使尋陞四川按察使廉使郡飲大賓

十世祖妣氏陳　誥封淑人

十一世祖賢行原名鴻儒字魯宗行謙一萬歷壬子舉人山東濟南府德平縣知縣

十一世祖妣氏陳勅封孺人有淑

載通志崇祀鄉賢

子麟嘉靖壬子賓貢山東湖城縣學訓導　誥封奉直大夫湖廣蘄州知州慶飲郡邑大賓著有留餘堂稿閒筆等集行世崇祀鄉賢

九世叔伯祖大中庠生　誥贈中憲大夫貴州按察使副使著有正山集崇祀鄉賢　球嘉靖辛卯選貢南直盧州府教授著有後齋集　應坤七品散官　應豐庠生欽授內閣中書特陞禮部主客司郎中鄉飲大賓著有平山集事載通志崇祀鄉賢　之綱庠生福建福州府左衛經歷崇祀羅源名宦　之經庠生　之綸增生著有仲山集　之緒四川酉陽宣撫司經歷　之縉　誥贈正治卿中奉大夫兵部右侍郎　之繹南直蕭縣尉　希明嘉靖甲子舉人福建興化府同知事載通志崇祀鄉賢　學禮貢生　學詩嘉靖甲辰會魁南京通政使參議贈大理寺少卿謚忠裕諭祭塋著有龍川集事載明史及通志崇祀府縣鄉賢　學顏貢生光祿寺監事著有涂川集　學會北直河間縣尉　學成湖廣龍潭安撫司吏目　希周貢生　希文庠生　希孟貢生淮府工正　希張貢生廣東雷州府經歷　希邵庠生　希武福建壽寧縣巡檢　希濂庠生　誥贈朝議大夫山西布政使參議著有鳳鳴岡集崇祀鄉賢　希歐廩生鄉飲大賓著有柏軒集

嘉慶癸酉科

二

德入宗譜賢婦傳

高高祖朝熊 字允恭行標十邑庠生入宗譜鄉望傳

高高祖妣氏葉 會稽孝廉衡山公女

氏陳

高祖及祖 字子曾行詩四十三

高祖妣氏陳 乾隆丙辰年欽旌節孝建坊入志

曾祖嶽降 字周蕃號友菴行卓三十五邑庠生入宗譜鄉望傳有義行采入縣志

曾祖妣氏陳 同邑庠生大成公長女

祖清遇 字時若號青峯行茂三十七邑庠生入鄉望傳有義[illegible]入縣志

十世

伯叔祖惟賢 嘉靖甲辰進士貴州布政使左參政著有五橋集事載通志崇祀鄉賢沽頭閘保寧名宦

啟仁 勅贈文林郎南直池州府推官

方 庠生 寅 嘉靖辛酉舉人南直廬江縣教諭

啟東 隆慶丁卯舉人戊辰進士副榜工部營繕司主事著有光裕堂等集崇祀句容名宦

望 廩生 鳴玉 庠生南直池州府照磨誥封奉直大夫工部都水司員外郎

鄰 萬歷壬午舉人四川保寧府同知誥贈正治卿中奉大夫兵部右侍郎鄉飲大賓著有麐經主意崇祀府鄉賢徐州保寧名宦

祖庚 誥贈中順大夫福建建寧府知府

如圭 增生著有古文詩賦象巖等集行世

家 庠生 宰 庠生 里 河南榮澤縣主簿

有 四川瀘州判官崇祀名宦

宦 榮府典儀

邦 鄉飲大賓

良模 吏部儒士

良柱 庠生

良梓 庠生

三陽 庠生鄉飲大賓

三才 庠生

三

槐 庠生

三德 庠生

三模 庠生

三卿 庠生

三祝 庠生

三仕 庠生

如山 庠生

敕贈文林郎山東道御史

如璋 庠生著有與鹿稿木石居等集

如金 萬歷甲午舉人副榜

如玉 萬歷庚子舉人副榜

如翰 萬歷辛丑進士陝西平涼兵備左參政巡撫江北都察院副都御史鄉飲大賓崇祀府鄉賢大同太原潼關天津名宦

如龍 庠生鄉飲大賓著有蟻封小築隨抄

如斗 庠生著有無同齋雲光等集

如岡 庠生例贈大中大夫廣東高肇兵備參政巡撫金衢

祖母氏胡 同邑庠生千里公長女太學生南木公胞姊嘉慶癸酉科府學拔貢名樹本姑祖母

父漢英 字慕亮號南陽行弼廿二邑庠生

母氏周 同邑萬歷癸丑進士諱夢尹襲明公元孫女太學生諱昇峻華公女

胞叔堯傳 字慕中號寬芸行弼廿六

嫡母氏王 同邑庠生學明公長孫女貞節采入縣志

重慈具慶下

業師

族兄叔芳夫子 名元灝

胡白樓夫子 名文照 生廪貢

覆試

嚴都察院副都御史

十一世伯叔祖 性成 庠生南直溧水縣主簿 鯨 庠生 振緋 禮部儒士 振龍 庠生 振綱 庠生 化鯉 庠生 鳳翥 庠生 治淳 庠生 震 隆慶丁卯舉人雲南鹽運使按察使廉使 卿龍 萬歷乙酉舉人副榜 憲龍 萬歷戊子舉人光祿寺少卿事載通志 兆龍 萬歷丁酉舉人副榜 瑞龍 庠生 見龍 庠生 顯 更名觀復萬歷庚戌進士禮部主客司主事著有囂囂草等集 景鈺 庠生 景銓 庠生 景文 庠生 廷櫝 庠生誥封中憲大夫北直順德府知府 宗孺 萬歷丙辰進士工部營繕司員外郎著有奪命草事載通志崇祀陳州名宦 人龍 萬歷丙午經魁丙辰進士兩京兵部右侍郎戶部尚書著有綠雨軒等集崇祀湖南南安贛州名宦 覲龍 庠生 為龍 庠生 廷龍 南直縣尉 盩 荀龍 貢生福建邵武府通判著有翠微集 光龍 督理嘉湖漕餉遊擊 宗龍 庠生監紀推官 一龍 山海關倉大使 祚龍 庠生 賢龍 北直永平府倉大使 仲龍 庠生 學龍 庠生 景麟 萬歷己未進士太常寺少卿事載通志 廷芝 庠生 廷槐 庠生 廷梧 庠生 一掄 天啟甲子舉人山東道御史巡按陝西茶馬著有綠斐軒集事載通志崇祀西安名宦 廷策 庠生 廷琳 庠生 廷瑜 廣東徐聞縣尉 廷

嘉慶癸酉科

三

履歷

鄭翊班夫子 名紹孟 廩膳生

陳挺生夫子 名祖烈 廩膳生

胡懋齋夫子 名雲煥 甲子歲貢生

張姬苑夫子 名壘 壬子舉人直隸衛水縣知縣

莫寶齋夫子 名晉 乙卯榜眼都察院左副都御史

三

俊庠生著有元珠微論 廷玠庠生巡兵御史兵部職方司郎中著有覆瓿草 鴻逵庠生 景和庠生 景賢庠生 景煟庠生 文燿庠生 至美崇正辛未進士崇祀府縣鄉賢 景辰崇正丙子舉人陝西岐山縣知縣 廷琦庠生 正復庠生 廷玲庠生著有鹿溪等集 廷潤庠生 景雲順治戊戌恩貢山西平陽府衛經歷陞知縣 景煒庠生 煇庠生

十二世伯叔祖

宏聲庠生 宏泰萬歷乙酉亞魁南直巢縣教諭 宏闓庠生敕贈文林郎翰林院編修 宏春台州錦塘山屯田都司僉書 宏基庠生 宏量庠生 宏勳太學生湖廣黃州府衛經歷 言達天啟辛酉舉人崇正癸未進士副榜行人司正著有燕遊詩草等集 言近庠生著有時務權書事載通志 章漢庠生 賡明庠生 養粹庠生 允晟庠生 允昌庠生 允暹庠生 允昇崇正戊辰進士廣東高肇兵備參政巡撫金衢嚴都察院副都御史 咸滋增生恩廕官生 仲超庠生廣東都司僉書 芳流庠生 芳濬庠生監紀通判著有一鳴鷩集 芳泓庠生著有楓冷集 曰浴庠生 史汘庠生 史泮庠生著燕臺文集 允章順治丁亥選貢陝西西安府前衛經歷著有恕齋等集 伯霖順治辛丑歲貢廣西宣化縣縣丞 彪康熙乙西舉人 朝周庠生 朝伊庠生例授荊國公標下總兵 朝傳

庠生宸宏庠生朝呂庠生朝夔庠生侯庠生旦庠生溶庠生美宏庠生咸
清庠生康熙己未應博學宏詞聘著有資治同文等集咸治庠生咸池庠生福建布政使照
磨勅贈儒林郎山東濟寧州州同著有茗柯集咸漢庠生咸澄庠生咸湜庠生美
元庠生美章庠生胡恒庠生允茂庠生允芳庠生允烜庠生允初庠生
允仁庠生允定康熙癸亥歲貢著有更齋集允元庠生美義庠生允祐庠生
朝訓經歷允提庠生著有漫遊集遵庠生有聲庠生雲達庠生著有小陽集
陳斌庠生鄉飲大賓例贈文文林郎河息縣知縣允達庠生著有學圃尤言伊佐庠生
允文庠生例贈承德郎
高伯叔祖承寵增生誥封奉直大夫刑部廣西司員外郎著有行散草承清庠生著有鐵治
等集事載通志旲庠生著有空明子集僎庠生泰漕運都司同知元錫貢生江西永豐縣縣
丞長源庠生逢源貢生南直大倉州判官增燦順治辛丑恩貢增耀增生
增煜康熙辛巳歲貢增燮庠生駿如鄉飲大賓又達庠生中樞庠生著有纍餘
等集巨源庠生爲智鄉飲大賓增焜庠生輝祖庠生炳祖庠生遵祖庠生

嘉慶癸酉科　四

進祖庠生 德祖庠生 鍾恒庠生 錫蕃庠生 怀祖庠生 循祖 泉源
庠生 涵庠生 殷生庠生 翼聖廩生 翼萱廩生 翼芟康熙壬申歲貢 正元 赦
封文林郎翰林院編修 杲庠生 集庠生 閔庠生 果庠生 采太學生 東太學生 東
貢生順天房山縣知縣 瑤庠生 乾惕太學生 鳴球庠生著有效顰詩餘 靖和庠生
孚光庠生 慶祖庠生 夢旦庠生 百慶太學生山東濟寧州州同 自泉太學生
兆驊太學生 宏祖庠生 念祖庠生 榮祖庠生 光祖庠生 揚祖庠生 祖
學增生 鴻圖庠生 自起庠生 鴻業福建同安縣尉 自任雍正癸卯恩科進士河
南息縣知縣著有踽踽齋文等集 雄飛庠生 汝鹽太學生 自修庠生 自信增生
康熙乙卯舉博學宏詞著有半坡等集 一蜚庠生 自俶庠生 倬庠生 之勉雍正甲辰
河南副榜 驤庠生勅授文林郎山東潮城縣知縣例贈奉直大夫翰林院編修加三級 驥庠生
例贈承德郎 節庠生 驊庠生 元愷順治甲午舉八 景范康熙丙午解元 袞侯選州同
而萃侯選州同 玠庠生
曾伯叔祖復儀崇正癸未進士典試雲南翰林院學士著有自鳴等集崇祀郡城七賢祠 復超

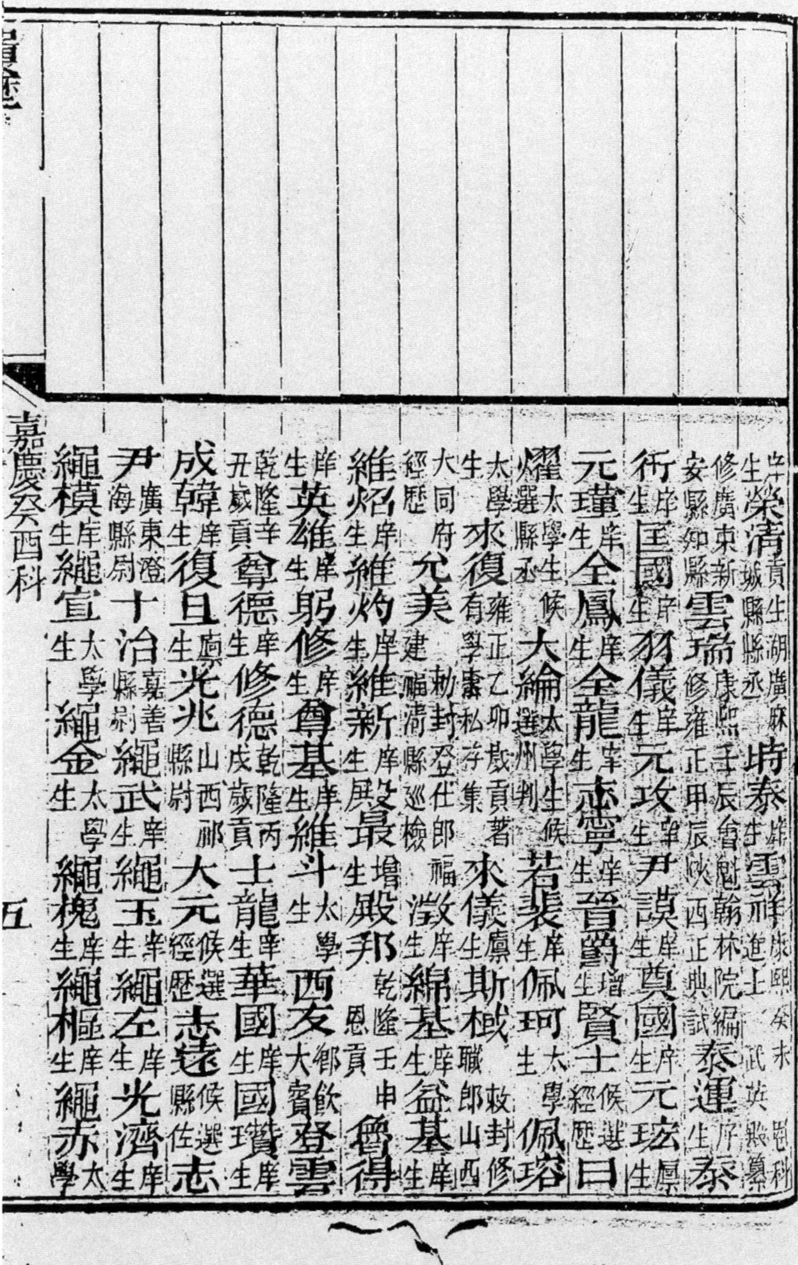

庠生榮清貢生湖廣麻城縣縣丞昉泰庠生雲祥康熙癸未武進士武英殿纂修廣東新安縣知縣雲瑞康熙壬辰會魁翰林院編修雍正甲辰陝西正典試泰運庠生泰衍庠生匡國庠生羽儀庠生元攻庠生尹謨庠生眞國庠生元玹廩生元瑾庠生全鳳庠生全龍庠生志寧庠生晉爵增生賢士候選經歷曰燿太學生候選縣丞大綸太學生候選州判若裴庠生佩珂太學生佩瑢太學生來復雍正乙卯歲貢著有學書私存集來儀廩生斯棫敕封修職郎山西大同府經歷允美敕封登仕郎福建福清縣巡檢澂庠生綿基庠生益基庠生維炤庠生維灼庠生維新庠生殿最增生殿邦乾隆壬申恩貢魯得庠生英維庠生躬修庠生尊基庠生維斗太學生西友鄉飲大賓登雲乾隆辛丑歲貢尊德庠生修德乾隆丙戌歲貢士龍庠生華國庠生國瓚庠生成韓庠生復旦廩生光兆山西祁縣縣尉大元候選經歷志遠候選縣佐志尹廣東澄海縣縣尉十治嘉善縣縣尉繩武庠生繩玉庠生繩左庠生光濟庠生繩模庠生繩宣太學生繩金太學生繩槐庠生繩樞庠生繩赤太學

嘉慶癸酉科　五

履歷

生華廩生洪業誥贈奉政大夫江西南昌吳城同知大綬例贈文林郎宏仁
乾隆丙辰舉孝廉方正戊午歲貢欽授六品服大經敕封文林郎山東朝城縣知縣宏
道庠生著有闔發人譜姑溪詩集珖援貢候選知縣浩寧候選縣丞復生廩生大純
誥贈奉直大夫翰林林院庶吉士加三級
伯叔祖斯敏廩生廷達庠生逢際候選經歷奇陝西渭源縣尉韯達太學生雲南姚
州吏目德懋太學生國泰纂修明史候選州同林庠生亦文庠生一新庠生
心壹庠生集宣庠生肇庠生炳文鄉飲大賓文耀太學生四川敘州府經歷凱
太學生候選吏目琳福建福清縣巡檢仲鏊庠生錫冕庠生星聚庠生騰鑾
庠生賀庠生庶可增生水若庠生受采增生月士庠生昌太學生候選縣丞
安世太學生輪太學生考授主簿軾雍正癸卯恩科副榜桐廬縣教諭轂乾隆巳卯
舉人輿增生袞衣庠生烝廣西永寧州喇尚巡檢思東乾隆庚辰恩科舉人象山縣
教諭兆桂太學生大倫候選經歷旭太學生候選縣丞晟太學生江蘇儀徵縣縣丞
錫祉庠生錫山庠生承錫庠生之騂乾隆丁卯舉人之駒太學生鳳來

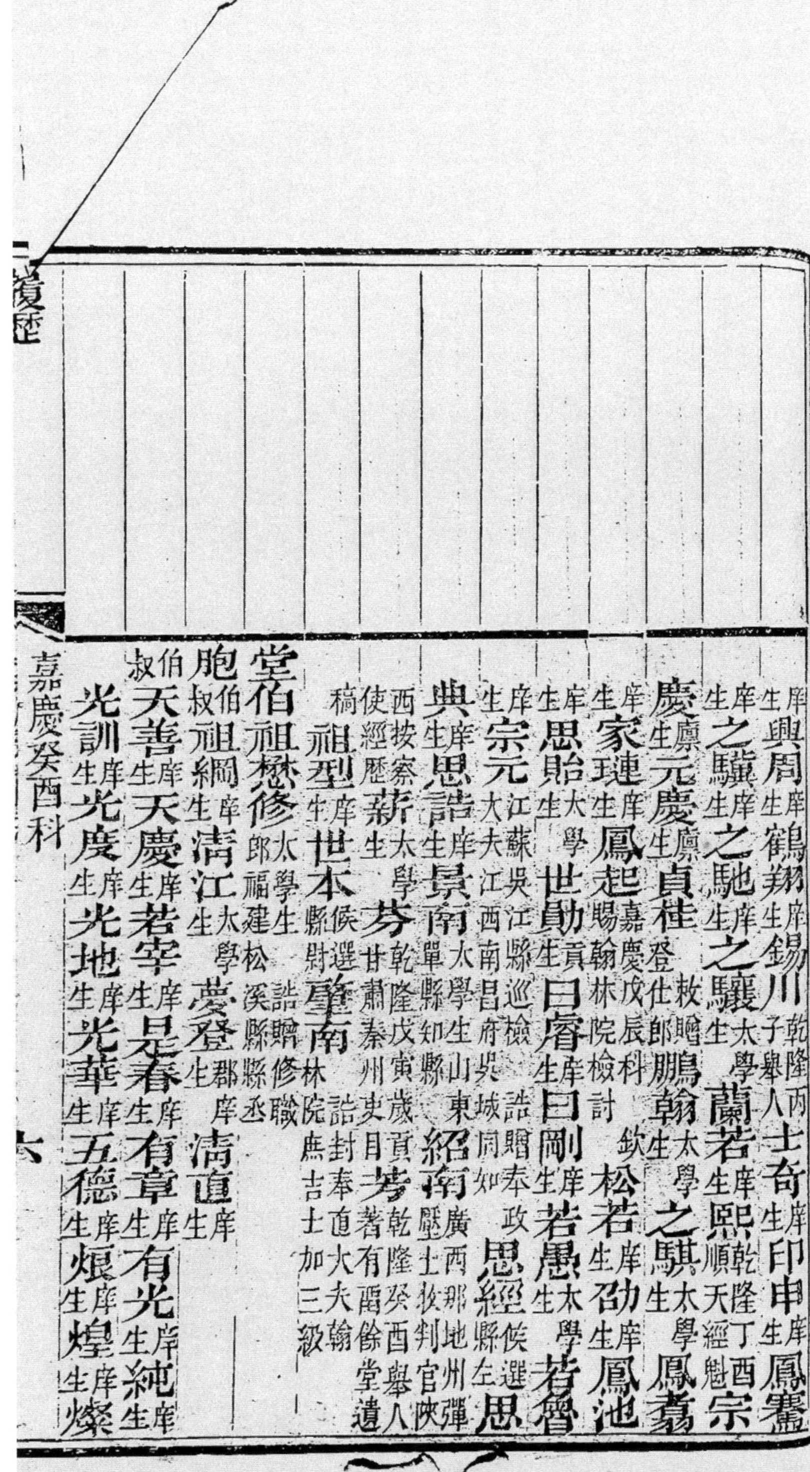

履歷

興周庠生　鶴翔庠生　錫川乾隆丙子舉人　士奇庠生　印申庠生　鳳騫

之驥庠生　之馳庠生　之驤太學生　蘭若庠生　熙乾隆丁酉順天經魁　宗

慶廩生　元慶廩生　貞桂敕贈登仕郎　鵬翰太學生　之騏太學生　鳳翥

家璉庠生　鳳起嘉慶戊辰科欽賜翰林院檢討　松若庠生　劭庠生　鳳池

思貽太學生　世勛貢生　曰睿庠生　曰剛庠生　若愚太學生　若魯

宗元江蘇吳江縣巡檢誥贈奉政大夫江西南昌府吳城同知　思經候選縣左　思

典庠生　思誥庠生　景南太學生山東單縣知縣　紹南廣西那地州彈壓土枚判官陝西按察使經歷　薪太學生　芬乾隆戊寅歲貢甘肅秦州吏目　芳乾隆癸酉舉人著有爾餘堂遺稿

祖型庠生　世本候選縣尉　璧南誥封奉直大夫翰林院庶吉士加三級

堂伯祖　懋修太學生誥贈修職郎福建松溪縣縣丞

胞伯叔祖　綱庠生　清江太學生　夢登郡庠生　清直庠生

伯叔　天善庠生　天慶庠生　若宰庠生　是春庠生　有章庠生　有光庠生　純庠生

光訓庠生　光度庠生　光地庠生　光華庠生　五德庠生　煨庠生　煌庠生　燦

嘉慶癸酉科　六

庠生鏞庠生東庠生應震庠生夢駰庠生國英庠生遵路庠生永修庠生

廷相庠生源庠生世幾乾隆丁酉副榜步雲庠生天衢庠生文治庠生文

江增生宗寶增生聯奎乾隆丙戌進士江西南昌府同知聚奎候選縣左占奎

增生翼鵾江蘇金山縣巡檢淋江松震澤縣尉燮庠生文淵庠生兆燕庠生澍

庠生宇和庠生宇參庠生宇載庠生宇春太學生立綱乾隆乙未進士原任

翰林院編修提督安徽學政有常貢生棠庠生廸惠原名肆三嘉慶戊午舉人作雨

庠生丙庠生汝霖太學生名表庠生文潮廩生嘉慶辛酉副拔文瀾太學生

立本太學生誥封翰林院編修立民太學生立位太學生候補福建鹽大使立

朝太學生原任廣西太平州州同秉澄太學生世鑑太學生世銘太學生濬

哲庠生鑑庠生社庠生魁文大學生

堂伯叔翼軫庠生如鹿庠生輅太學生福建松溪縣縣丞慕麟慕和慕

顒慕信慕義慕程慕稱慕蘇

兄弟學宗庠生學洙太學生元益庠生瀛元庠生震庠生有言廩生如灝

庠生 堂直隸高陽縣尉 澂庠生 文鋭庠生 岩庠生 世枚乾隆乙卯副榜 松嘉慶乙丑進士金殿傳臚原任湖南學政 志韓庠生 世榮國學生 大本郡庠生 方震庠生 八英庠生 桐庠生 榕候選縣尉 德基典史 棟廣西候補巡檢 椿東臺縣縣丞

之侃庠生 之瓚庠生 之方庠生

堂兄弟 贊 斌 鋆庠生 雲庠生 霆 霈 爾典 喆庠生 湧 瀾 文庠生 遵時 珏 林 霍 燕 鷹 鳩 喜 鸛 大甦 小甦俱幼 鳦 鵬 文遠 文成 文憲 俱幼

侄洪濤庠生 洽業儒 洽 耕俱幼

胞弟樹立業儒

胞侄傑幼

娶陳氏劉義門之後太學生陳殷輅公次女

子榮業儒 垚幼

嘉慶癸酉科　七

歷

癸酉鄉試副榜第九名

鄉試

會試

殿試

欽點

族繁不及備載

住管溪五經坊

浙江鄉試硃卷第捌房

中式第九名副車徐樹丹紹興府上虞縣學優行廩膳生民籍

同考試官嚴州府分水縣知縣王　閱

薦

大主考翰林院編修文穎館協修加一級紀錄一次于　批

取

又批

安章宅句不事矜奇

大主考經筵講官武英殿總裁尚書房行走禮部右侍郎教習庶吉士加一級紀錄四次汪　批

嘉慶癸酉科

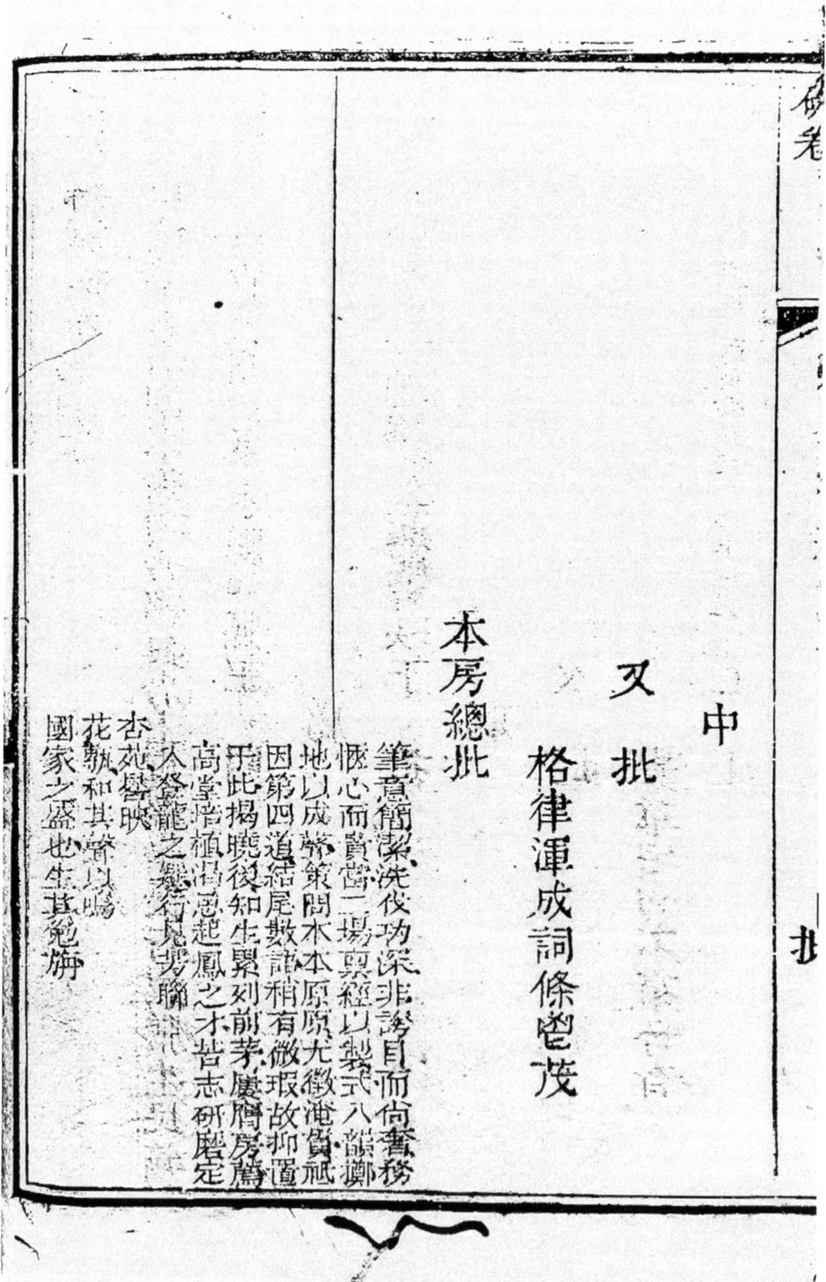

中

又批　格律渾成詞條鬯茂

本房總批

筆意簡潔洗伐功深非誇目而尚奢務愜心而貴當二場莫經以製式八韻擲地以成聲策問本本原原尤徵淹貫祇因第四道結尾數語稍有微瑕故抑置于此揭曉後知生累列前茅屢膺房薦高堂培植渴思起鳳之才苦志研磨定入登龍之選行見芳聯
杏苑譽映
花甎和其聲以鳴
國家之盛也生其勉旃

本房加批
撲實老成
渾然元氣
題巔着筆
頂上圓光
落墨矜重

子曰剛毅木訥近仁　徐樹丹

質近於仁貴無負此質矣夫剛毅木訥質也而於仁爲近人其無負此質焉可且天與人以同然之質即畀人以固有之仁其欲之而即至者恃此隱然之心耳心易甘爲物屈惟不屈者能絕後起之緣心易至於外馳惟不馳者可復本初之德雖其任天而動未能遽協于克一而違道不遠要亦馴致而無難日者夫子舉以示人曰仁之難成久矣直養者無害得主者有常輝吉協其光立誠居其業夫人心而存道心者也蓋嘗念聖之與仁合一也堅確之德足以戰天人果敢之姿足以勝重遠修身踐言之學足以屏巧

氣靜神恬官知止而神欲行

下語如鑄

工力悉敵

令而去浮華成仁者能安仁則不得第謂之近而早已寧謐其天懷又嘗念人之與仁日離也外邇者無不拔之操中槁者無不撓之氣文貌相承口給相禦者無撲誠足尚之思相近者幾相遠又何能自盡乎仁而得以渾全其天性於此而求其近仁者誰乎其惟剛乎健而剛斯不爲私制決而剛斯不爲柔牽洪範之三德一曰剛謂其能強仁也而嗜慾紛乘者安在也其惟毅乎嚴而毅斯可以踰險果而毅斯可以持久臯謨之九德一曰毅謂其能任仁也而始作中輟者何有也浮而不實之爲吾道之大患木者乃能斂之崇其質不以文勝人守其誠不以華競俗動直靜專之體一

刻劃透露

截金爲句雋峭似古銘詞

陽開陰闔題無剩義筆有堅光

對更精湛

持以不雕不琢之天而無虞稍鑿也則木尙焉辯而不德之樊吾黨所深憂訥者乃能守之寧爲鈍毋爲捷敢曰敏于言尙辭寡毋辭多敢曰快于口性安執復之功一出以若嚅若囁之形而無虞外鑠也則訥尙焉苟昭質未能無虧則習之相遠事在勉强以剛毅去其優柔乃能不移而不屈以木訥袪其僞辨乃能有本而有文迭以奪之人盡則天自見夫而後占乾二可以行仁占復二可以下仁也不克全秉彝之性也哉惟得天猶爲獨厚則性之所近忝夫學問以剛毅任艱難之業有大力必有小心以木訥葆誠慤之頂能積中自能發外順以導之功深則效乃彰夫而後體仁爲

理足而氣盲完

長人之君子敦仁爲安土之聖人也豈復有鑿性之失也哉吾願

世之求進于仁者其無負此質焉可

本房加批

刪去浮華獨存眞液是爐火純青之候

本房加批
詄蕩蕩天門開
古服勁裝
宏我漢京
補義特圓
紆徐爲妍

車同軌書同文

徐樹丹

思一統於車書可先徵不倍之義矣蓋車也書也固先王所制所考也而軌與文至今從同焉不可徵不倍之義哉且車輿之創建非以矜才智也書契之肇興非以新耳目也昔先王之治天下也改作析言皆有禁而通數器協言語特重大行人之掌煌煌絕制軌物咸遵斯文具在受命以來至于今不貳試徵不倍之義於車書聖人立成器以前民凡法制所昭垂何在不與球刀並古而服牛乘馬利重遠者其道獨取諸隨則考車轍之所經原不徒誇象天象地象日象星之用聖人首庶物而作覩凡舊章所爍著何在

草舉爲硃

洞天石扉訇然中開

看是五花八門却是脚踏實地

對針夏殷

不與金石同貞而治官察民代結繩者其道獨取諸夬則忿書名之畢達原不徒恃象形會意諧聲指事之旁是則車必有軌書必有文也固也特是舍軌與文以論車書而車書至不同矣萬不至別創新奇使四方自爲其風氣而尚革者爲兵車尚漆者爲田車尚金尚玉尚象者爲乘車聽和鸞之聲幾疑閉門而造者難以出門而合矣又況鉤車有成制名尚載於曲臺素車有成規禮猶用諸郊祀也烏乎同萬不至別裁僞體使閭閻自角其材能而若者爲理情之書若者爲言政之書若者爲謹節文繫年月之書守古訓一編幾疑人自爲學者之亦家自爲師矣又況書紀小正十二

藻不妄抒

帆隨湘轉

紀事必提其要

五經紛綸大椿之遺

工力悉敵

月之授時獨善書終徵子十七篇之載筆猶新也烏乎同然而不同者車而無不同者今天下之軌也周轍改而東有棧尙存故道楚轅改而北乘廣不造歧途數十傳以來王朝列國久已遵道路而稟會歸正不獨康誥之牽車蟋蟀之役車爲不出經涂之九軌環涂之七軌也異日者輶軒問民俗太師且載命而陳詩不將因轍迹之所至以觀同文之治也哉且不同者書而無不同者今天下之文也止戈反正辨點畫于叅差登得居姬諧音聲于疑似數百年而後啟發篇章久已頌王言而歸聲教正不獨九歲之諭書十年之學書爲不出察變之天文觀成之人文也異日者誥誡逼

珊瑚玉樹
交枝柯

四方兩馬且夾轅而就道不將因鴻章之彪炳以見同軌之盛也哉合觀行之同倫而一統之治燦然矣而不倍之義更昭然矣

本房加批

尋常卷軸都化神奇學人無其高華才人無其沈實

本房加批

圓徹

含毫邈然

倒戟而入

跌落

存乎人者莫良於眸子眸子不能掩其惡胸中正則眸子瞭焉胸中不正則眸子眊焉聽其言也

徐樹丹

良有不與言等者而言固宜先聽也夫眸子之瞭與眊其良原非言比也然其言自在寧不嘗先聽之哉嘗思根心生色者君子之所性也則又何必舍此而他求哉及轉思之而知操諸彼者既無徵之不徵則操諸我者將有開之必先此非敢以知人自矜也夫亦曰彼之動乎四體者其大旨可先得諸片言也今夫言者心之聲也心正則好言自口心不正則莠言自口存乎人者孰有良於言哉而吾必謂眸子之莫良則曷以故笑貌聲音皆能強爲其形

鉤映無痕

隨便折入裁縫滅盡針線迹

經義紛披有左右逢源之妙

一片神行

似而肸子不能夫固有運以神者也故形外誠中雖欲百計以自藏而不見而章者已覺其不言而喻周旋譬欬皆能虛搆其情形而肸子不能夫固有動以天者也故見微知著縱欲多方以自覆而宛以象告者已不啻恍以情言而謂肸子之不良哉而謂肸子之良之或可掩其惡哉惟然而人不必徒恃夫言矣果其胷中正也則肸子瞭而言自有章果其胷中不正也則肸子眊而言皆無物洪範之五事一曰貌而二曰言謂其相得而彰也而何容一或默或語之間徒工其修飾惟然而人更不得不飾其言矣不問肸子之瞭否也而但以洋洋者竊謨訓之遺不問肸子之眊否也而

屬對天成

眼明手快

包孕史事心花怒發濡染大筆何淋漓想見三條燭炮解衣磅礴之槪

但以秩秩者符德音之選乾坤之八卦離爲目而兌爲口謂能各持其柄也遂不禁於或吐或茹之下先逞其欺誑信如是也則言誠不如眸子之良矣而遑曰聽哉雖然言固不可徒聽也言亦不可不聽也苟徒恃乎眸子而謂有言不必有德也此亦近於過苛而何嫌也古來奸雄竊據大都緣飾經術藉口舌以肆譸張而乃片牘甫陳紀事者即譜入仁人之傳憐才者遂重爲命世之英偏聽足以生奸吾深爲聽言者惜也謂雖有其言而其人之底蘊不可得而見也苟無藉於眸子而謂聽言即可信行也吾亦何敢深求而不能也自來宵小生心當其坐論匡居輒啟口而謀報國追

二筆撥轉
題面題神
兩兩皆得

至乘權竊柄詩書適以資富貴官禮遂足誤蒼生可言未必可行
吾更爲聽言者慮也然既有其言而若人之大端已可得其半也
從此而觀其眸子則正與不正無不彰明較著焉而又何廋之有

本房加批

純以意運正如郢人用斧堊盡而鼻不傷

本房加批
刻劃精湛

賦得會稽竹箭得南字五言八韻

徐樹丹

方物揚州產名從尒疋諳奇珍羅竹箭山鎮扼東南玉筍聯班好金甌拓地堪之江留霸氣林客助元談解籜全分碧抽尖擬脫篸故都推第一新月映初三界已連吳越材終壓楩枏栽培懷
帝力嘉種荷
恩覃

本房加批
精瑩雅健方駕錢劉

嘉慶癸酉科　詩

道光壬午　孫貽謀

道光壬午　孫貽謀

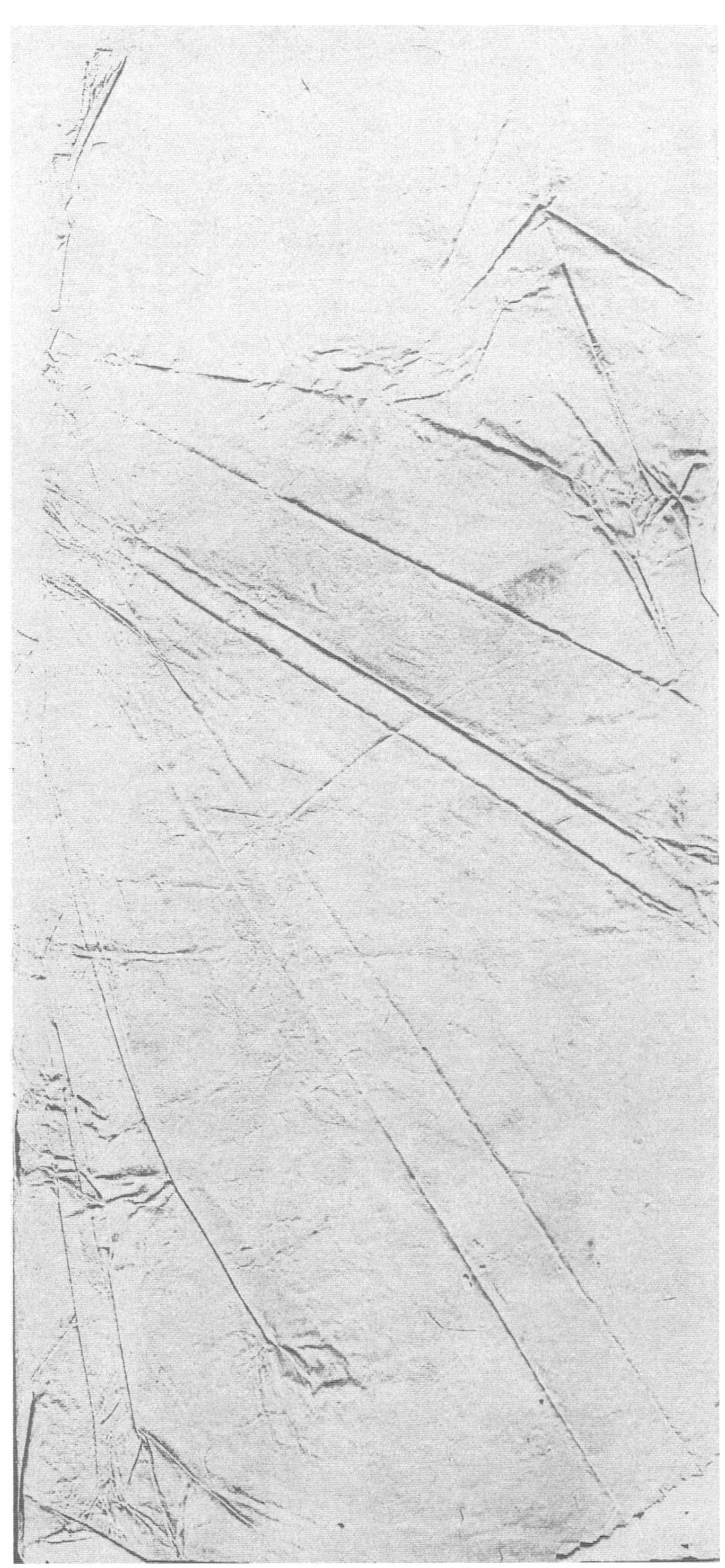

滕文公祭泰伯於鄉黨中先進

里人舞八佾

梁惠王請公孫丑離婁上盡心

告子讀萬年

星山啟

孫貽謀

高祖徽
高祖妣王氏
曾祖世榮
曾祖妣陳氏
祖汝佩
祖妣曹氏
父順公
母陸氏

字燕翼號春埜行三乾隆丁未年十一月二十八日吉時生紹興府上虞縣學附生民籍
胞兄震元　震東
胞姪成章　成法　成烈　成美
娶李氏君發公次女
子瑞幼讀　玔幼
女二俱未字

履歷

道光壬午科

慈侍下

業師

嚴老夫子諱釗文

朱老夫子諱璟廪貢生

章老夫子諱延璠邑增生

陳老夫子名藩乾隆甲寅科舉人

趙老夫子諱琴廪貢生

族繁不及備載

鄉試中式第七十八名

會試中式第　名

殿試第　甲第　名

舊居本縣十都一圖湖田庄

浙江鄉試硃卷第壹房

中式第七十八名舉人孫貽謀紹興府上虞縣學附生民籍

同考試官金華府永康縣知縣劉　閱

薦

大主考　翰林院編修武英殿協修陳　批

取

文

批

風裁峻整落落大方

大主考　工部右侍郎兼管錢法堂事務加○級顧

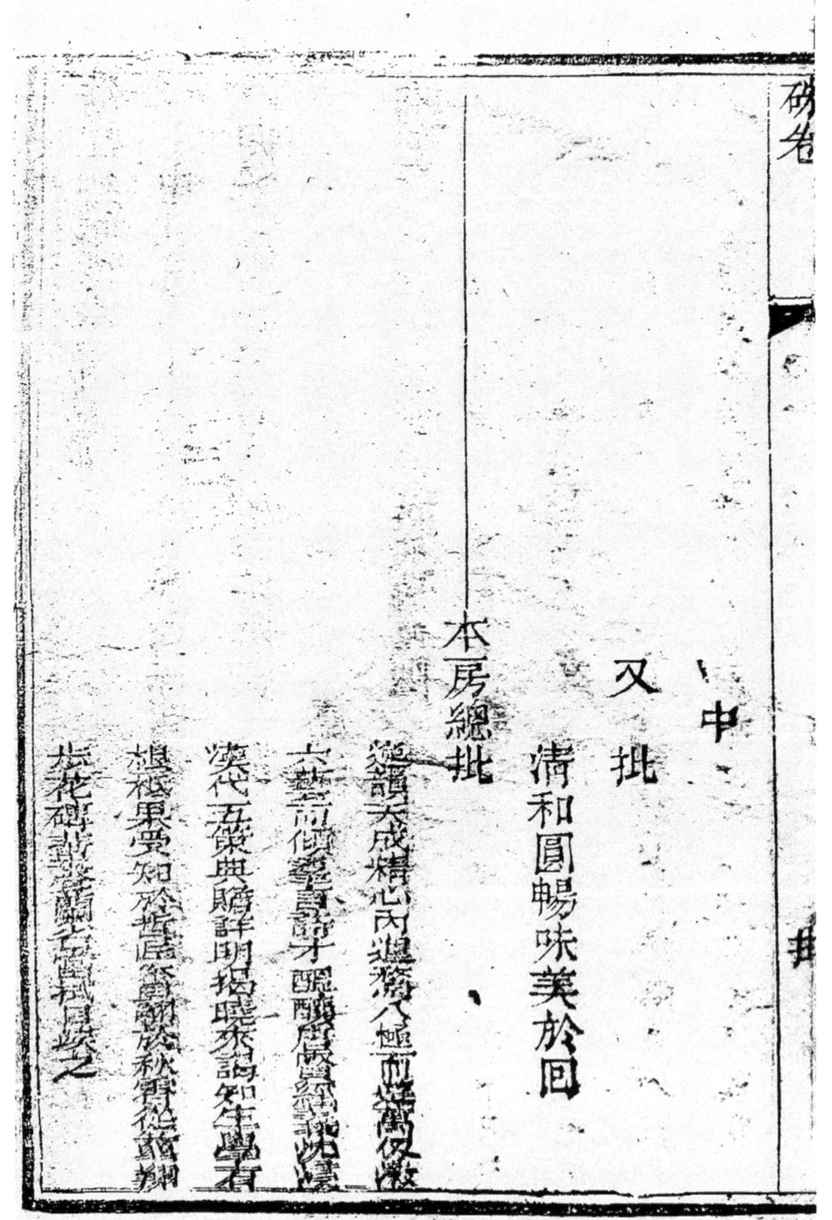

硃卷

中

又批

清和圓暢味美於回

本房總批

逸韻天成精心內運獨入[illegible]而[illegible]僅數

六藝而傾[illegible]才醞釀[illegible]

漢代[illegible]發與賦詳明揭曉來詞知[illegible]學者

想[illegible]果受知於[illegible]於秋[illegible]

[illegible]花[illegible]之

本房加批
排空而來
筆力如千
鈞出匣

提掇高渾
全神俱攝

巍巍乎舜禹之有天下也而不與焉　孫貽謀

不以天下動其心聖人夐乎遠矣夫有天下難而舜禹之有天下尤難乃其心絶無所與焉巍巍乎弗可及已且夫生聖人以爲天下也有天下而不繫念于天下則第視帝王爲虛位而天下無所賴有天下而即役志於天下則徒以帝王爲榮名而天下亦無所賴古聖人崛起田間以心任天下之憂不以身享天下之樂其量立隆於萬世而其德遠超乎百王今夫千古不易有者天下也千古之匹夫有天下者舜禹也吾因其遇而想其人因其人而窺其心局外而談尊榮孤高者亦或視若敝蹝至身親其境遂震驚焉

兩層夾起有高屋建瓴之勢

起勢挺拔

議論警湛大氣盤旋

精深透闢如此詮發不與纔見眞際

而不能自主以是知當局之淡定更難也世胄而躋高位守文者猶能安爲固然至驟致貴顯益欣喜焉而不能自禁以是知尋常之嗚豫有由也以觀舜禹竟不與焉帝有五而舜之有天下爲獨創忽而有鰥忽而在位使以世及之常例之不將喜出望外乎乃始也取之於人而不以爲貪繼也授之於人而不名爲讓聖人大寶曰位一任其適來適去而不以己意與乎其間知所性分定有出於膺圖受籙之外者矣且夫樂一已之樂者不能憂天下之憂試觀水火龍蛇時厪深宮之寤寐金木土穀幾費宵旰之經營其不敢置天下於度外者有無疆之恤而忘無疆之休也巍巍乎是

搖曳多姿

堅對實理虛神兼得翛然意滿

後說

直舉宇宙而無以尚者乎王有三而禹之有天下爲最先承揖讓之後開官家之局即以五臣之中較之不將自鳴得意乎乃始也授自帝而念茲則在皋陶繼也薦於天而主祭亦使伯益王位在於德元一聽其與賢與子而不以私意與乎其際知吾命適然有超乎山龍藻火之表者矣且夫震一時之遇者則必享天下之奉試觀峻宇雕墻後嗣猶傳爲炯戒惡衣菲食奕世猶慕其芳徽其不敢勞天下以自養者有爲人主之德而無爲人主之欲也巍巍乎其真亘古今而莫之京者乎是知被袗鼓琴不改飯糗茹草之素任土作貢依然決川距海之心崇高視以淡漠非若巢父許由

收束道篇
言簡意足

之第傳高風明揚側陋百揆叙而五典徽手定艱難六府修而三
事治尊貴出自卑微不驚文祖神宗之忽陟帝位吾是以慨想舜
禹不置也

本房加批
英思偉論天骨開張筆力堅挺洵得越石清剛之氣

本房加批
一發中的
反攻犀利
筆筆古勁
起題清峭

忠恕違道不遠　一句　　孫貽謀

以爲忠恕者爲道可不憂其或遠矣夫人之違道遠者以爲之不得其要耳心能忠恕而猶憂其或遠乎且天下之道貫天下之人心爲之也心不克自盡而以虛驕者爲之則與道乃違心不克其驗而以刻薄者爲之則與道又違以此居心宜其日欲爲道而去道甚遠觀君子之因人治人不可恍然於道之爲乎君子有尊於天下之功格致誠正何一非體道之心而心不可涉於安也則於事端未接之先貴乎內省焉而不使一毫之稍假君子有大於天下之量施濟立達何一非宏道之心而心不可入於苛也則於民

整齊嚴密對仗如天然玉合似此出落眞可謂彈丸脫手

語語精實而邊字不字分寸不失是爲心細於髮力大於身

物方交之始貴於自驗焉而不使一意之不平蓋終食無違三月不違心常求合乎其道而中心爲忠如心爲恕道固即在於其心豈有忠恕焉而憂違道之遠乎道之體以僞心參之而極非以眞心致之而即是夫人而既忠矣念念求其無欺而鬼神可質亦念念求其自慊而衾影無慚雖忠屬赤子良知之心未足語大人之神化而以忠爲恕之主即以忠爲道之體固弗慮其悖而馳也曰道之用以乘心乘之而多失以順心推之而即合夫人而既恕矣時時戒其暴戾而所行皆準亦時時欣其和順而所出皆平雖恕屬下學求仁之心難語乎上達之聖功而以恕爲忠之發即以恕

言恢之而彌廣思按之而愈深二比具有大家力量

爲道之用又弗慮其離而去也已且夫忠恕而大言之無論中可以位天地和可以育萬物者皆不外此忠恕之道也即驗諸仁義禮智之懿德率之皆眞睦姻孝友之倫常達之皆順而謂道之所存所行者常有違而相違之患斷不其然矣且夫忠恕而精言之無論大德所以敦化小德所以川流者皆不外此忠恕之道也即按諸自反能縮之儒脩俱昭乎性所欲與聚之王道悉絜乎情而謂道之微上徹下者間有違而相違之虞又不其然矣試言恕之所施而忠可知已道之不遠於人不尤曉然乎

本房加批

詮發題義字字擲磚落地而全部中庸妙諦亦可于此文參之
筆意清矯又其餘事

隱硯需已飲詩愛
會友吟不是生平
友情傷論隱心

本房加批
一撥即轉
一轉即深
總筆有力
全題貫串
一氣呵成
絕大手筆

書曰丕顯哉文王謨丕承哉武王烈佑啟我後人咸以正無缺

孫貽謀

觀元聖之承先啟後而知周初之一治矣夫文武之謨烈而有以顯承之爲佑啟後人之正法也非周公之戡亂而能有此一治乎嘗觀周公之成文武在文德不在武功而非武功之耆定不足以致文德之誕敷也顧上承乎父兄以纘累朝之緒者即下啟乎孫子以垂奕禩之規觀一家之不替而一世之大定可知矣如周公相武王以征伐而天下大悅即以爲先人在天之靈悅於既往可知也且以爲後世繼體之君悅於將來可知也盍觀夫書書不專

從文武卸到周公陸離光怪如讀異書

提振折落有週圓成璧之妙

爲周公作也而從繼志述事之後以揚厲周公恍若文似元年武似春王公似正月以紀一德之休風則文謨武烈之昭垂不朽也書不專爲周公之佐伐作也而從覲光揚烈之餘以追敘周公恍若文王基之武王纘之周公柄之以明重熙之相濟則丕顯丕承之繼美無窮也書曰丕顯哉文王謨丕承哉武王烈吾讀君牙有爲周公証矣且夫謨烈而僅在一時不足以徵文武之道法也顯承而不及累世不足以致後人之克正也書不及曰佑啟我後人咸以正無缺乎十五王而文始平十八王而康克安周自封邰以下後人之佑啟何窮而文武之聲靈尤爲咸正也本緝熙之至敬

總發處精神團結與會淋漓

不必語語紬入周公而節旨自醒非老手不辦

執競之小心以昭爲謨烈固可永縣天下世三十卜年七百之遥矣以文命者七九衰以武興者六八謀周自得統以來後人之佑啟又多而謨烈之留遺尤爲無缺也從大勳之將集天祿之克荷以見其顯承并能蕃滋夫兄弟十五同姓四十之廣矣夫後人之咸正不可必而必諸先人之佑啟先人之佑啟何所憑而憑諸謨烈之顯承此非周公之克成文武以見悅於天下而徵天下之大治也乎

本房加批

青卷紛披氣機酣暢於更闌燭燼之時有墨舞筆歌之樂自非

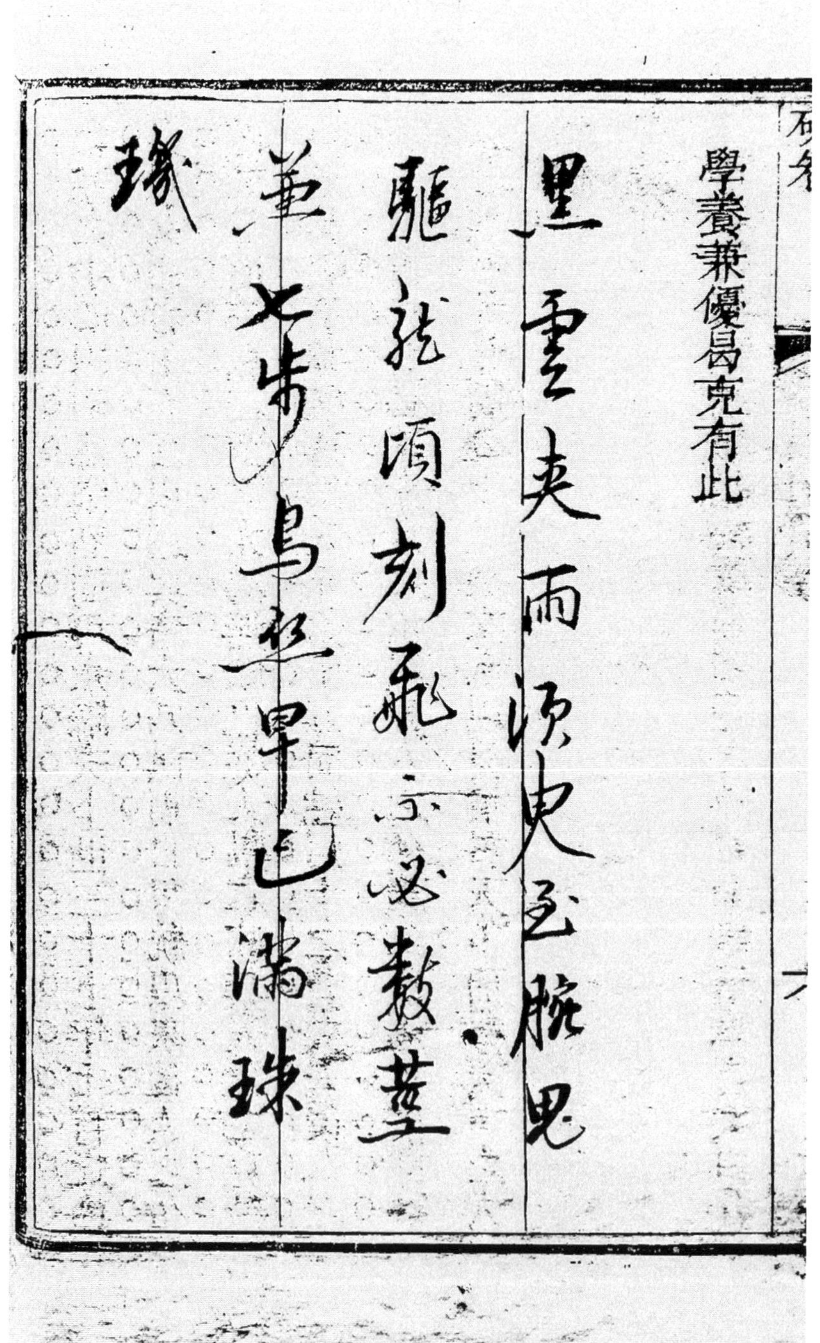

學養兼優昌克有此

里雲夾雨須臾至脫思

驅龍頃刻飛示必數莖

筆七步鳥起早已滿珠

璣

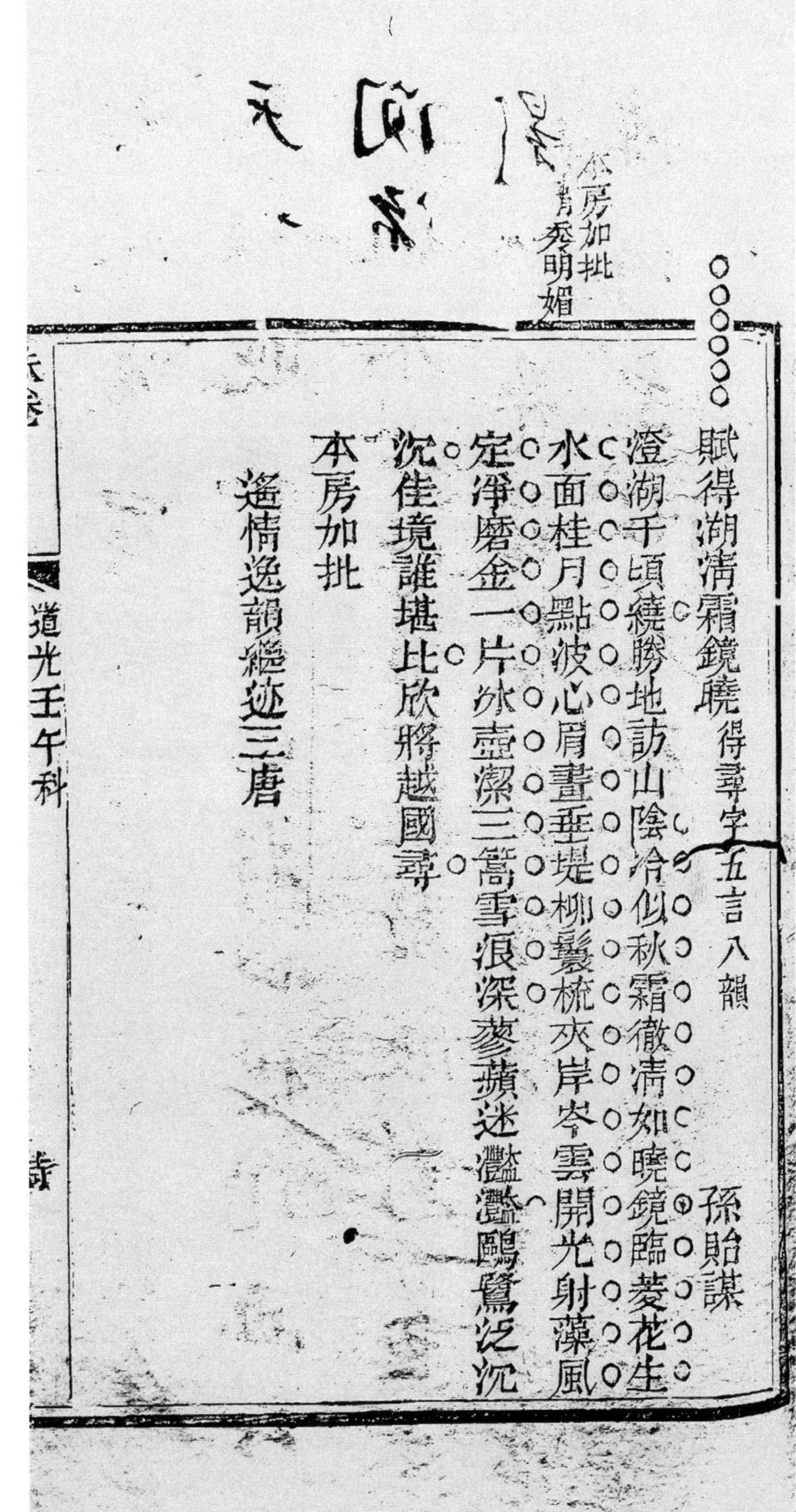

本房加批
秀明媚

賦得湖清霜鏡曉得尋字五言八韻　孫貽謀

澄湖千頃繞勝地訪山陰冷似秋霜徹清如曉鏡臨菱花生
水面桂月點波心眉畫垂堤柳鬟梳夾岸岑雲開光射藻風
定淨磨金一片冰壺潔三篙雪痕深蓼蘋迷灩灩鷗鷺泛沉
沉佳境誰堪比欣將越國尋

本房加批
遙情逸韻繼迹三唐

道光壬午科

鵓鴣啼罷又啼鶯澤國逢
天放曉晴對面好山俱似畫中
間流水亦鳴琴迷離波影兼雲
影檣光鷗夢雜櫓聲借問桃
源何處村村是樵邨漁小好重尋

硯農

道光壬午　孫貽謀

遠上寒山石徑斜白雲
深處有人家停車坐
愛楓林晚霜葉紅于二
月花

笑堂主人作書

小少離鄉老大回，鄉音無改鬢毛催。兒童相見不相識，借問客從何處來。

季茀

道光癸未　魏敦廉

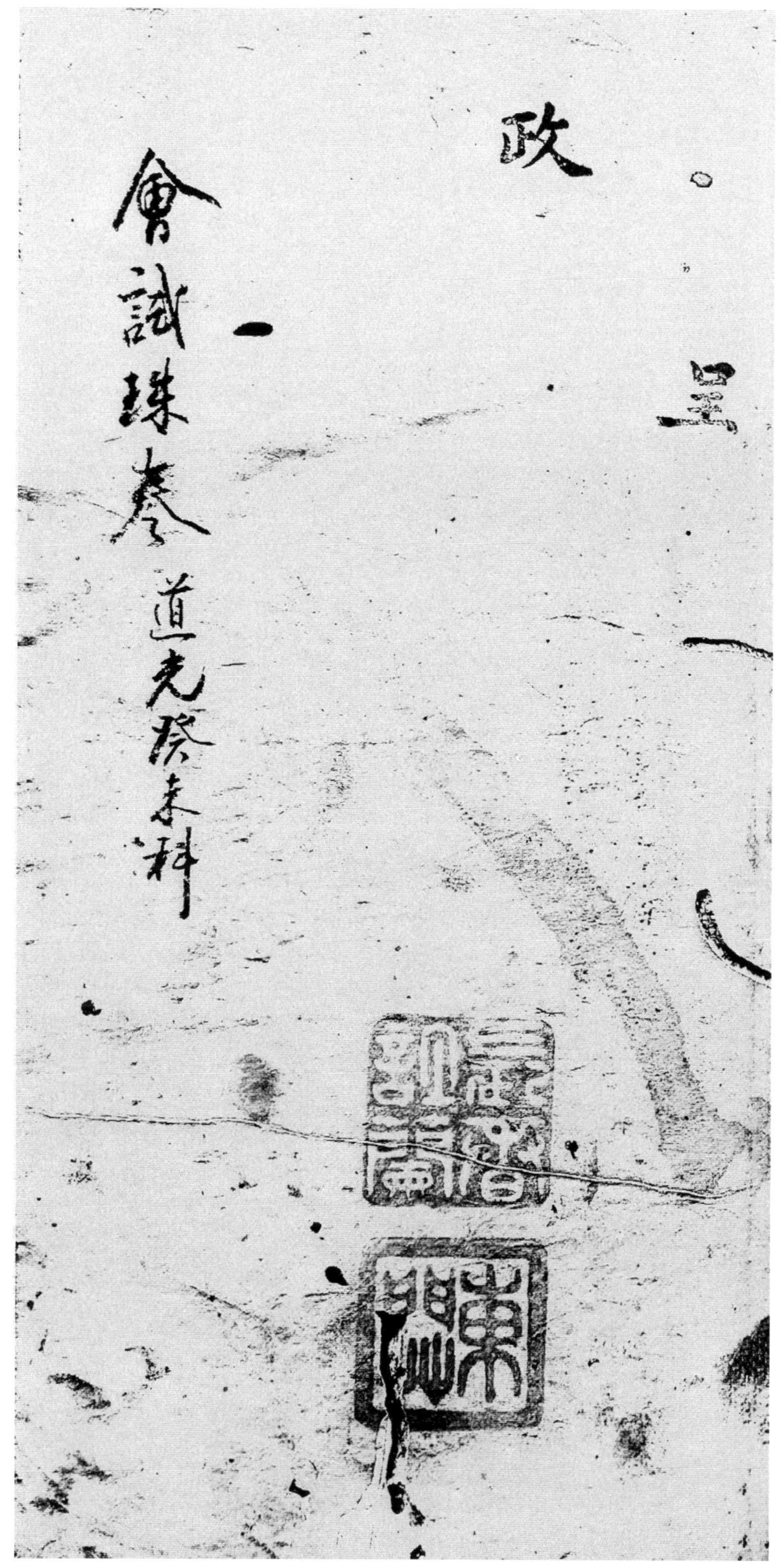
政
會試硃卷
道光癸未科

變化非常物
含生類不羣
天淵無定在
大小忽相分
萬甲盡藏雨
渾身繞繞雲
蒼生方待澤
莫只睡無聞

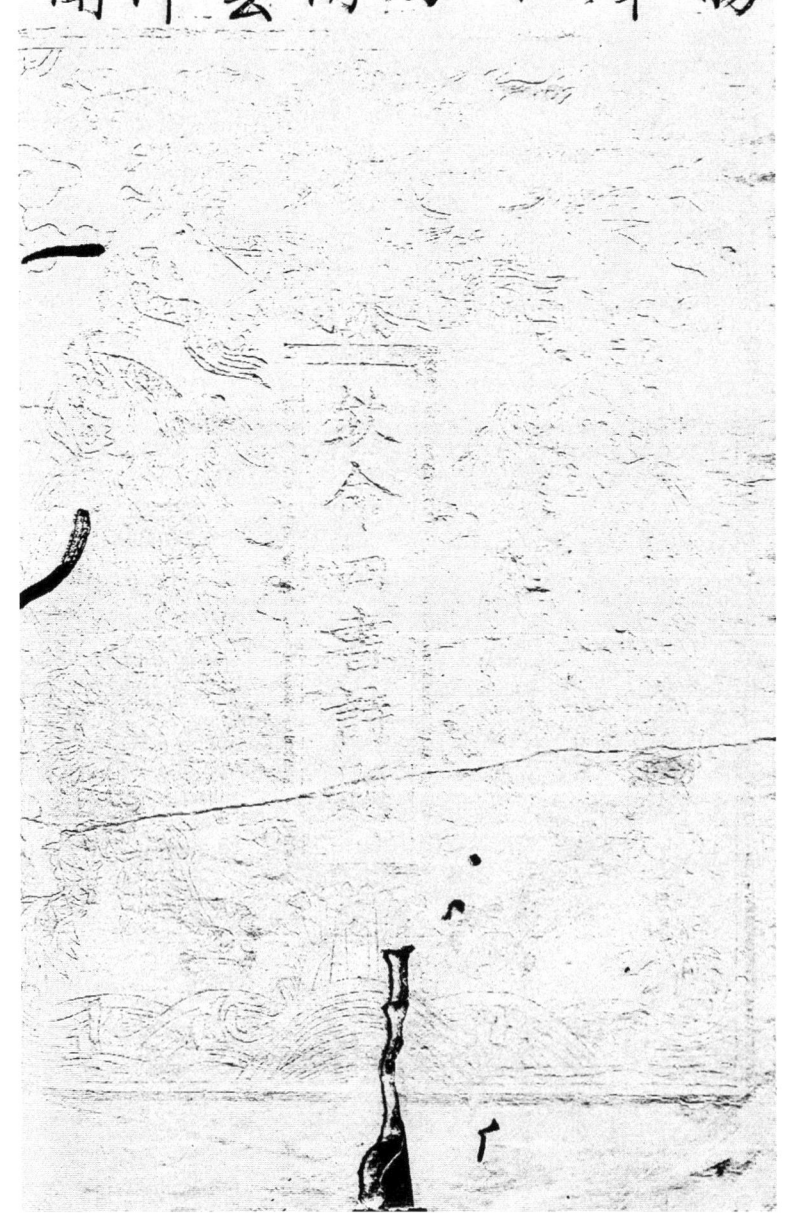

暈碧裁紅點綴勻一回拈出一回新鴛鴦繡出從君看不把金針度與人

元好問先生論詩詩

魏敦廉

始祖徵 唐貞觀中以秘書監參預朝政擢侍中拜特進知門下省事封鄭國公謚文貞陪葬昭陵圖像麒麟閣

遷鄞始祖祀 公祖諱鉥由進士除眞定通判贈少師越國公父諱汝能授黃州司戶贈太師燕國公同日殉靖康難合居焦山公扶母攜弟徙居鄞之碧溪登紹興進士乾道二年除左中大夫同知樞密院事尋授尚書右僕射同中書門下平章事兼樞密使拜特進封太師魯國公奉勅改葬祖父于奉化黃蛇山建祠守墓賜名崇福公卒命葬墓側謚文節子五長諱熊夢紹興壬午進士孫諱峴嘉泰中進士諱了翁慶元中進士累官吏部尚書資政殿大學士贈

字維斗號石莊行一嘉慶壬戌年十一月初三日吉時生

浙江紹興府嵊縣學附生民籍

高伯叔祖 訓章　訓倫　訓語　訓俊　訓權

堂曾伯叔祖 大宗　安宗　翰宗　迎宗　緒宗　紹宗

胞曾伯叔祖 成宗　敬宗　沛宗

堂伯叔祖 本明　本昌　本凝　本坤　本茂　本乾　本濂　本椃

從堂伯叔 錫貴　靈貴　登貴　加貴

堂伯叔 朝貴　明貴　斌貴　仁貴　麟貴　駿貴　顯貴　鳳貴 國學生　禮貴　欽貴　義貴　三貴　尊貴　錀貴

胞伯 雯 捐職從九例授登仕佐郎

堂兄弟 敦敏　敦德　敦禮 國學生　敦燮　敦復　敦臨　敦厚　敦堯　敦義　敦欽　敦典　敦三　敦熙　敦

跣仲霜素剖
琅玕身隨瑶
池魄暗寒一紅
錦晚間雲母
殿白珠秋瀉
水晶盤情高
鶴崑崙峭思
壯鯨跣渤海
寛誰有軒轅
古銅片為持

履歷
太師秦國公謚文靖
遷虞始祖戉 任肇昌都尉輔國上將軍由鄞徙居上虞清潭
遷剡始祖謙甫 授信武將軍河南統軍使防禦海道兼管寧波市舶司鹽事由虞徙居剡之湖濱
支祖子元 邑庠生著有讀易管見
七世祖士 軍遷居光官地
六世祖家瑞
高高祖奕祖
高高祖妣氏茹
高祖訓提 字穎侯
高祖妣氏周
曾祖繼宗 字象賢 鄉飲介賓

裕 敦仁 敦聖 敦智 敦信
族兄懋昭 嘉慶己卯科同榜舉人揀選知縣
嫡堂兄敦五 國學生
嫡堂弟敦六 儒業
胞弟敦貞 幼學
胞妹二 長字同邑張諱惠誠公子名運泰 一未字
嫡堂姪敘倫 儒業 銘倫 超倫 俱幼
娶吳氏 同邑州司馬諱克敦公孫女貢生名之渭公次女國學生名之淵公之源公之海公胞姪女
子甲生
女

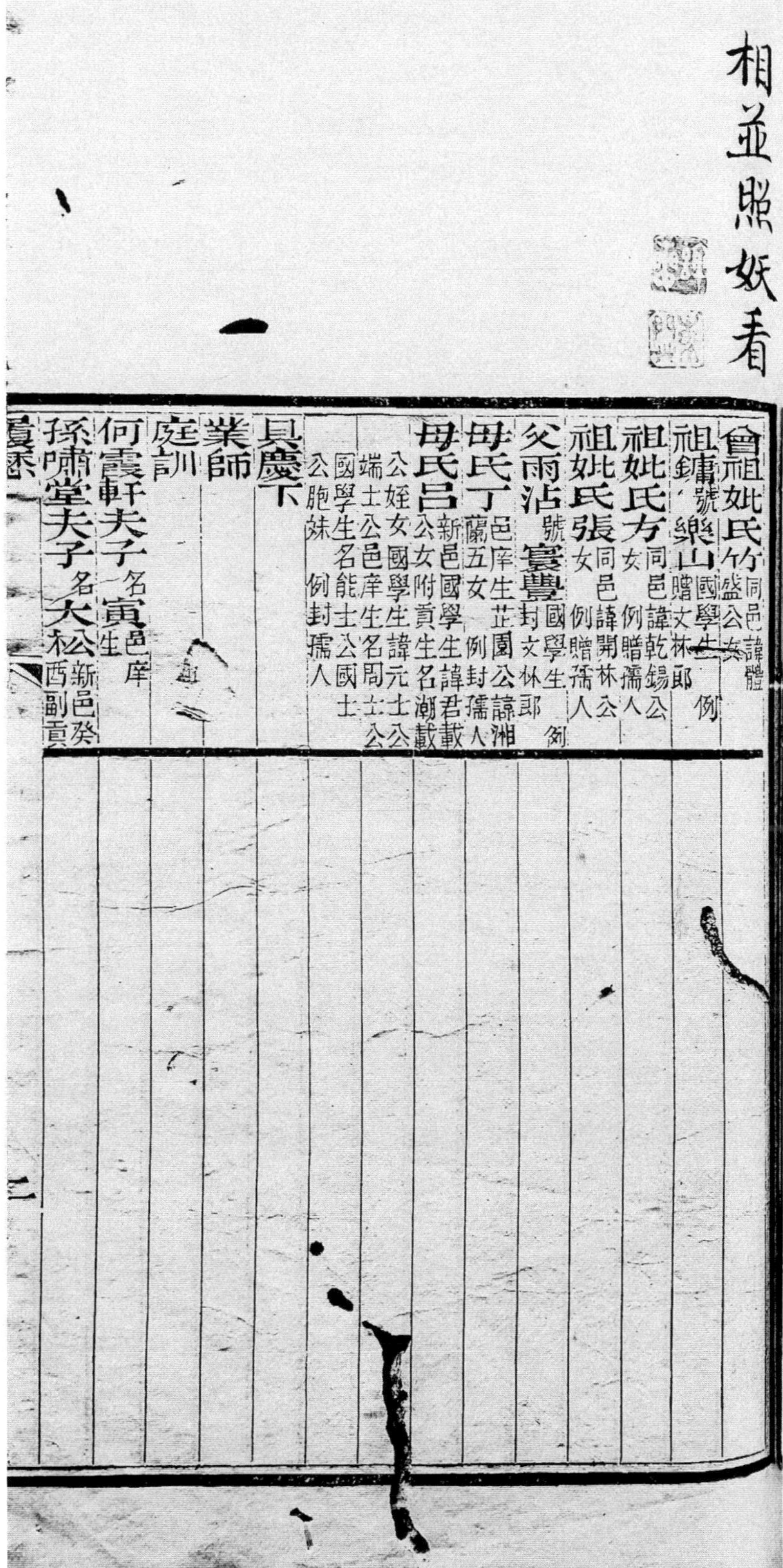

相並照妖看

曾祖妣氏竹同邑諱體盛公女

祖鏞號樂山國學生例贈文林郎

祖妣氏方同邑諱乾錫公女例贈孺人

祖妣氏張同邑諱開林公女例贈孺人

父雨沾號寰豐國學生例封文林郎

母氏丁邑庠生芷園公諱湘蘭五女例封孺人

母氏呂新邑國學生諱君載公女附貢生名潮載

公姪女國學生諱元士公

端士公邑庠生名周士公

國學生名能士公

公胞妹例封孺人

具慶下

業師

庭訓

何霞軒夫子名寅邑庠生

孫嘯堂夫子名大松新邑癸酉副貢

覆[illegible]

房

就職教諭道光壬午科舉人

潘穉齋夫子 名梓 新邑廩生

趙雲樵夫子 諱秉初 原任紹興府知府溫處兵備道

盧蔗香夫子 名擇元 江西辛酉拔貢 前署嵊縣知縣現任福建長樂縣知縣

錢蓮峰夫子 名錦山 嘉慶癸酉科拔貢舉人揀選知縣

余時齋夫子 名鴻翱 嘉慶辛酉舉人丁丑大挑二等現任處州府縉雲縣訓導

己卯鄉試中式第七十五名

會試中式第六十名

殿試第三甲第一百十二名

族繁祇載本支

住嵊縣東鄉八九十都二圖官地莊

中式第六十名魏敦廉浙江紹興府嵊縣附生民籍

署督 翰林院編修武英殿纂修加三級韓　閱
翰林院編修武英殿纂修加三級但　薦　批

大總裁 經筵講官[illegible]加三級穆　取　批

又　批

大總裁 經筵講官吏部左侍郎實錄館國史館副總裁加三級王　取　批

又　批

大總裁 經筵講官太子太保禮部尚書實錄館武英殿總裁尚書房行走管理國子監事務教習庶吉士加五級汪　中　批

又　批

大總裁 經筵講官太子太傅武英殿大學士管理工部事務[illegible]國史館[illegible]加三級曹　中　批

又　批

理實氣空文成法立

思清筆銳骨重神寒

理法兩調心手雙暢

超心鍊冶茹古涵今

會試硃卷

本房總批

豎義必堅摛詞無懦看書則晶壺冰梡運筆如月斧風斤所謂智珠在胸法輪在手者也韻語逸情颯舉秀骨天成二場稾經酌雅佩實銜華三場卓識鴻裁鎔今鑄古望而卜爲績學之儒揭曉來謁知生浙水通才剡溪儁士芹宮擷秀僅及垂髫桂窟攀香甫逾舞象既屢邀乎鶚薦終克奮夫鵬摶快覘華國之文不愧經時之業用儲偉器佇展良猷生其勉旃毋躁毋忽

補筆輕捷

分肌擘理
印沙劃泥

勁峭

下句字字
揭清却自
大雅不羣

切問而近思仁在其中矣

魏敦廉

致知者更有問思之功合學志以存心也夫仁不僅在問與思而非此則學與志不見功也切焉近焉皆致知以存心而仁不在是哉且夫人卽理存仁卽心存理尤必合人已以存心此不徒勤學勵志已也有實以證諸人者則性命之微始著而不患其疎有密而研諸已者則神明之用獨親而不失之遠取之精而察之當斯心全者理得而仁乃日起而有功博學篤志所以致知也惟知其心之所在卽知其仁之所在而凡外資考鏡內竭圖維辨出入消長之幾者大率自其中來也則問與思爲尤要已理不可偏執也

補上則法密按題則詞精

而字[illegible]出問字亦並括入思字內不止頂學志尤爲精到之至

二比精神團結融洽分明

以問証其指歸顧師友之詔示依然而稍介游移片念即淆於疑似切焉而學非泛騖質其異同志不旁參辨夫得失則考其身心者爲至專而理更不可懸擬也以思窮其源委顧探索之精神無間而偶鄰馳騖寸衷已入於渺茫近焉而問者貫而通之學博而約問者擇而守之志篤而堅則用其精神者爲至一切問而近思繼學志以致知也而知所由致即心所由存則求仁之事起焉心以縱而即逝往往有泛問者無功馳思者無薄則學與志即自謂可憑而其氣易盈其神易散此心有一聽其存亡而不能自主者矣心以操而始存兢兢乎問之詳必求其是思之若不離乎宗則

逼下句緊醒

研鍊精純涵泳題字迴繞上文絕不費力理境中有掉臂游行之樂

學與志益徵其有據而辨之於幾察之於邇此心有獨深其存省而倍覺常惺者矣仁在其中矣仁者有理而無欲而欲所自生每中於理之可恃惟知其不可恃也而審之於問心不敢紛誡之於思心不敢放遂覺切焉而仁在近焉而仁在并前此之博與篤焉而仁無不在斯天下之間吾仁者其端絕矣夫第見誠正之為仁而不推乎格致之始又何以精求夫仁之本然也哉仁者見天不見人而天所自去每由於人之日親惟知其不可親也而謹小慎微切則不肆澄心凝慮近則毋荒由是問之中有仁思之中有仁即合夫學與志之中無不有仁斯吾心之存夫仁者其機熟矣夫

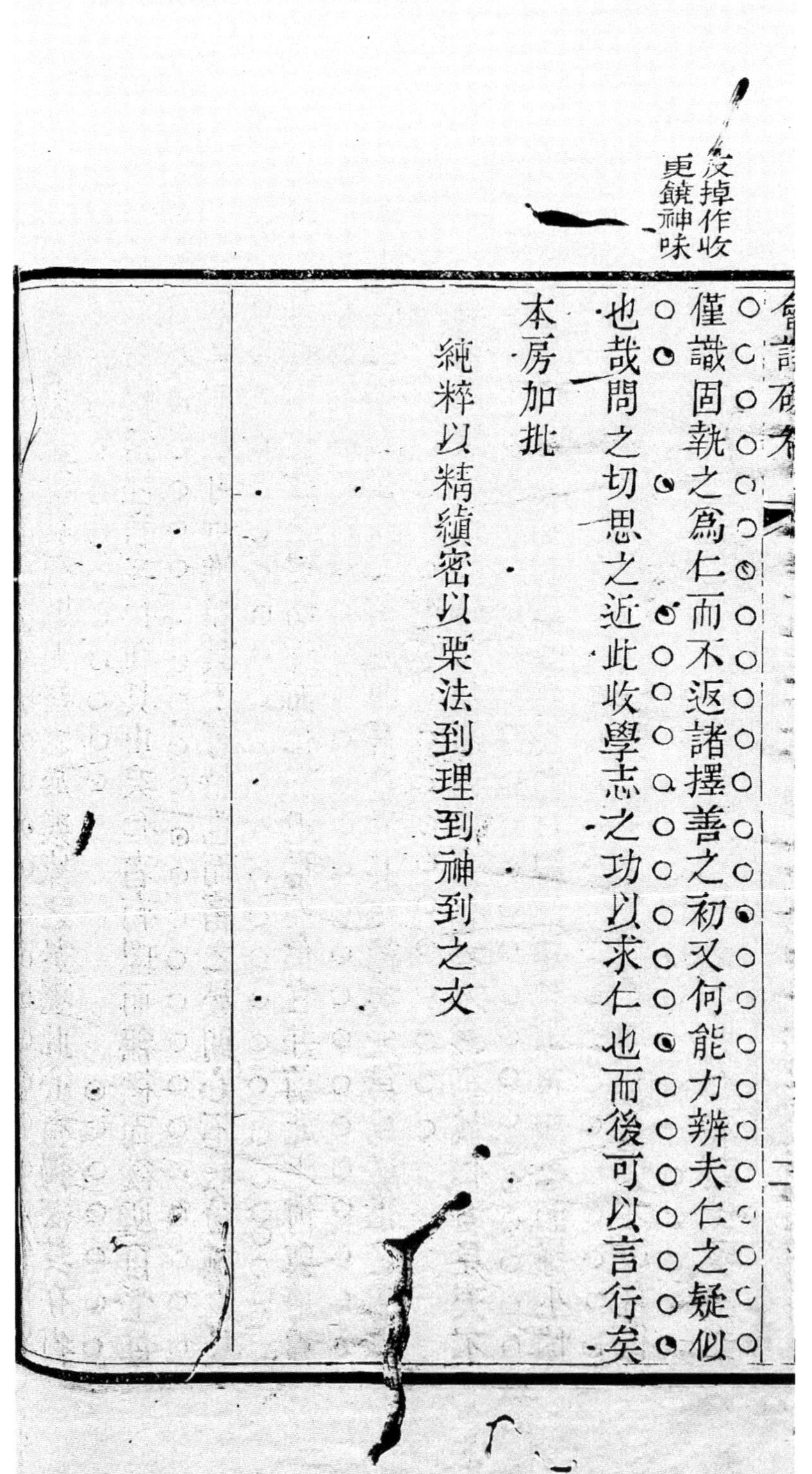

反掉作收
更饒神味

僅識固執之爲仁而不返諸擇善之初又何能力辨夫仁之疑似也哉問之切思之近此收學志之功以求仁也而後可以言行矣

本房加批

純粹以精縝密以栗法到理到神到之文

襯脈清眞
風骨遒邃

眼上折入
落落大方

知遠之近知風之自知微之顯可與入德矣　魏敦廉

於當謹者而知其幾進德之基也夫遠之近風之自微之顯皆幾之當謹者也君子無不知之於入德奚不可哉且吾謂非達天德者不足以知至誠則欲有所知必先有其德矣顧詣之在上達者極深而研幾欲知所難知在乎德之能達而功之在下學者卽物以窮理能知所當知而後德有可入試卽君子爲己之心進推之淡簡而溫君子之德闇然也不厭而文且理焉君子之德有章矣顧君子之進德也有反求諸己之誠尤有莫非在我之幾其誠之不可掩者輝光根於篤實君子不自知而人知之而其幾之所當

鵠盤遠勢

詮上三句簡而透

勁氣直達

謹者省察識持乎靈明又人不之知而君子所獨知也則知幾之學要焉今夫遠也風也顯也德所被也曰近曰自曰微德所基也使謂近無與乎遠自無與乎風顯無與乎微彼此有分而屬之之形內外無一以貫之之勢則可匿其情於爲遠爲風爲顯之地必將縱其欲於爲近爲自爲微之中而德不可問矣豈知遠不自遠家國天下問我躬修遠固由乎近也風不徒風動作威儀視我定命風固有所自也微不終微寤寐衾影追我大廷微固形於顯也君末於是乎辨得失於是乎分德之進退存亡即於是乎係君子無不知之斯無不謹之而德不於是可入哉德必精其心以求之而

法重知所謹意心精力果入木三分

極抑揚操縱之致

義蘊精深筆墨酣飽

後可得入之之門而非知斯三者未必惕乎幾之先見而精其心也夫千里應違之故樞機止在於一身片時眞妄之萌指視即形於萬物知乎此而覺誠中形外宇內更無掩著之方則求慊戒欺無時不省所存所發之端即無時不切曰旦曰明之懼而精其心以求實得自見厥德之不回德必小其心以赴之而後可循入之之路而非知斯三者未必惕乎幾之在我而小其心也夫中和位育之功不過喜怒哀樂之所發夫婦知能之細即爲聖人天地所難窮知乎此而覺內證反觀此身總無可寬之責則端本善則無時不策自邇自卑之力即無時不深有嚴有翼之忱而小其心以

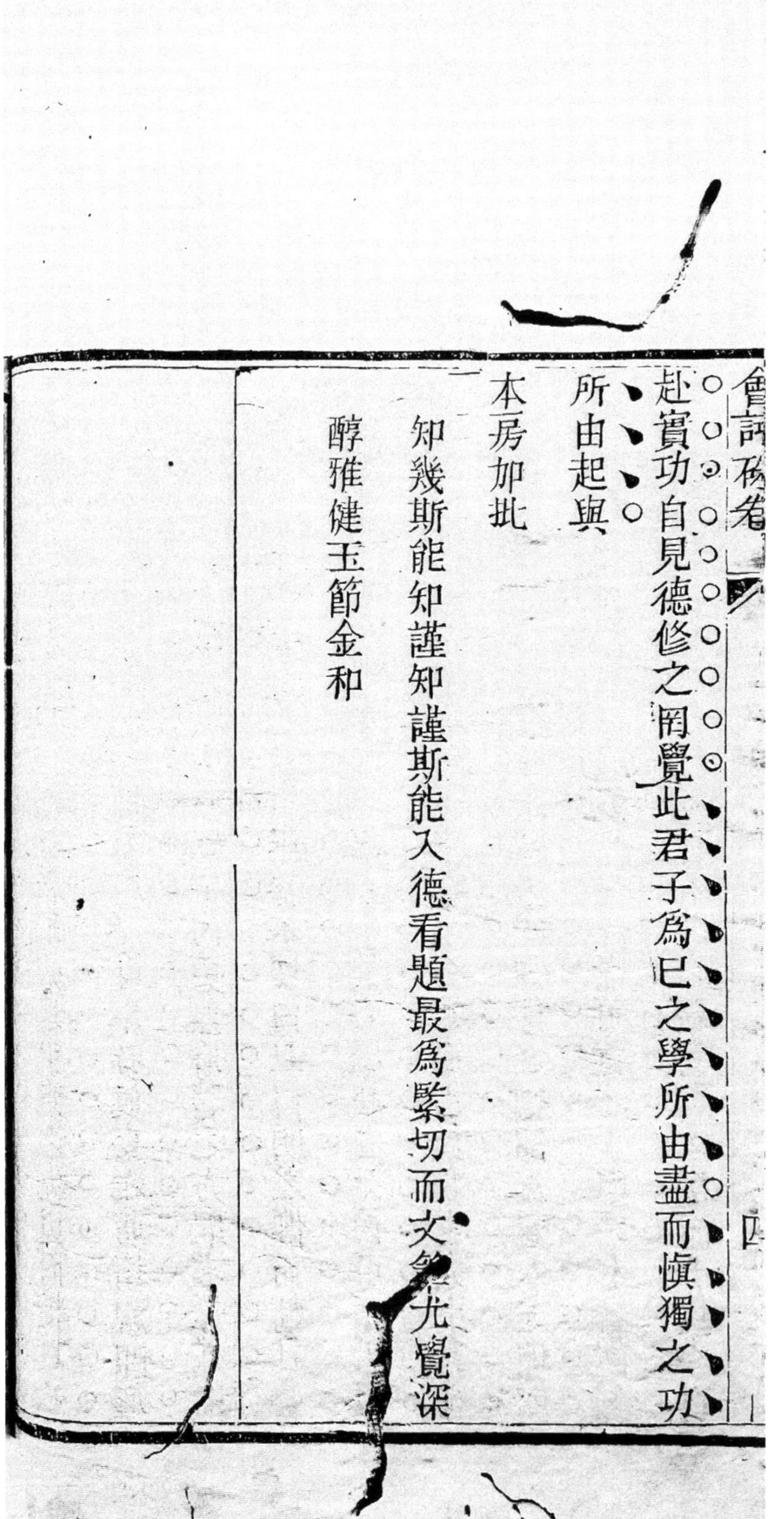

會試硃卷

起實功自見德修之罔覺此君子爲已之學所由盡而愼獨之功所由起與

本房加批

知幾斯能知謹知謹斯能入德看題最爲緊切而文筆尤覺深醇雅健玉節金和

磊落英多仍復細膩熨貼

跟首節落脈意義圓到字字自然

入則孝出則悌守先王之道

魏敦廉

盡孝悌以繼聖道而士已非無事矣夫孝悌者道之事道者先王之事也盡於出入以守之士豈無事者乎且倫外無人人外無道千古之人倫實千古之聖道有以維之也天不生聖則伊古無明倫闡道之人而道不傳聖不得士則迄今無盡倫體道之人而道亦不傳然則當異端蠭起之時有赴人倫之極以立斯道之防者匪異人任矣子以無事疑士亦知士固以道爲事乎夫道統之傳肇於堯舜受堯之天下并其道而受之則守堯之道者舜也而堯舜之道孝悌而已是孝悌又道之大端而士所有事也子試觀於

運單行之氣於排比中浩瀚流轉直逼大家

沈鬱頓挫折出守字筆力千鈞

此有人其達而在上則將舉天顯民彝之正法諸天下而有餘即窮而在下亦必盡天經地義之常修之一身而無歉其諸侯用其道則安富尊榮而國多秀良之子弟即諸侯不用其道亦束修砥礪而身爲名教之完人入則孝焉不得謂孝非事也出則悌焉不得謂悌非事也夫孝悌之事皆道中之事若人盡其事於孝則入必以道矣盡其事於悌則出必以道矣是道也何道也堯傳之舜舜傳之禹禹傳之湯湯傳之文武周公孔子固先王之道也由孔子來又幾何歲矣五百年名世之期不聞興者數百載斯文之統未有嗣音乎大懼羣聖人之道及乎世而湮没不傳也而若人則

氣往轢古
詞來切今

曲傳子輿
氏深心淋
漓盡致

聲情激越
光燄燭天

固能守之道守於見知者際其盛而守於聞知者際其衰以若人時異郅隆不獲親聆前王之謨訓則固聞知而非見知矣而養氣知言獨明性善事天立命存此幾希於微言欲絕之餘獨以孝悌之身作一髮千鈞之繫覽大經大法之昭垂百世猶見皇王之教澤道守於親炙者易為力而守於私淑者難為功以若人生當晚近不獲躬遊至聖之門牆則固私淑而非親炙矣而放滛辭以正人心辨嚴楊墨息邪說以閑先聖意法春秋鉏橫議並興之日獨以孝悌之躬作狂瀾既倒之迴覽人紀人綱之擔荷奕葉未隳先正之典型以待學者則惟先王之道足以待之亦惟孝悌以守道

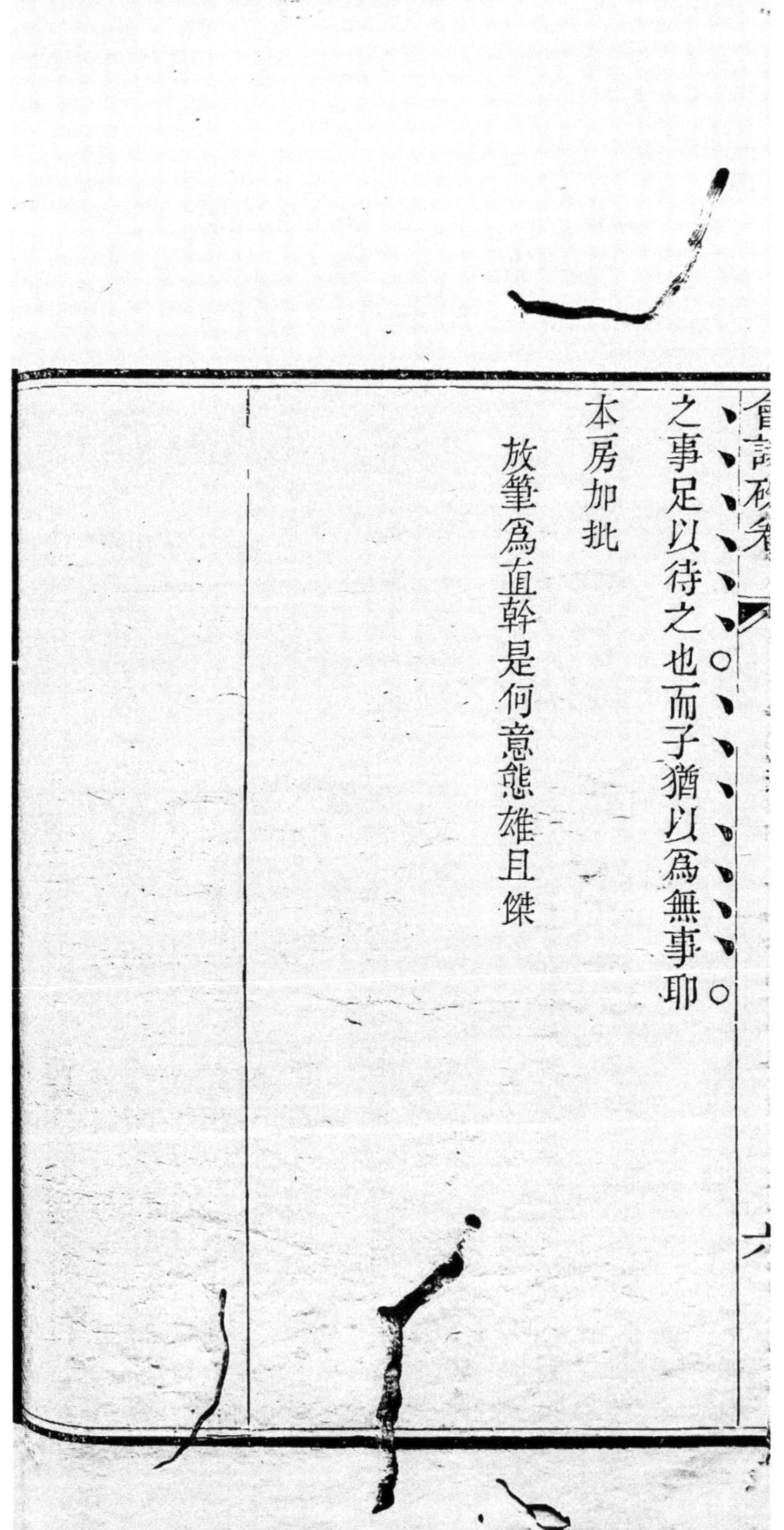
會試硃卷

之事足以待之也而子猶以爲無事耶

本房加批

放筆爲直幹是何意態雄且傑

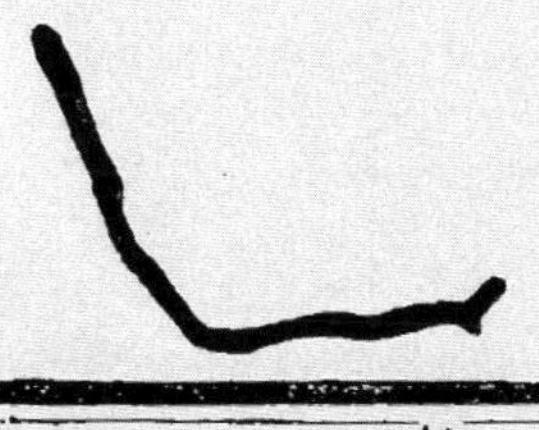

繪聲繪影
清綺宜人

賦得雲隨波影動 得波字五言八韻　魏敦廉

一片晴流潤雲光淡蕩過碎痕隨碧漲圓影動輕波疊畫濃
於染空明淨似磨倒飛千點鴈勻蘸半篙螺綠靄低浮鏡渦
漪薄浣羅坐眞春水穩插蒨夏峰多浪轉微吹絮紋迴細蹴
鞾液池風景好宸豫協卷阿

本房加批

骨清肉膩秀色可餐

莫話詩中事詩中難更無吟成五個字撚斷數莖鬚險覓天應悶狂搜海亦枯不同文賦易爲著者之乎

鰲頭動
處千山
震丹桂
飄時萬
里香

霞骨堅來玉自憗琢成飛燕
古釵頭澄沙脆弱聞應伏青
鐵沉埋見亦羞最稱風亭批
碧簡好將雲竇浸寒流君能
把贈閒吟客徧寫江南物象
酬

三峯近列硯池頭光照文房
爛不汲水壑夜寒龍獨臥雪
山春暖兎羣遊彩毫倚閣劫
應就銀管依棲價未酬別有珊
瑚新樣策勳畢竟是誰優

讀得書成勝土求不勞耕種
自然收千家有酒千家醉萬
里無親萬里留日裏不愁人借
去夜間那怕賊来偷黃虫水旱
無相損一世風光到白頭

道光乙酉　王夢柯

王夢柯

高高祖世臣
高高祖妣張氏
高氏
高祖任尹
高祖妣陳氏
徐氏
沈氏
陶氏

字紀堂號循陔又號遂亭行一乾隆乙巳年九
月十九日生紹興府上虞縣優行廩膳生民籍
高伯祖任相國學生
曾伯叔祖思任　思懷國學生　思齊壽膺八品職銜
堂伯叔祖采芹　采蘩國學生　名成　名宇壽膺八品
職銜鳴祥國學生　名貝
堂伯叔俊增廣生　又雍　效南九品職銜　效乾國學生
庭璠　庭柱　庭楷　庭壇　庭杷
庭烏　庭榛
胞叔瀚　星耀

履歷

道光乙酉科

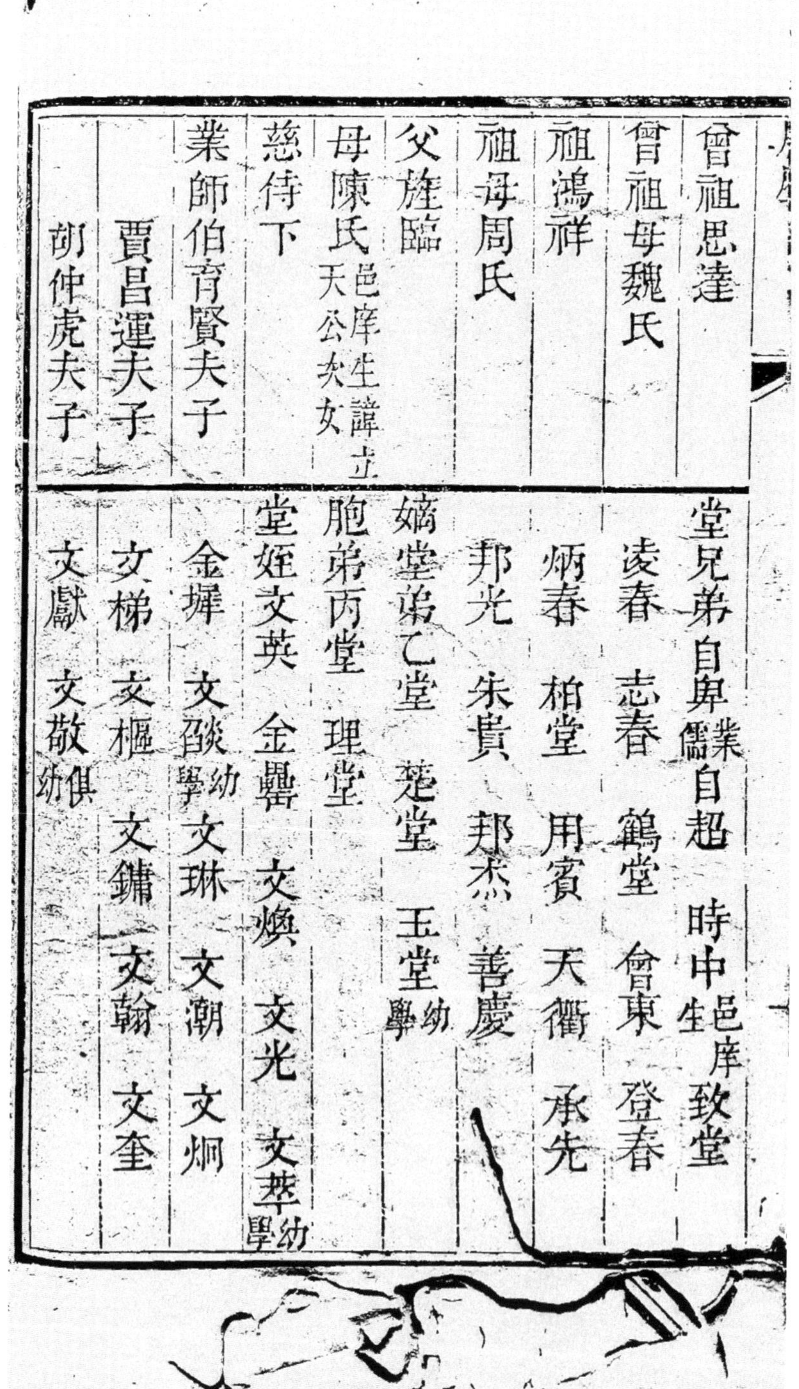

曾祖思達

曾祖母魏氏

祖鴻祥

祖母周氏

父旌臨

母陳氏 邑庠生諱立天公次女

慈侍下

業師伯育賢夫子

賈昌運夫子

胡仲虎夫子

堂兄弟自卑 業儒 自超 時中 邑庠生 致堂

淩春 志春 鶴堂 會東 登春

炳春 柏堂 用賓 天衢 承先

邦光 朱貴 邦杰 善慶

嫡堂弟乙堂 楚堂 玉堂 幼學

胞弟丙堂 理堂

堂姪文英 金疇 文煥 文光 文萃 幼學

金墀 文琰 幼學 文琳 文潮 文炯

文梯 文樞 文鏞 文翰 文奎

文獻 文敬 俱幼

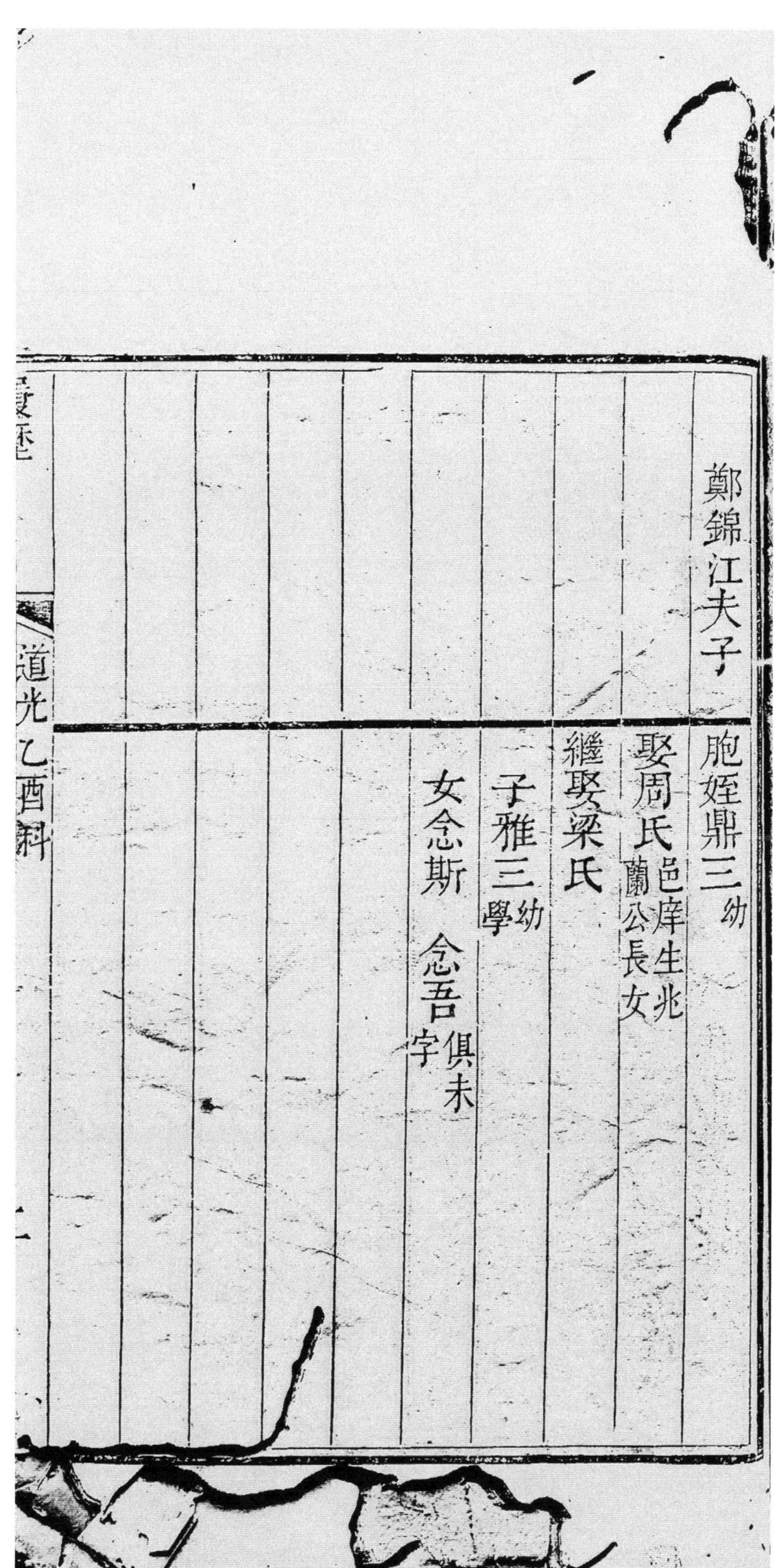

鄭錦江夫子

胞姪鼎三幼

娶周氏邑庠生兆蘭公長女

繼娶梁氏

子雅三幼學

女念斯　念吾俱未字

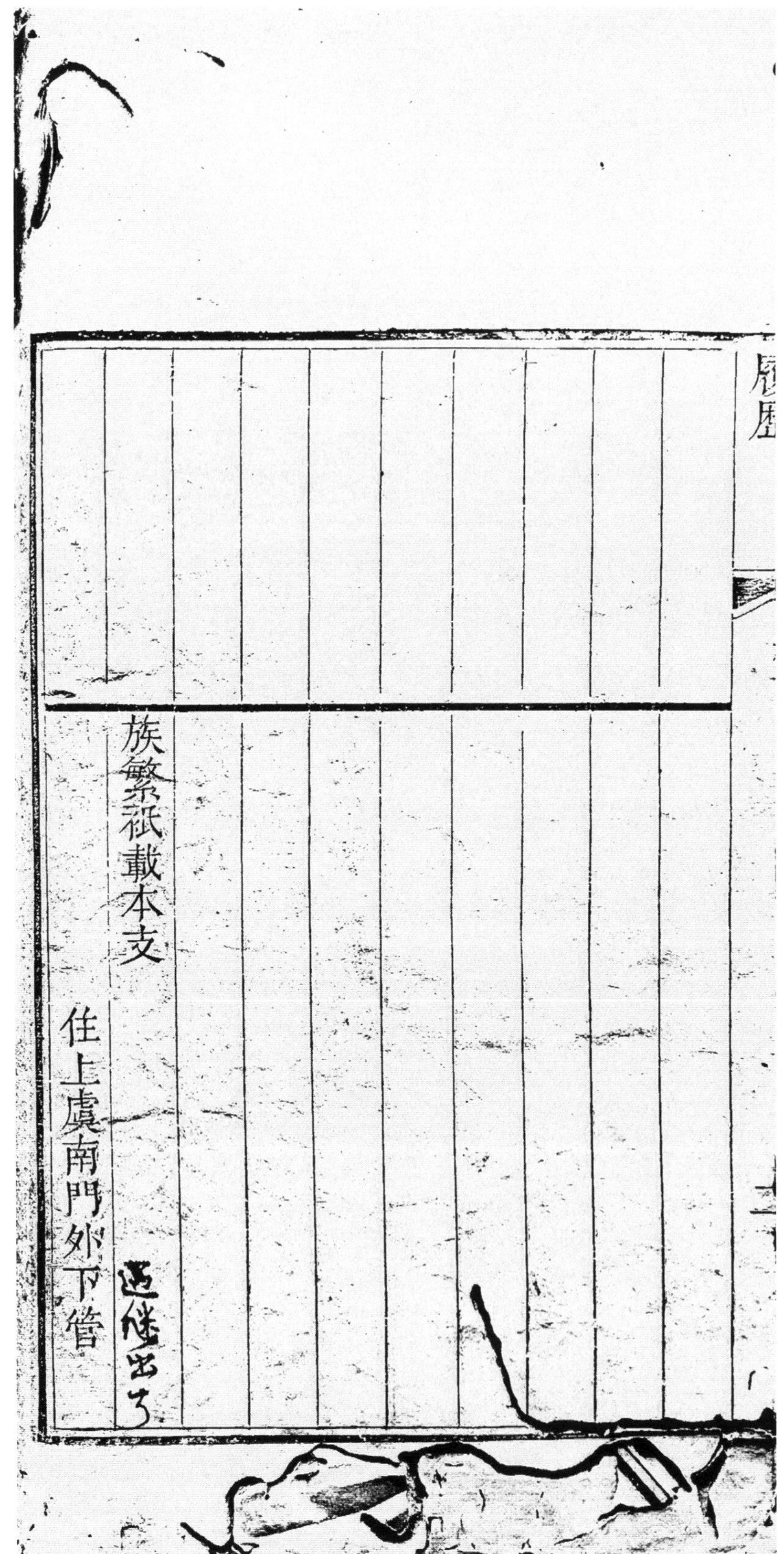

履歷

族繁祇載本支

住上虞南門外下管

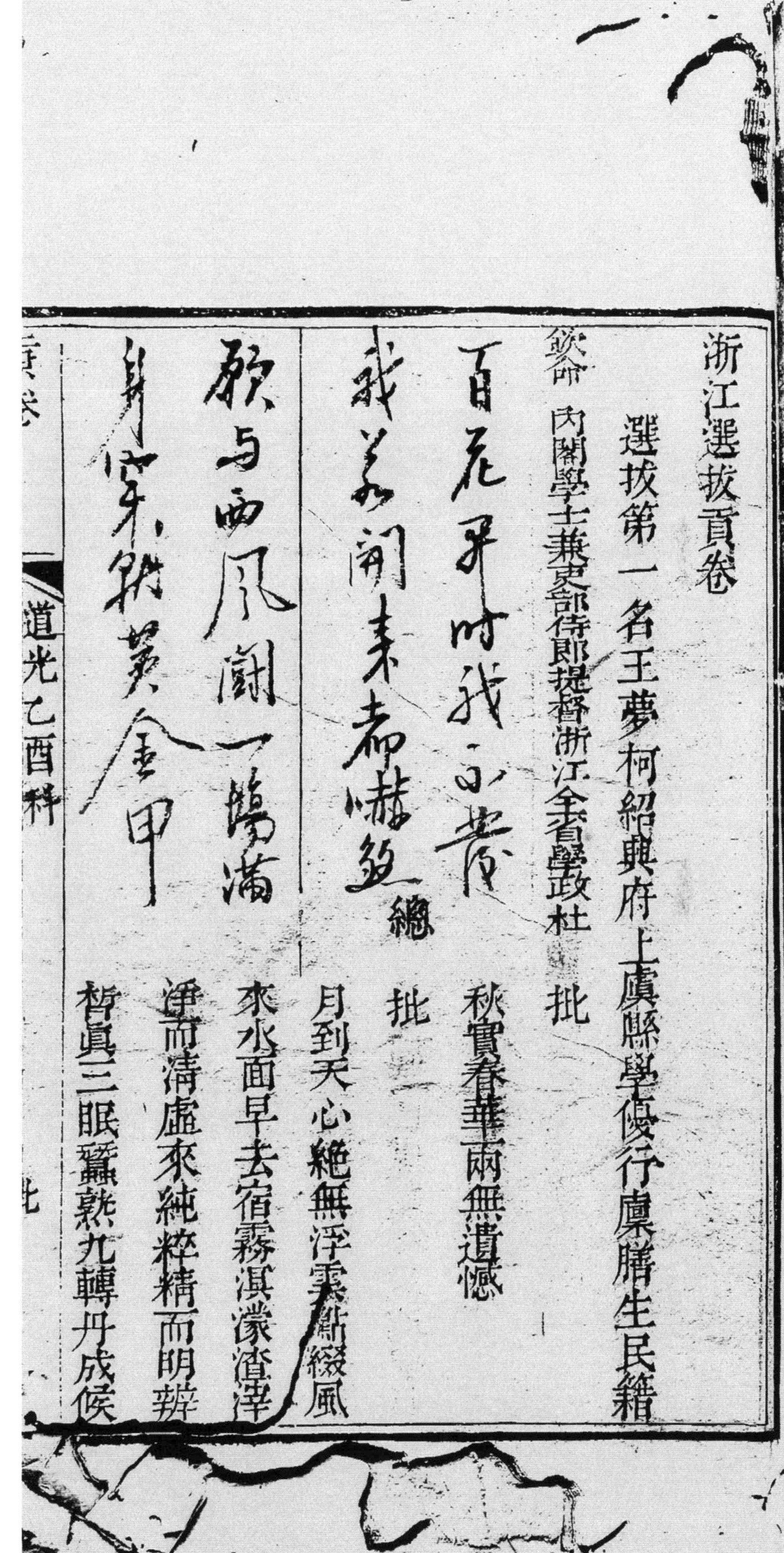

浙江選拔貢卷

選拔第一名王夢柯紹興府上虞縣學優行廩膳生民籍

欽命內閣學士兼吏部侍郎提督浙江全省學政杜　批

秋實春華兩無遺憾

百花開時我不發

我若開來都嚇殺

總　批

月到天心絕無浮雲點綴風來水面早去宿霧溟濛渣滓淨而清虛來純粹精而明辨哲眞三眠蠶熟九轉丹成候

願與西風鬪一場滿

身穿就黃金甲

道光乙酉科

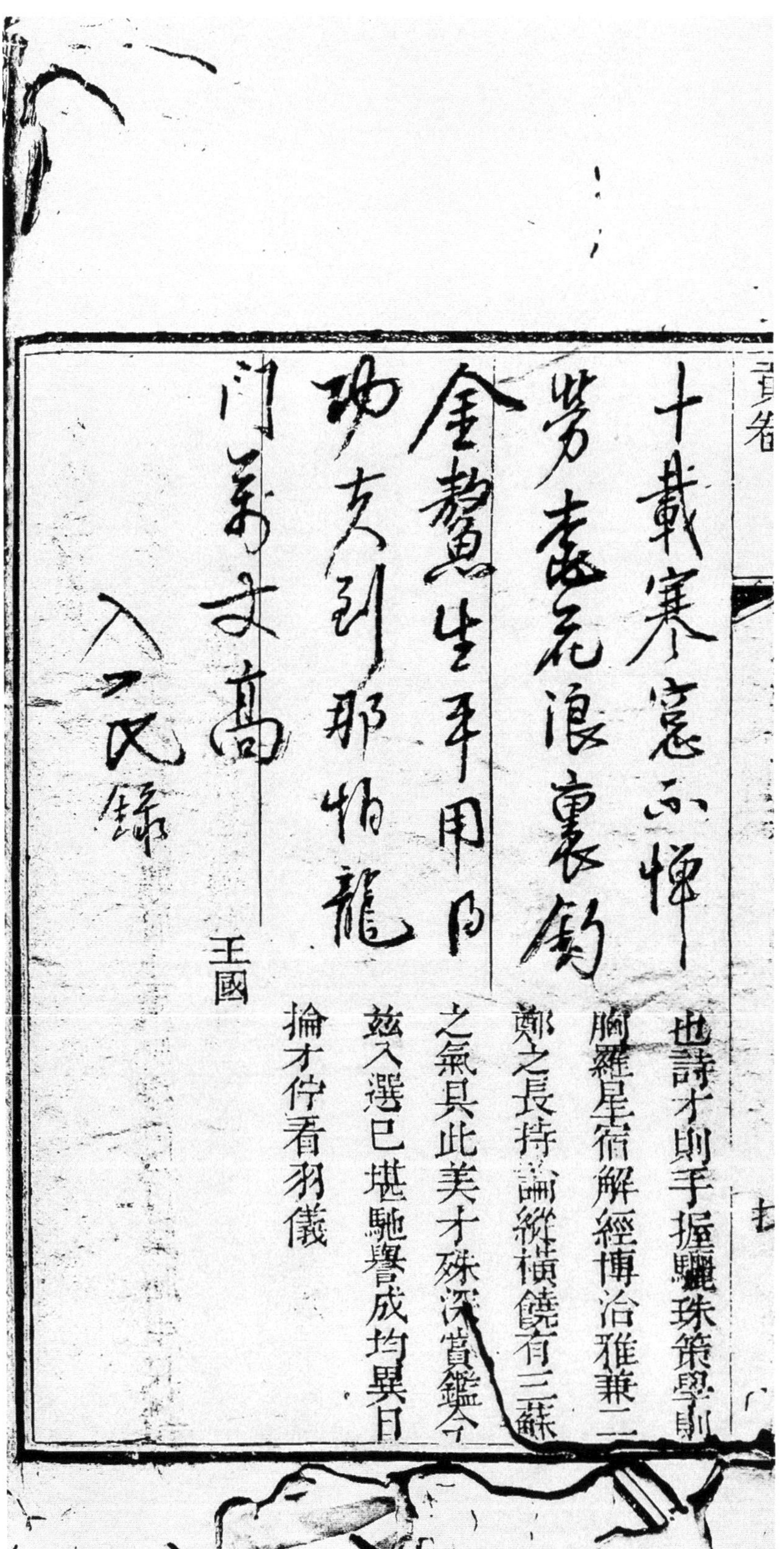

十載寒窗不憚

勞春花浪裏釣

金鰲息生平用乃

功夫到那怕龍

門萬丈高

入泮[illegible]氏録

也詩才則手握驪珠策學則

胸羅星宿解經博洽雅兼二

鄭之長持論縱横饒有三蘇

之氣具此美才殊深賞鑑今

茲入選已堪馳譽成均異日

掄才佇看羽儀

王國

岸前豪辭　銳利莫匹　得之理境　先難　總挈全題　旋即折落　首二句法　密機圓想　見大轉在　手控縱自

據於德依於仁游於藝

王夢柯

志道之後有全功宜合內外而交盡焉夫德與仁皆道之實而藝亦道所散見也據之依之游之功不合內外交盡哉且學者將欲奉道以終身不徒祈嚮宜端也非實驗乎秉彝之理則道體虛非熟習乎克己之功則道心閑非博觀乎陶情之趣則道味窮縱自謂用志不紛而內念不容其操持外心不參以悅豫胡以驗吾道之交養於動靜閒焉然則道也者精言之則理在身心顯舉之則事在形器力持之則功在固執神遇之則機在優柔然而有遞及之功焉毋凌節也有專精之詣焉毋縱弛也蓋率乎性者謂道足

道光乙酉科

如之妙每股詮德仁處各立兩截反正說來氣穿理實頂上天賦自修兩層來心細如髮股頭連絡自然亦頂一念全體來題蘊賅括文心情妙

乎己者謂德而德非易得也天賦之德或存或亡難必慎終如始自修之德旋得旋失安在積小以高我惟時力據之念貞於始好在懿德者幾等求繫求援守固於終功在洗德者極之弗得弗措有服膺弗失之心而德自修於罔覺矣行道有得者謂德心德克全者謂仁而仁非易為也一念之仁欲之斯至難禁出入之無時全體之仁舉者莫勝安見造次必於是我惟時心依之動與為緣仁之七日來復者閑存密而私不能容靜與之宅仁之終食不違者敬恕全而理無不浹有斯須弗去之念而仁自安於中心矣誠如是也彙衆理於一心而德仁兼至即斯道之左右逢原也顧形

前後配勻不似虎頭鼠尾中流停頓猶如鶴膝蜂腰

二比微作闔合之勢文境不失之方板

前後深此言內外其虛處[illegible]入道字中

而上者猶之形而下則大成之後何妨以有名有象者恣其流觀息一心於衆理而據依不勞即吾志之泮奐優游也顧適其性者尤必適其情則上達之餘胡弗以斯詠斯陶者神其鼓舞言有藝焉視爲物之陳迹玩物者猶恐喪其神明視爲道之散殊味道者無不養其機趣所可慮者時或掉以輕心則泛而陳其數者何以會而觀其通不免執以成見則拘而泥其文者何以游而成其趣是雖小學之始肄業已及而究何關乎德仁之全功於此游焉外之爲應務之資周旋人事者固當遇物能名內之爲樂道之助洋溢天機者端賴靜觀自得過此以往苟寓目於餘閒則瞬息之間

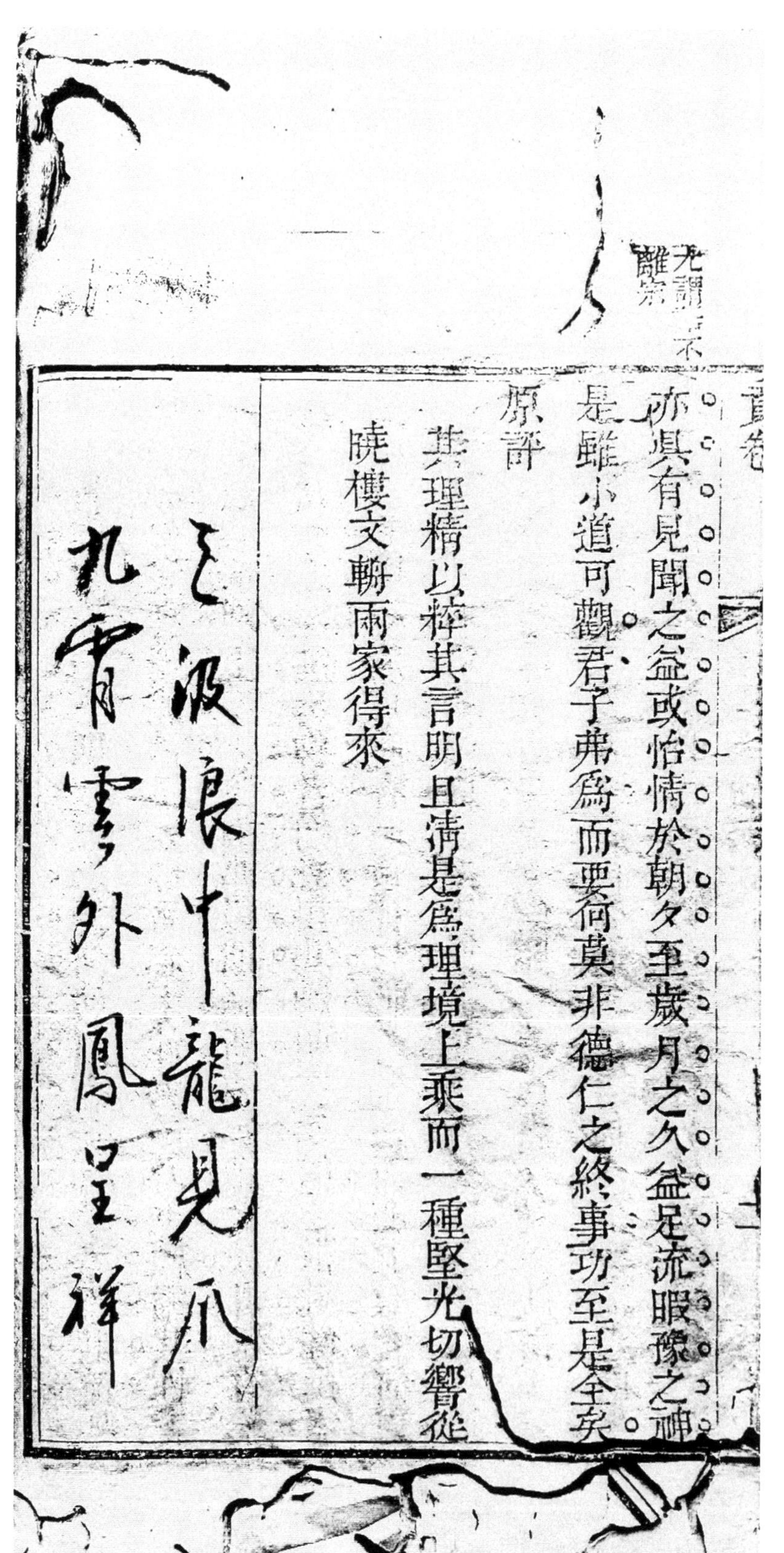
亦具有見聞之益或怡情於朝夕至歲月之久益足流暇豫之神是雖小道可觀君子弗爲而要何莫非德仁之終事功至是全矣

原評

其理精以粹其言明且清是爲理境上乘而一種堅光切響從曉樓文䝉兩家得來

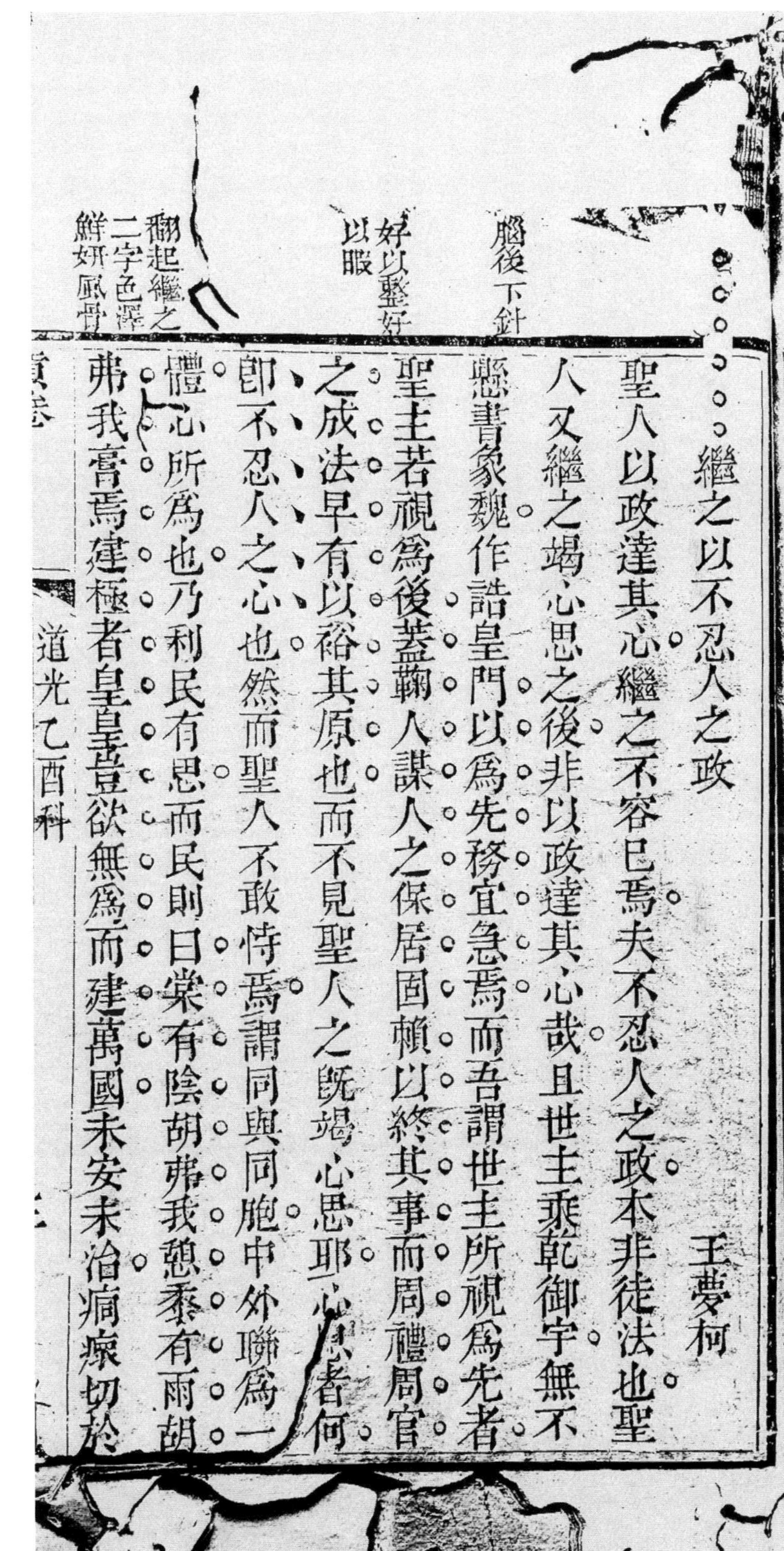

腦後下針

好以整好以暇

翻起繼之二字色澤鮮妍風骨

繼之以不忍人之政

王夢柯

聖人以政達其心繼之不容已焉夫不忍人之政本非徒法也聖人又繼之竭心思之後非以政達其心哉且世主乘乾御宇無不懸書象魏作誥皇門以爲先務宜急焉而吾謂世主所視爲先者聖主若視爲後蓋鞠人謀人之保居固賴以終其事而周禮周官之成法早有以裕其原也而不見聖人之既竭心思耶心思者何即不忍人之心也然而聖人不敢恃焉謂同與同胞中外聯爲一禮心所爲也乃利民有恩而民則曰棠有陰胡弗我憩黍有雨胡弗我膏焉建極者皇皇豈欲無爲而建萬國未安未治痌瘝切於

道光乙酉科

道上

政有先後故繼有緩急侃侃言之洞見政府源流

收明股意健筆獨扛

乃身心所能也乃恤民有志而民則曰鮒之涸胡忍我枯鴻之哀胡不我集焉綏猷者后后豈欲安坐而綏四方無他以猶未繼之也繼之何以則以政勤宵旰者一二日即欲以茂育羣生之德措宇內於阜成入將疑所繼之急而非急也爲民謀衣食而井里桑麻不宜始待爲民奠室家而親賢樂利孰爲後圖聖人之不自謂急正聖人之不緩於繼也况生成亦孔殷矣不以政之忠厚者達其心之肫誠帝之德何以著好生王之恩何以流子惠養所以繼乎其先坐明堂者數十年始以其整齊畫一之規示萬民以德禮入將疑所繼之急而何急也爲民興學校而泮辟膠庠何以善經

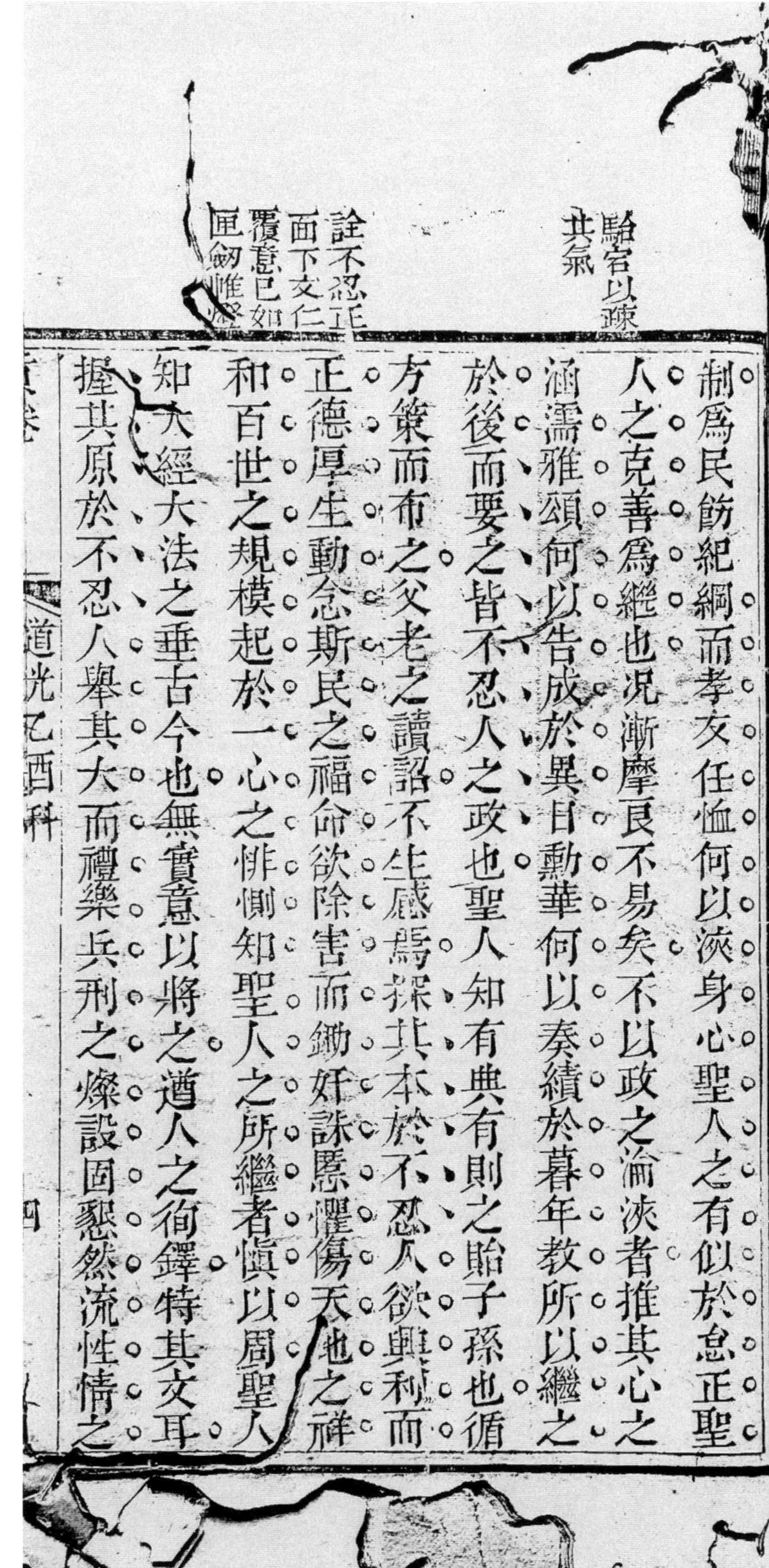

駘宕以疎其氣

詮不忍正面下文仁覆意已如匪夠雖[illegible]

制爲民飭紀綱而孝友任恤何以淑身心聖人之有似於急正聖
人之克善爲繼也況漸摩良不易矣不以政之淪浹者推其心之
涵濡雅頌何以告成於異日勳華何以奏績於暮年教所以繼之
於後而要之皆不忍人之政也聖人知有典有則之貽子孫也循
方策而布之父老之讀詔不生感焉探其本於不忍人欲興利而
正德厚生動念斯民之福命欲除害而鋤奸誅慝懼傷天地之祥
和百世之規模起於一心之悱惻知聖人之所繼者愼以周聖人
知大經大法之垂古今也無實意以將之道人之徇鐸特其文耳
握其原於不忍人舉其大而禮樂兵刑之燦設固懇然流性情之

道光乙酉科　四

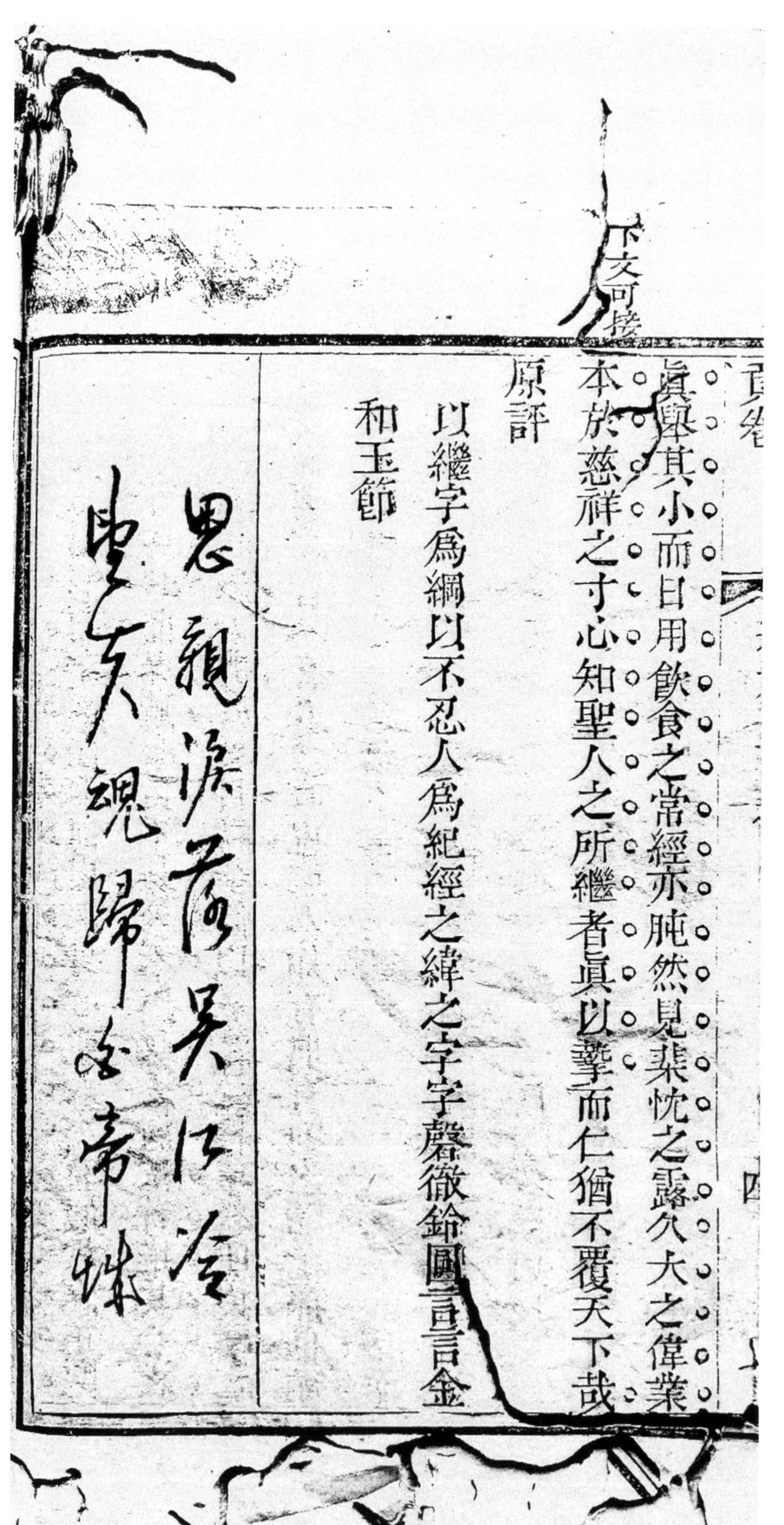

下文可接

眞舉其小而日用飲食之常經亦肫然見棐忱之露久大之偉業本於慈祥之寸心知聖人之所繼者眞以孳而仁猶不覆天下哉

原評

以繼字爲綱以不忍人爲紀經之緯之字字磬徵鈴圜言言金和玉節

思親淚落吳江冷

望夫魂歸水帝城

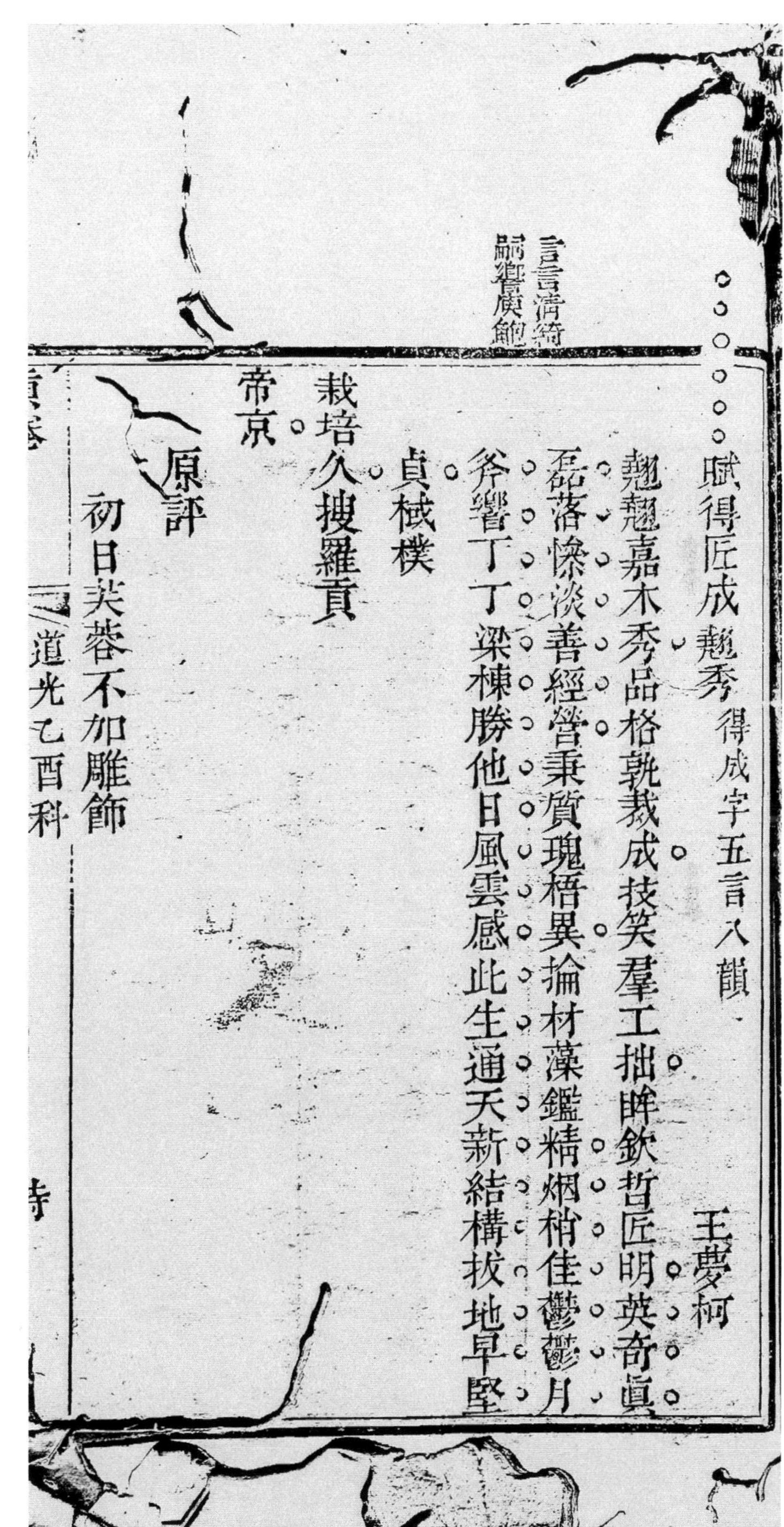

言言清綺嗣響庾鮑

賦得匠成翹秀　得成字五言八韻　王夢柯

翹翹嘉木秀品格孰裁成技笑羣工拙睟欽哲匠明英奇眞磊落慘淡善經營秉質瑰梧異掄材藻鑑精烟梢佳鬱鬱月斧響丁丁梁棟勝他日風雲感此生通天新結構拔地早堅貞棫樸栽培久搜羅貢

帝京

原評

初日芙蓉不加雕飾

貢卷　道光乙酉科　詩

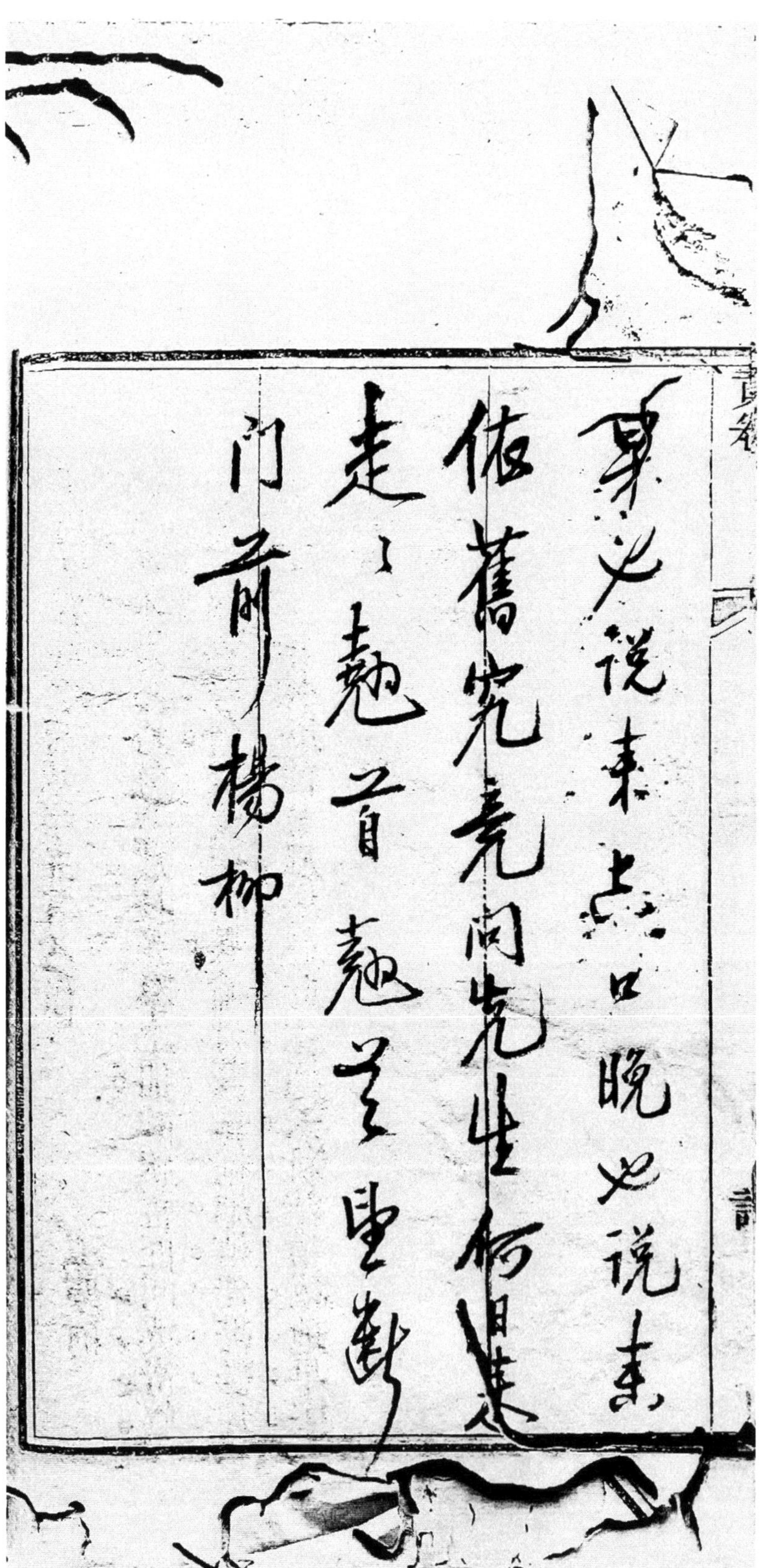

某也說來上口晚也說來
依舊究竟同究竟何日是
走〻趣首趣若是歡
門前楊柳

道光乙酉　王夢柯

百爹都有游蜂采
惟見梅花閙雪南
失卻寸金樣是可失卻光陰豈
慶尋

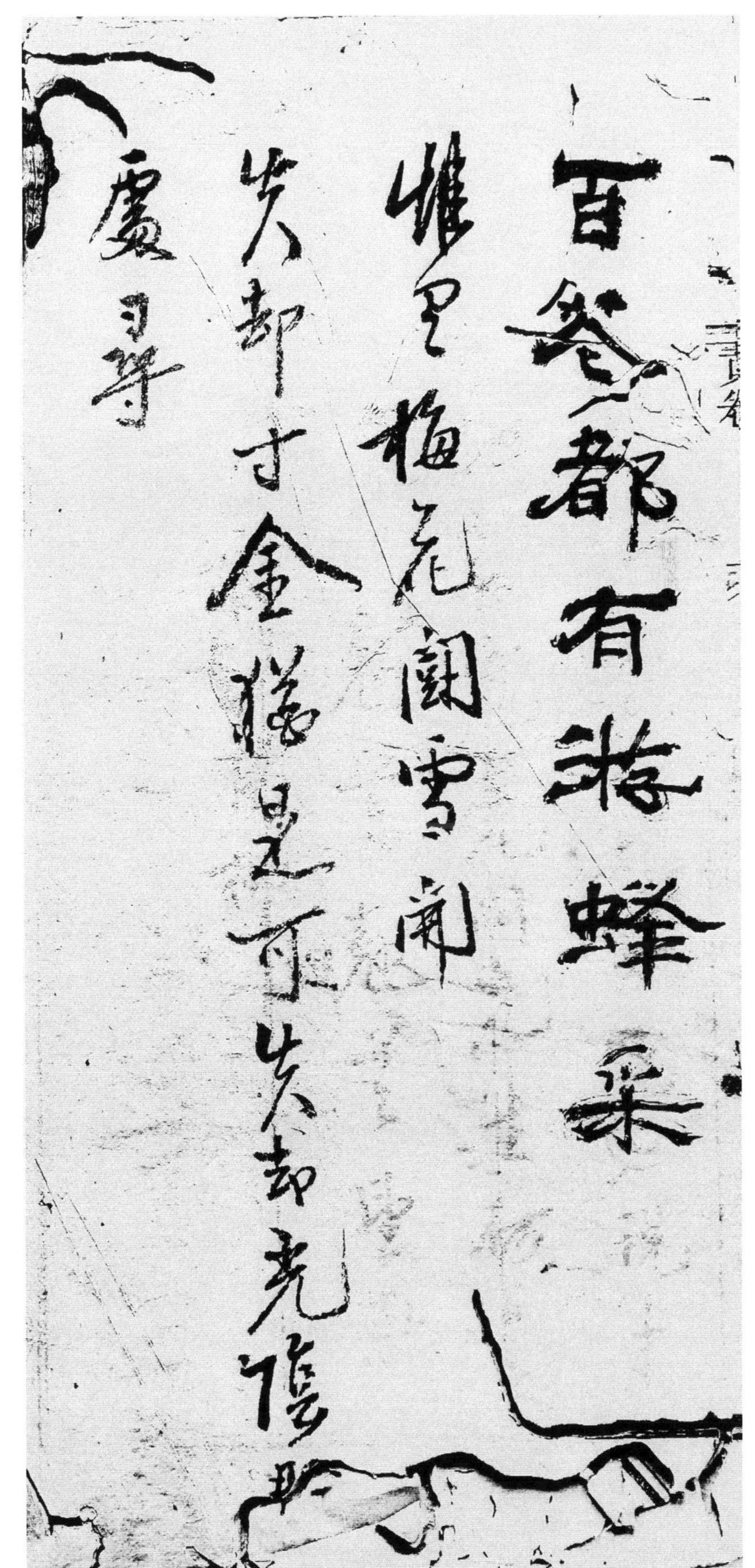

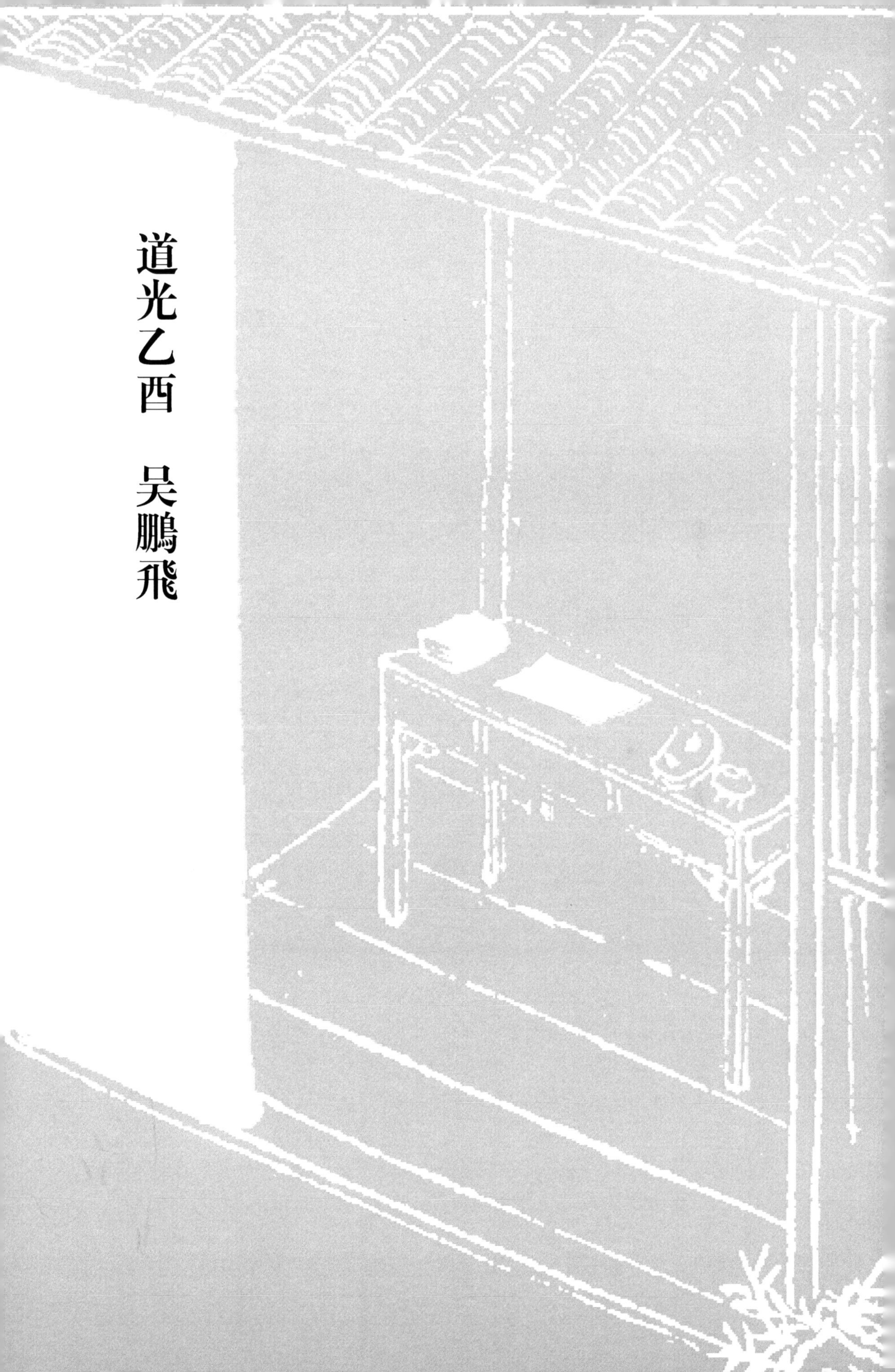

道光乙酉　吴鹏飞

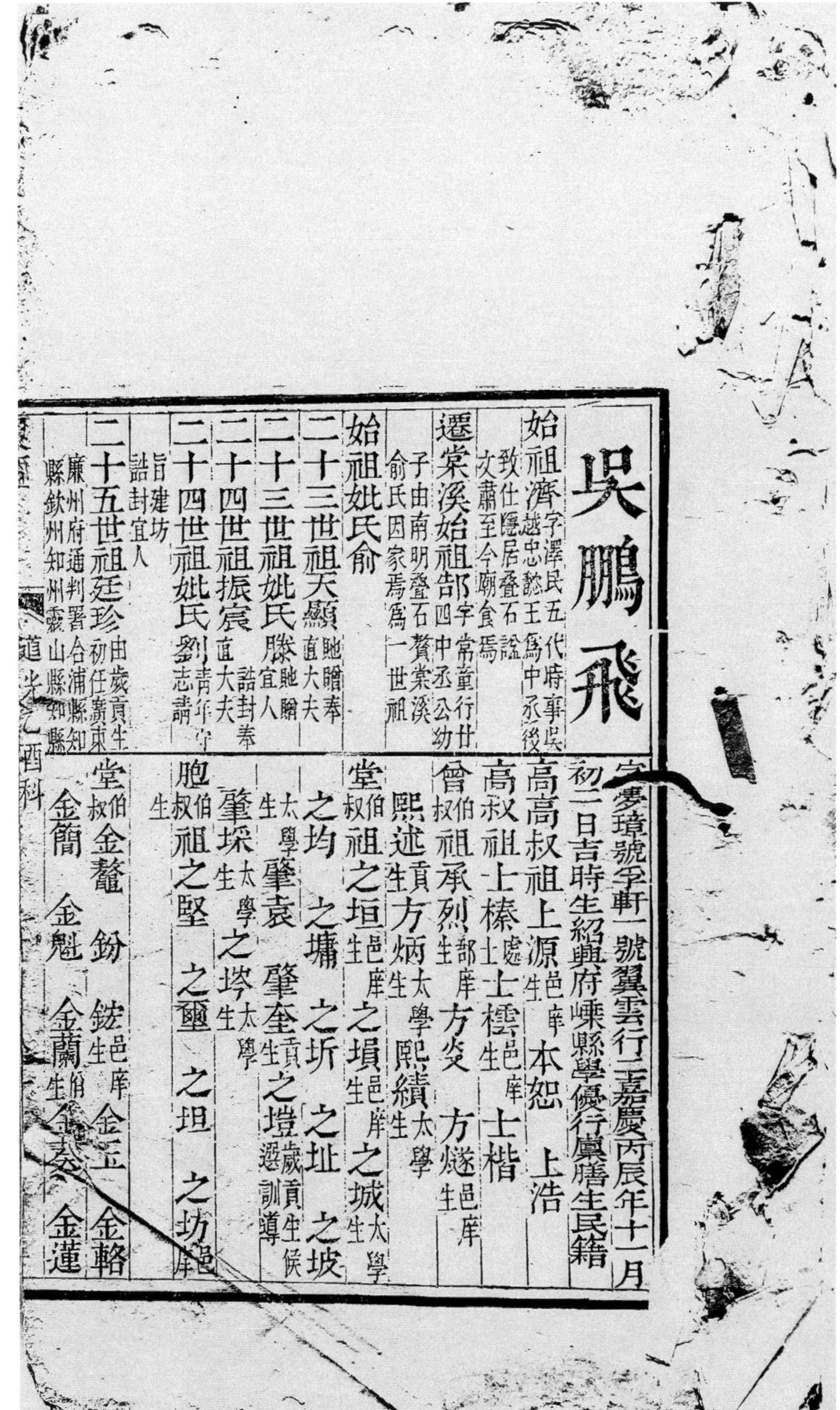

吳鵬飛

始祖濟 字澤民五代時事吳越忠懿王爲中丞後致仕隱居疊石謚文肅至今廟食焉

遷棠溪始祖郃 字常童行廿四中丞公幼子由南明疊石贅棠溪俞氏因家焉爲一世祖

始祖妣氏俞

二十三世祖天顯 貤贈奉直大夫

二十三世祖妣氏滕 貤贈宜人

二十四世祖振宸 誥封奉直大夫

二十四世祖妣氏劉 青年守志請旨建坊誥封宜人

二十五世祖廷珍 由歲貢生初任廣東廉州府通判署合浦縣知縣欽州知州靈山縣知縣

字夢璋號孚軒一號翼雲行二嘉慶丙辰年十一月初一日吉時生紹興府嵊縣學優行廩膳生民籍

高高叔祖上源 邑庠生　本恕　上浩

高叔祖上榛 處士　上標 邑庠生　士楷

曾伯叔祖承烈 邑庠生　方炎　方燧 邑庠生

熙述 貢生　方炳 太學生　熙績 太學生

堂伯叔祖之垣 邑庠生　之塤 邑庠生　之城 太學生

之均　之墉　之圻　之址　之坡

太學生　肇袁　肇奎 貢生　之塏 歲貢生候選訓導

肇琛 太學生　之埄 太學生

胞伯叔祖之堅　之壐　之坦　之坊 邑庠生

堂伯叔金鼇　鈖　鋐 邑庠生　金豆　金輅

金簡　金魁　金蘭 佾生　金[illegible]　金蓮

道光乙酉科

履歷

廉州府同知廉州府知府署雷廉道事後任雲南和曲州知州勅授奉直大夫有治蹟載入誌書

二十五世祖妣氏丁尹宜人 勅封

二十六世祖昌祚增廣生例封修職郎

二十六世祖妣氏尹俞孺人 例封

高高祖士瀾歲貢生候選教諭例授修職郎

高高祖妣氏商孺人 例封

高祖士槐康熙戊寅拔貢候選教諭 例授修職郎

高祖妣氏張商孺人 例封

本生高祖士積增廣生

本生高祖妣氏王潘

處士夔邑庠生 金艮 金階 金[illegible] 金曙業儒

親伯叔錦 金鐘 金銓鄉賓 金銘 金鎬

金奏處士

胞叔金成太學生 金南太學生

從堂兄弟如岡 如松 如淵 如山

如亮 如澄太學生 如煥 如超

如琥 如璜 如璧 如幾 如咸

林貴 如翰 如英 如植俱幼

堂兄弟如升 如恒 如圭 如川

嗣泰增廣生 嗣雍太學生 如渭 如淮

如金 鏡涵邑庠生己卯壬午科頂薦 如淄

如濱 如湘 如玉

親兄如源 如漣 如泉 如濤

如沛太學生 如汪 如洋

曾祖方燿字倬文號光漢太學生

曾祖妣氏余新邑諱泰晉公女

庶曾祖妣氏張

祖之陞字國階號自得邑庠生例封徵仕郎

祖妣氏喻同邑諱光武公女例封孺人

氏呂例封孺人

庶祖妣氏楊

父金聲字韻玉號元圃一號蝶園乾隆丙午科副榜候選直隸州州判例授徵仕郎著有蝶園詩稿

母氏馬邑庠生諱文元公女有家公胞姊例封孺人

生母氏王例封孺人

生慈侍下

業師

胞兄鵬運字夢賚號肖岩業儒

從堂姪雲漢　雲路　雲章　雲程

雲燦　雲縉幼學　雲爛　雲龍俱幼

堂姪雲岐　雲盛　雲慶　雲春

雲皐　雲望　雲瑞　雲琇俱幼學

雲錦　雲喜　雲森　雲電　雲霆俱幼

親姪慶中　慶貴　慶雲　慶榮

慶茂　慶熙幼

胞姪慶朝幼學　慶廷幼

堂姪孫直方幼

娶黃氏新邑名朝元公長女

子慶鹿幼學　慶雒幼　慶蛟甫生

女一幼

履歷　道光乙酉科

庭訓

堂兄春圃夫子 名嗣泰，增廣生

叔祖月巖夫子 名之塏，歲貢生，候選訓導

王𪆟齋夫子 名鳳鳴，廩膳生

錢蓮峰夫子 名錦山，癸酉科拔貢，舉人，揀選知縣

余時齋夫子 名鴻翔，辛酉科舉人，現任縉雲縣訓導

族繁不及備載

選拔第一名

會考第一名

朝考第 等第 名

欽點

住東鄉七都棠溪莊

浙江選拔貢卷道光乙酉科

選拔第一名吴鵬飛紹興府嵊縣學優行廪膳生民籍

欽命吏部右侍郎提督浙江全省學政杜　批

中

又　批

神清氣聚力厚思沈

總　批

返虚入渾積健爲雄思接之而愈深言恢之而彌廣可謂

選拔貢卷　道光乙酉科

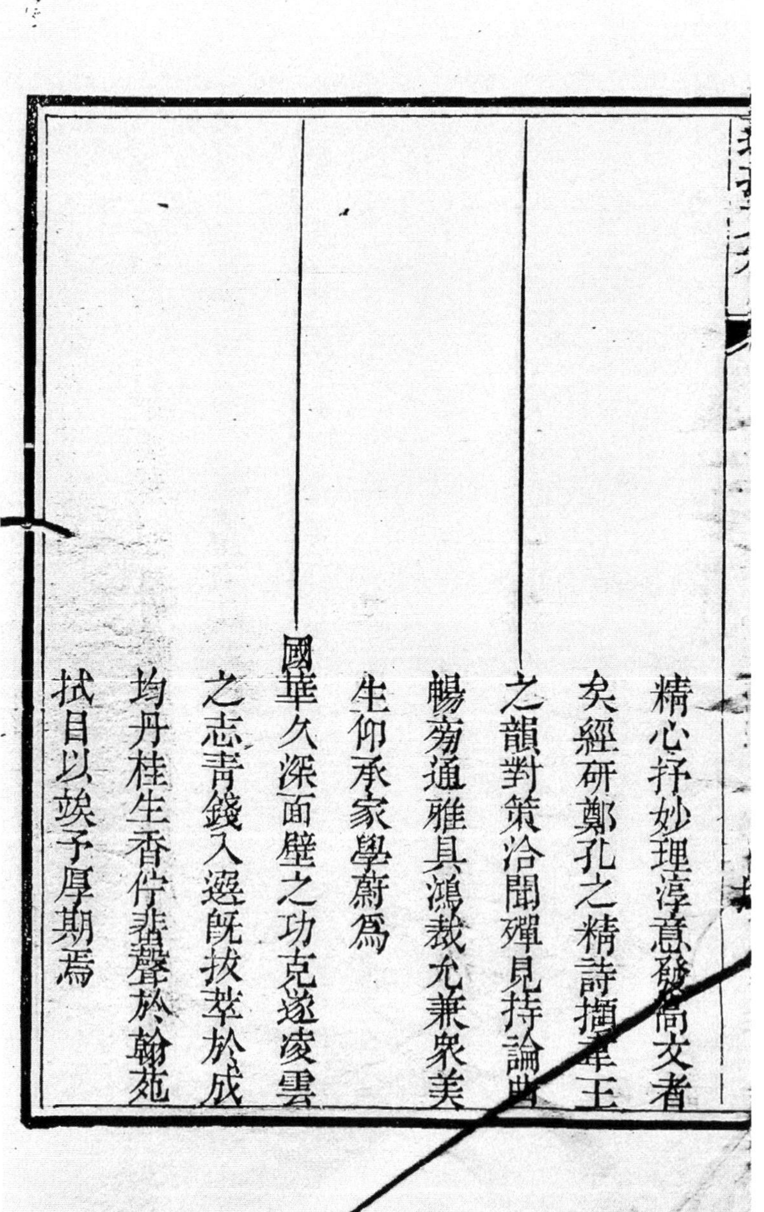

精心抒妙理淳意發高文者
矣經研鄭孔之精詩擷華王
之韻對策洽聞殫見持論曲
暢旁通雅具鴻裁允兼衆美
生仰承家學蔚爲
國華久深面壁之功克遂凌雲
之志青錢入選旣拔萃於成
均丹桂生香佇蜚聲於翰苑
拭目以竢予厚期焉

樸實老當一氣渾成跟道字籠罩全題極高渾卻極分明

據於德依於仁游於藝　吳鵬飛

進志道而遞盡其功而學以全矣夫德仁皆道中事而藝則又其散見者也由據而依而游志道者其有全功乎且儒者以心求道將欲合內外以交修豈徒趨嚮之克端哉守之固而心無不實養之熟而心無不純涵泳之深而心無不渾而化斯由本及末一以貫之而靡遺而道乃克底於成焉吾言學而首及志道道也者合之則渾然而難名分之則因端而可見精之莫罄乎性命之原粗之亦寓乎形器之末竊嘗操此以望天下而穆然於古人道積厥躬所由勉勉循循以求至乎其極者固以志道始不以志道止也

從道入德屹如山立

詮據字精金百煉顚撲不破

帶定志道

從德入仁蟬聯有法引證精當仍綰定道字

審是而其功可進言已今夫體道而克備於身亦行道而有得於心則曰德其中剛健中正而外濟以篤實輝光君子所爲本大畜以新德也然或秉彛是好而弛其持守之功德之不固道亦懸而無薄矣據焉而性成於堅忍精神之運用非虛力戒其浮游手足之持循皆確乎生來震動恪恭一策以進修之要而服膺弗失善厥始更愼厥終焉此志道者之所據必於是也至若德之積而無一私亦德之全而兼萬善則曰仁其體涵育渾全而用極乎周流貫徹君子所爲法乾元以體仁也然或中心未安而閒其存養之候仁之不熟道亦合而旋離矣依焉而惺然者時見天心不待七

詮依字深細

於字着落跟道跟德仁折落藝字獨見手法

游藝有如許精義錯綜變化氣味撲茂

筆補造化天無功

收束完密

日來復脫然者莫非天理雖至終食無違方寸中息深造豈并泯夫勉強之勞而安土自敦欲不萌亦物不誘焉此志道者之所依必於是也然而道彙於一本者德仁所以盡其性也而道散於萬殊者藝所以適其情也念自入小學以來亦嘗知器而習事而其蘊未窺也至是而游之博涉焉應務而有餘玩索焉斂心而不放禮樂天地之中和也射以繹志而御以中節也書則苞符之秘而數則奇耦之精也變而通之神而明之夫而後仁日益熟德日益固而志道之心於是快然無憾矣何一非優游而自得者哉由是言之漸造乎靜安之境而神妙可參於緒餘道所以窮原而竟委

到底不懈

馴致乎伴奐之休而造化直通於於穆道所以即顯而見微學者由志道而遞進焉則得矣

原評

格正而化法密而精醞釀深醇矜鍊名貴自是十二分火候

跟上心思入手

顧視淸高氣深穩

落脈渾涵

裔皇典麗

繼之以不忍人之政　吳鵬飛

政得所繼知心思非徒善也夫不忍人之政法之所由立也聖人以此繼之而心思之竭豈徒善哉嘗思千古之治法心法宰之也而千古之心法卽於治法驗之自來一人首出百度惟貞制統乎禮樂農桑之大而神周乎教誨保惠之中皇極建而主術懋奕世下猶見恫瘝在抱之忱爲聖人旣竭心思則政本立矣然而聖人之心猶未已也精一實傳道之宗而執厥中者衍之卽爲治統所以正德厚生阻飢則播百穀親遜則敷五教次第以定經綸則愷惻之默相孚也雎麟爲起化之本而得其意者行之可致太平所

高挹羣言

颩開

中二比翻空立論包孕不涉粗豪

承接一片

以體國經野九職以任萬民八統以馭萬民先後以昭敷布則軫恤之無弗至也蓋有不忍人之政焉聖人曰是不可無以繼之且夫論政於所繼亦極難矣其在守文之君潔己寡過何嘗不見之措施而孝弟力田有一不足以副黎庶之情詔誥終無關實意往往有躬行節儉謹慎不忽於細微而圖治未精規模多遠遜隆古者此拘守其心者之不知所繼也其在英斷之主好大喜功每欲自矜其幹濟而井田學校有一不足以饜小民之望鋪張總不過具文往往有大略雄才制作不安於苟簡而挾持無本流弊或貽譏雜霸者此紛馳其心者之不善所繼也惟聖人知心思之托於

元氣渾淪警闢得未曾有
切實發揮語語如拋磚落地
繼之以三字摸之有稜
言中有物摩盪以出之
神廻氣合餘味曲包

虛也而必以政實之夫屯以建侯作之君蒙以養正作之師天地有必開之運會既已身爲宗子而致令遂生復性之功諉諸氣數其忍之乎繼之而飲食男女有大欲撙節焉使不過孝弟忠信皆天性激發焉使不亡神明運之斯典則垂之矣而惕厲之深衷何時稍釋也哉且恐心思之蘊於微也而必以政顯之夫大利之興先稼穡大化之行在倫紀草野有難緩之敷施既已位在德元而顧以奠麗陳教之事聽之閭闔其忍之乎繼之而一夫不獲時予辜樂利貽之子孫庶民是訓以近光移易成爲風俗宥密基之斯紀綱布之矣而悲憫之素志庶幾大白也哉誠如是也法立知恩

收場古茂

刑措不用鰥寡沐惠鮮之澤父母與豈弟之思皇道炳煥帝載緝熙遐邇壹體中外禔福斯拱而竢之耳

原評

骨重神寒天廟器沈實高華兼擅其勝

起勢宏敞

渾脱

賦得匠成翹秀得成字五言八韻　吴鵬飛

大化元模運。羣材哲匠衡。薪樵趨左右。翹秀荷栽成。質美裁培篤。工良簡拔精。深山秋月滿。廣廈午風清。引藉朱繇直。量持玉尺平。幾逢林蒼蔚。都費意經營。梁棟他年任。楩楠特地呈。熙朝多士集。佳氣藹蓬瀛。

原評

雍容華貴

經義賓卷　道光乙酉科

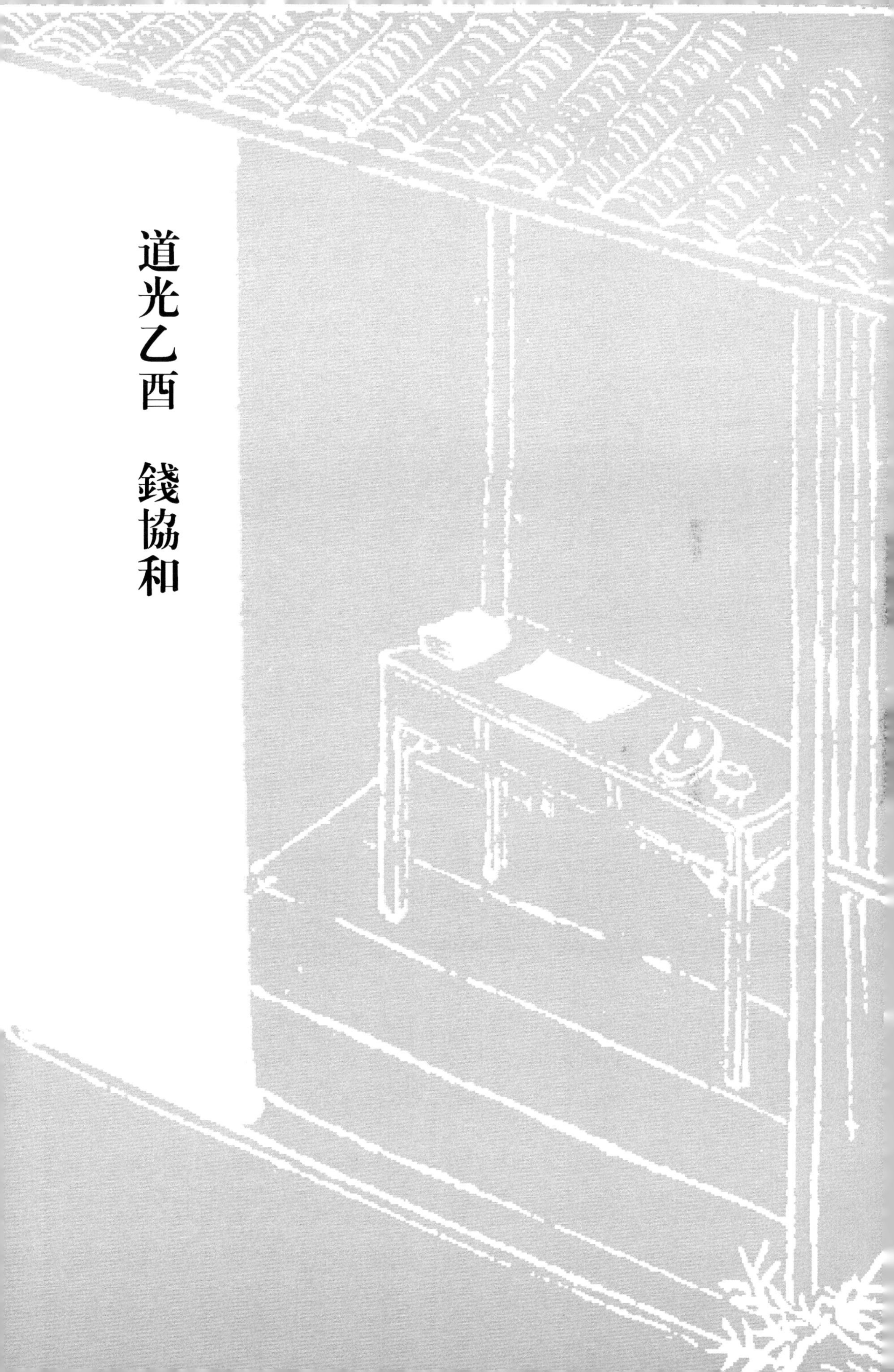

道光乙酉　錢協和

道光乙酉　錢協和

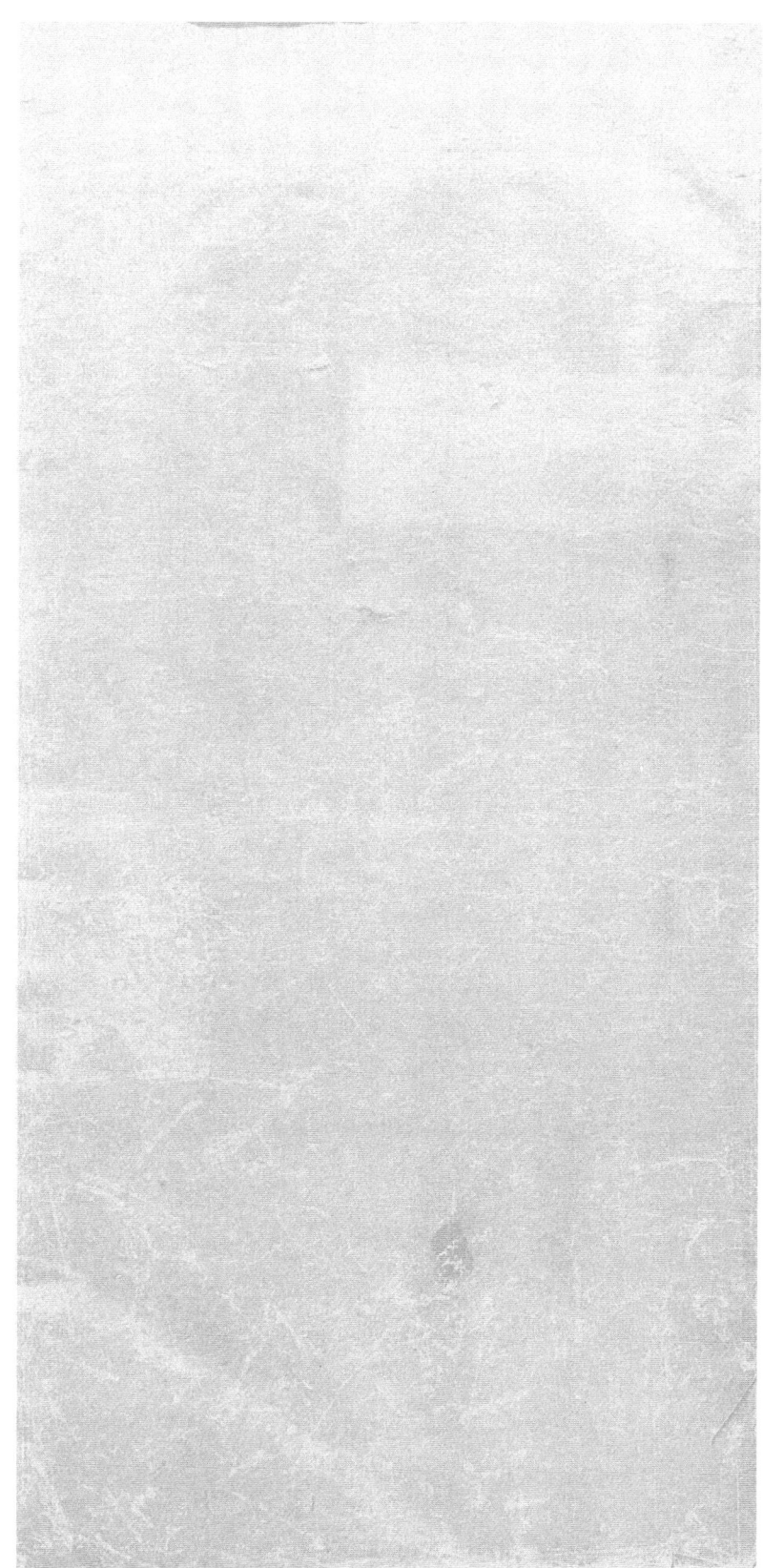

煙乃湖光丢處天空闊（乃天字）

到明湖光净憑欄素魄遥絃潭影寒印月岸疏遠浮天鏡似騰

劉鎮揚

霄微帆影樓閣遥雨隱看不斷四極收相逢鳴嶼三郎樓

臺一摘烟風殘紅蓼外雲沒白鷗前踏向芦花邊板未桂

子解舟棲今到路猶多但使寒鴉

錢協和

二十四世祖鑛順治戊子拔貢敕授修職郎任衢州府龍游縣學教諭
二十四世祖母氏章例封孺人
二十五世祖廣邑庠生
二十五世祖母氏范
高高祖理例贈武略騎尉
高高祖母氏陳例贈安人
高祖必彰國學生郡飲大賓例贈儒林郎

字庭芝一字雍黎號劍生又號詹香行一嘉慶戊午年正月初九日生
紹興府上虞縣廩膳生道光壬午優貢朝考一名試用訓導民籍
高高伯叔祖浣　資郡飲大賓例贈儒林郎　祿儲贈文林郎
高伯叔祖必華國學生　必朝　必美國學生例贈儒林郎　必宜邑庠生例
贈修職郎　必和邑庠生貤贈修職郎新城縣學訓導儲贈文林郎　必齊　必
超國學生例贈武略騎尉　必集　必泰　必禹
曾伯叔祖光庠貢生　殿最　殿明國學生文林郎翰林院編修　覃恩敕贈殿
賢壽膺八品職銜　殿綱　殿陛邑庠生　殿翰貢生　殿燮邑庠生例授威
武將軍　殿標　殿謌邑庠生　殿濟　殿卿國學生　殿瑚國學
生　覃恩貤贈奉直大夫晉贈朝議大夫　殿綽國學生　殿緯乾隆乙卯歲貢候選儒學

履歷

高祖母王氏 例贈安人

曾祖清時 庠貢生例贈儒林郎

曾祖母車氏 例贈安人

庶曾祖母林氏 節孝欽旌

祖學參 例授儒林郎候補布政使司理問

祖母陳氏 例封安人庠生諱聲宰公長女

庠生諱秉勳公胞妹

父球 例授儒林郎候補布政使司理問

母劉氏 例封安人山陰縣國學生敕贈文林郎直隸萬全縣張家口縣丞諱兆泰公女直

訓導 殿宣 乾隆癸卯舉人原任杭州府新城縣學訓導 殿鑑 經 邑庠生例贈文

林郎 殿良 國學生 殿信 例授儒林郎候補布政使司理問 燦 乾隆癸卯舉人原任

金華府湯溪縣學教諭 景崧 邑庠生 殿振

堂伯叔祖 景 國學生例贈修職佐郎 星 國學生例贈修職佐郎 杲 邑庠生例贈修職佐

郎 承茂 曙 邑庠生 成章 邑庠生 鵬 邑庠貢生 綸 邑庠生 暄 嘉慶

戊午歲貢候選儒學訓導 昉 壽膺八品職銜 鳳飛 邑庠生 暲 國學生 昞 國學

雁飛 國學生 人傑 玉章 大勳 邑庠生 惇敘 邑庠生例贈文

林郎 君聘 惇復 金章 鷺飛 煦 國學生 鳦飛 庠貢

生 覃恩誥封奉直大夫刑部七品京官加三級晉封朝議大夫江西九江府知府 人南

君梅 學沂 文楷 邑庠生 鶚飛 國學生 君楫 思琴

隸萬全縣張家口縣丞諱世治國學生諱世淦例授登仕郎諱世溥原任貴州興義縣亦資孔巡檢名炳

胞姊妹

生母氏鄭

具慶下

業師

黃老夫子諱藩邑庠生

王老夫子諱楙郡廩生

潘老夫子諱一桂會稽嘉慶庚午舉人己卯進士原任安徽鳳陽府懷遠縣知縣

惇庸例授登仕佐郎巽國學生　君惠　暉邑庠生　學濤　恩聰

人傚　鶴飛貢生　學汾　人衡國學生　孫邑庠生　學灝

鷂飛　顯祖　曉國學生　學淳　人揆　鵲飛國學生

人典　坤郡增生　學潞　鵷飛國學生　鶯飛國學生　繼祖

文起郡廩生　人憲

嫡叔祖學彭例授儒林郎候補布政使司經歷　翹貢生候補府經歷　崴著有聽園詩鈔

堂伯叔騰輝貢生　聯輝貢生　青選　景棠　步陞邑庠生　涵貢生

景柟　駿國學生　奎占　琯秀　景椿邑庠生　景榆

景魁國學生　梂國學生　騄嘉慶辛酉拔貢一朝考一等刑部七品京官庚午舉人辛未進士翰林院編修治河方略館纂修丙子順天鄉試同考官現任江西九江府知府　景杉

履歷

胡老夫子 名啟俊 餘姚乾隆己酉舉人

馮老夫子 名賡 山陰嘉慶癸酉舉人

周老夫子 名崑 山陰歲貢生徵舉孝廉方正即補知縣

周老夫子 名喬齡 餘姚乾隆甲寅順天經魁嘉慶己未會魁禮部精膳司主事

金榜 邑庠生 秉樞 國學生 景檀 例授縣丞 驤 國學生 景楓 駒 國學生

景梧 邑庠生 珮秀 瑛秀 應培 道光辛巳恩科舉人

奎英 景榆 驊 國學生 景桂 江 廩膳生 起鳳 國學生

維勤 邑庠生 睿 道光辛巳恩科舉人 驄 國學生 應涵 嘉慶癸酉拔貢己卯經魁

景森 德升 國學生 清杰 國學生 景霖 景楨 萬

青 邑庠生 汝綸 邑庠生 炳 國學生 秀升 邑庠生 棠 國學生 重申 邑庠生

應昇 嘉慶己卯舉人庚辰會試挑取謄錄 日升 邑庠生 作辛 邑庠生

應澍 邑庠生 慶運 錫圭 邑庠生 登伍 裕 邑庠生 駿

胞伯叔 珽 庠貢生按察司經歷勅封文林郎 璜 國學生 會章 庠貢生 鼓 庠貢生

璐 例授儒林郎候補布政使司經歷

嫡堂伯叔璪庠生　玠庠貢　熬例授儒林郎候補鹽運使運判　玨嘉慶戊辰恩科舉人　大玫廩貢生試用訓導原署衢州府西安縣學教諭道光辛巳制科徵舉孝廉方正　賜六品頂帶　郁棻奎文閣典籍　怡棻　楙棻俱業儒

嫡堂兄弟鎮生　鑑國學嘉慶庚辰歲貢　鎬國學生　錦國學生　鍔國學生　曰濬邑庠生　春雷國學生　曰炯　廷颺郡庠生　穀士國學生　曰驤　曰治　曰彪　曰繼　篤福　曰馴　曰騿　曰駽　曰騫　曰騁　曰葆　長生　曰駗　長恩　曰修　曰彬　長瀛　曰騅俱業儒　長發　長浩俱幼

嫡堂兄弟夢弼豫東例候選巡檢　徵士國學生　守庚邑庠生　徵德國學生　守溪廩膳生　守洛國學生　徵熊廩膳生　馥國學生　守源國學

生庭葵 春煦邑庠生 徵智國學生 福熙邑庠生同榜舉人 貽

穀國學生 徵亮業儒 徵益例授按察使經歷敕授文林郎 庭賁 庭

華 庭俊 庭壽俱業儒

堂姪孟堅 樹城 仲圻 培厚 季鎣 培常俱業

儒 樹培 觀埥 樹莚 季埏 志葴 厚埥

嫡堂姪錫賢 錫書 希顗 錫洲 錫鋆 錫疇

錫賚 錫康 錫朋俱業儒 錫勇 希儼 錫齊

錫箴 希昆 錫寶 錫鉞 錫綸 錫爵 錫

晃 光緒 錫鏡 世彝 錫韡 錫袞俱幼

堂姪孫以廉幼

娶氏貢生　誥贈朝議大夫刑部雲南司郎中諱得豐公曾孫女庠貢生候選同知　誥贈奉政大夫諱允升公孫女　誥授奉政大夫刑部雲南司郎中名允中公姪孫女　誥授奉政大夫中書科中書名望霖公女

子乃熙　乃焜俱幼

女三未字

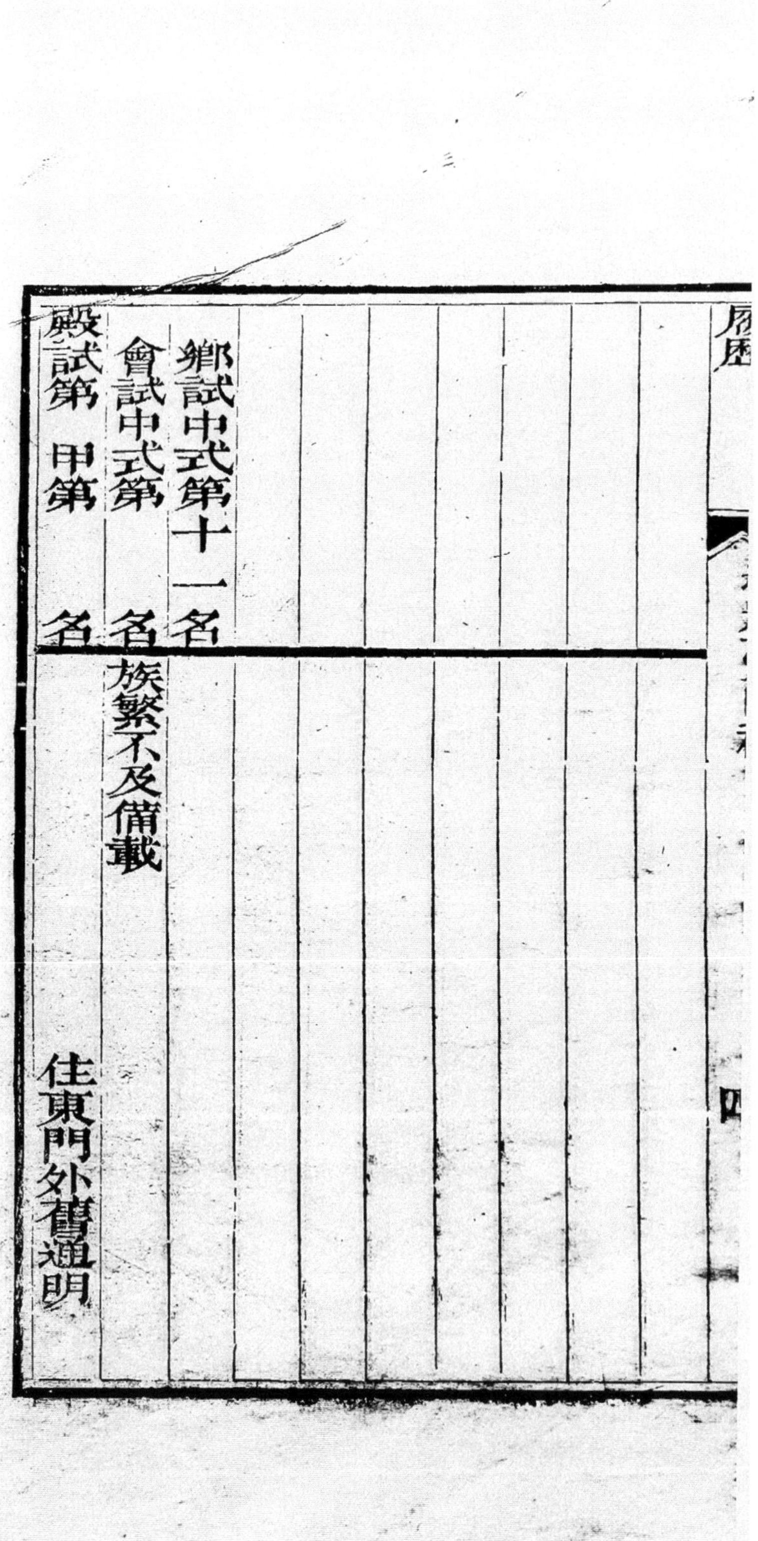

履歷

鄉試中式第十一名

會試中式第　名

殿試第　甲第　名

族繁不及備載

住東門外漕運明

浙江鄉試硃卷第二房

中式第十二名舉人錢協和紹興府上虞縣優貢生　朝考第一名試用訓導

同考試官嚴州府遂安縣知縣樂　閱

薦

大主考戶科給事中趙批

取

又批

妥帖排奡力厚思沉

大主考一品銜署理戶部左侍郎軍機大臣王　批

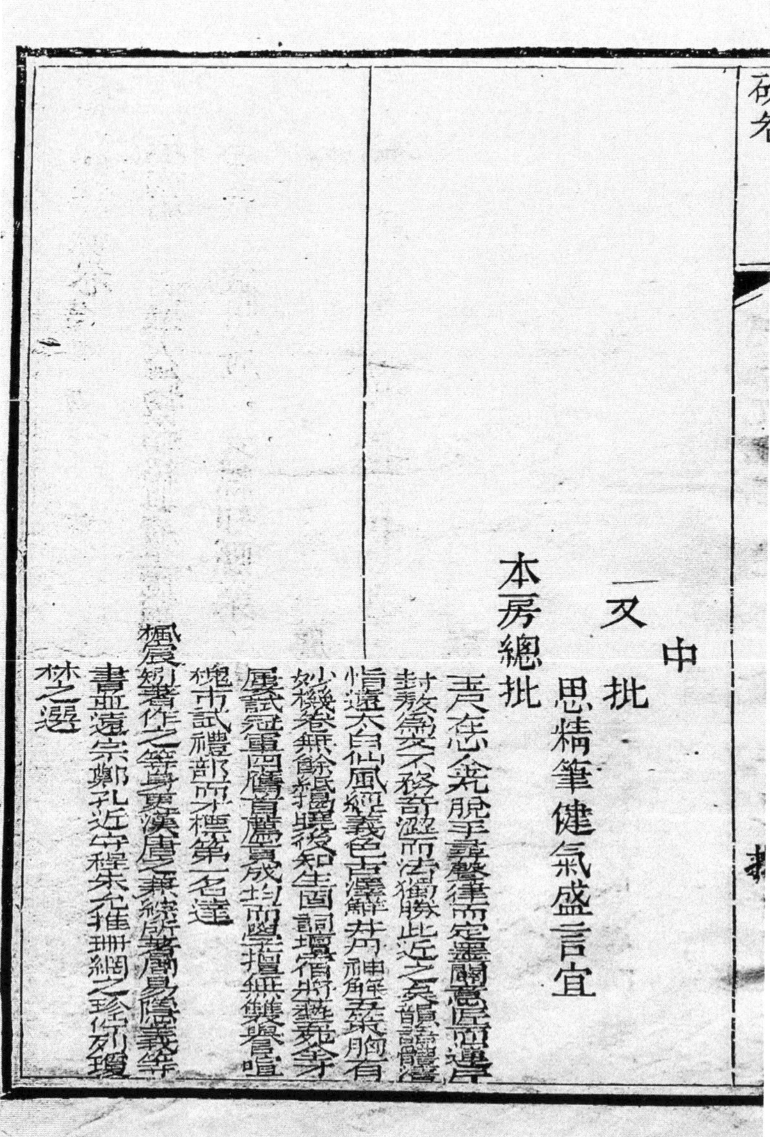

中

又批　思精筆健氣盛言宜

本房總批

弄虛悉兗脫手聲律而定靈闈意匠而遵
封敷為變不務奇澀而治獨勝此近之矣韻讀體
恉遠太白仙風經義色古濂辭芬芳神解森張胸有
紗機卷無餘紙揭曉後知生國詞壇宿將藝苑名家
屢試冠軍四膺首薦屢成均而學擅無雙譽喧
槐市試禮部而標第一名達
楓宸妙著作之無寫更漢唐之兼綜所著周易隱義等
書並遠宗鄭孔近守程朱允推珊網之珍足列瓊
林之選

本房加批
西山朝爽
撲人眉宇

一氣摶捖
詞無蒙翳

子曰知者不惑仁者不憂勇者不懼

錢協和

學以治心為要德成而心無累矣蓋惟有知仁勇之實而後惑憂懼不生於心也德不於是醇哉夫子欲人知治心之要而即進學之序以立言曰人心有同得之理而理全者心純善治心者心能敢理斯理可宅心明理以燭物而心不昧也循理以復性而心不擾也主理以帥氣而心不搖也道心勝而人心聽命洵非學養兼備者不能今夫能定能靜能安者上達之漸也必明必誠必強者下學之效也自成德之詣罕覯而識有所蔽則心疑情有所曬則心動勢有所格則心撓甚矣惑憂懼之環生無已也吾有念於知

高踞題巔渾然元氣

表裏俱徹如一座琉璃屏

者仁者勇者矣葢原人生本靜之初弗淆於萬變弗攖於萬感弗屈於萬人無假好學力行知恥之交策而自見秉彝之渾全而當深造自得之候昭晰以辨疑從容以適己剛健以用中惟恃窮理盡性至命之實功而乃覺天事之可據且夫推測以辨惑此逆億之知非知也知者之心瑩瑩則識達識達則趣一而惑何有焉恬淡以解憂此强恕之仁非仁也仁者之心粹粹則神凝神凝則情懌而憂何有焉若夫配義者勇懼者勇之對也而或激烈以忘懼血氣勝而不足稱勇矣勇者之心直直則意慊意慊則氣壯而懼何有焉之三者可見其功之各致焉作聖始蒙養惑即以啟知知

理語之精盛得水住筆力之勁射得札穿

串發精義

潤聚金碧氣清無沙土痕

至則何思何慮立誠貴乾惕憂卽以成仁仁盡則無愧無怍省身凜夙夜懼卽以生勇勇大則不震不動糾警切斯悔吝消焉所以積學之事格致爲先而辨析旣精安命不同任命權衡有主勝私乃以勝人循序以入深絶非躐等而強致而靜存動察何在無從容暇豫之機且見其道之交濟焉長善以幹事有仁而知可踐貞固仍統於元良果行以育德有勇而仁可全溫厚弗隣於畏葸精義以致用有知而勇可運強固更出於清明內省密斯修己醇焉所以入道之程強勉爲極而果決爲懷有猷益徵有守精神常奮所行克副所知終事之剛毅實足濟始事之誠明而體立用行何

致有艱難險阻之境治心之要若此而成德不已庶幾乎

聚奎堂原評

斷理必綱摛詞無懦

本房加批

每下一字如精金鍊出每措一語如生鐵鑄成水心思伭人筆彙而自成一子

本房加批樸實蘊茂李德林許善心議禮文字

洗刷周匝

明乎郊社之禮禘嘗之義治國其如示諸掌乎

錢協和

治國本乎仁孝理明而道得矣蓋郊社禘嘗理無不該而知之又不易也禮義明而仁孝可推矣於治國乎何有嘗思宰萬物者帝也而代帝理物者聖人統百世者祖也而繼祖馭世者亦聖人聖人在上總攝彝倫裁成庶務合幽明内外胥貫以一心而能默契乎聖心者即能仰希乎聖治明足以見之斯仁足以與之也郊社為事帝之禮宗廟有祀先之禮夫郊社至重己而宗廟之禮與郊社並重者惟禘嘗有其禮必有其義也斯禮也斯義也斂之為報

振裘挈領
籠罩羣言

五經紛綸
妙能潛通
下句

明於禮文
達於禮義
不減漢詁
唐疏

硃卷

本追遠之忱發之即範圍曲成之實擴之為風動時雍之化明之惟繼志述事之人信是而明之豈易易乎泥召誥二牲之典而謂天地為合祭則郊社之禮不明顧泰壇泰折之殊騂牲黝牲之別其辨姑俟諸後人而禮之所由制者肸蠁非遥對越胥合陰陽之撰明之者斯以窮神知化也而配以句龍社小於郊配以后稷郊同於社舉可弗論已信周官閒祀之說而謂追享為大祭則禘嘗之義不明顧及親及祧之異特祭祫祭之分其事亦未暇深考而義之所由定者見聞如在無爭胥本鬷假之誠明之者斯見通微合漠也而行以五年禘大於嘗舉以仲月嘗等乎禘更可無論已

三

排喧敝俗妙義獨尋劉舍人所謂思濬宗濃者端推此種雄渾似歸

此其故非淺學者所能明更非狥私者所能明也無他郊社禘嘗達孝之盡而卽治國之原也誠能明之而國有不治歟不探乎幽深之蘊而舍難而圖易則措置無功法度文章極規模之遠大其經畫猶在迹象之間若夫明燔柴之禮則昊緈可通矣明瘞埋之禮則安敦可法矣明薦腥饋熟之義則焄蒿悽愴可接矣舉天下至難之事而悉會諸目前更何有於當世之臣工兆庶乎之綱之紀不已綜括無遺也乎不操乎人物之總而逐末而失本則持循寡效慶賞刑威極政術之精詳其節目各有根柢之處迨夫父天之禮明而資始之屬可治以天矣母地之禮明而資生之類可治

震川精實
似諸理齋
一點高絕

硃卷

以地矣敬宗尊祖之義明而雲仍之蕃衍可治以宗祖矣由尊生
立本之初而直究其終竟更何有於當幾之措正施行乎大順大
化不已憑藉有基也乎其如示諸掌乎而武周之達孝益見矣

本房加批

此題不難於上下打通而難於講禮義處不脫落實字不呆塡
實字是作斟酌盡善經義瀾翻場中僅見之作

本房加批
古香觸手
清氣豁神

暗用梁孝
王事

○○○○○○文王之囿方七十里芻蕘者往焉雉兔者往焉

錢協和

述周囿之事若盡人可往者焉夫七十里之囿雖統於文王而不獨文王往也芻蕘雉兔何往者之衆耶孟子對宣王若曰王者度闢曠之地以爲囿珍怪百物錯雜充牣而珥筆諸臣亦樂記其往遊之舉以示一時盛事焉乃囿爲一人獨私之囿實則衆人可往之囿環環者無不飽所欲而去即無不挾所望而來則惟徵之文王之囿王昧王囿之大殆未即文王之囿一思之耳夫囿爲文王之囿意惟文王可往即不然計惟是一二文人侍從間燕左右暬

千回百折風水成文

層層展拓妙緒紛披山重水複疑無路柳暗花明又一村方斯境界

御從王後先而衆人皆不得往也且令衆人往而進異木者有人致嘉卉者有人貢珍禽奇獸者有人甚或羅千乘於林莽列萬騎於水隈草木添其茇夷飛走遭其蹂躪是雖衆人往而所往之人卒無可紀也所往之人無可紀而囿之大則已方七十里也乃文王之囿則不然且夫文之有囿以節勞逸備觀游考天時玩物態此靈臺之詩所由作也當是時太和翔洽羣生允殖然後因原野以作苑順流泉以爲沼茂樹蔭蔚芳草被隄毛羣內闐飛羽上覆君子至止顧而樂之而其時伐條詠於汝刈蔞歌於漢葩縱之取誌美於侯服若是乎文自往文之囿而文囿之外或業芻蕘或求

前是題中層折此是題外波瀾鐵浮圖拐子馬又一隊生力軍

雉兎亦各有所往而不相妨也而七十里之囿則又異矣一則見芻蕘者但知芻蕘而望囿以趨焉雉兎者惟知雉兎而即囿以取焉夫鈇鉞以威遠人賁鏞以招髦士囿以外孰無向往之懷而朝夕得求要不若七十里之歸誠尤顯耳斧斤以斯猶是薪樵之習罟盧可試并無獵較之嫌在爾日初不計樹藝者何人畜養者何人而樵採等條桑之便馳逐效于貉之風也接踵而往不幾取求無厭也哉然而芻蕘者正知為文之囿而羣集其藪焉雉兎者明知為文之囿而爭歷其途焉夫豐畢素稱陸海虞芮不乏閒田囿以外孰非可往之地而取攜孔邇要不若七十里之食利尤便耳疏

鏤心鳥跡
織辭魚網

硃卷

材可斂無譏常職之閒給鮮可謀非獻從者之膳在爾日亦不知始往者爲誰繼往者爲誰而林木儼登山而探畢弋亦以類爲招也亦存故往不旣因習爲常也哉此同民之明證也而民情可見矣

本房加批

鵠鸞騰響丹山雖其淸吭珧璠濯光元圃爍其閎采妙在處處爲下文立竿取影不同鈔胥文園自矜博麗

賦得景星如半月　得光字五言八韻　錢協和

報德星名景平分皓月光一眉舒異彩半面表殊祥出自偕
甘醴形兼肖佩璜彎環觚賸角剖判鑑留芒輝界銀河朗裁
思玉尺量映泉疑璧合割線儼弓張雲縵靈符叶天暒瑞應
彰休徵逢
聖世
寶祚頌延長

本房加批

恒星黯珠朝霞潤玉

呈

進

恭儉而好禮者宜歌小雅　錢協和

本房加批

典贍高華言皆有物

恪守紫陽家言不比漢唐諸說

繼大雅而詳小雅惟醇謹者爲宜歌矣葢恭以自卑儉以守約而好禮則又濟之以學也審所宜歌不誠於小雅爲稱哉且夫教善者必拜嘉惟名臣能知其意肄業者務官始斯學士能識所趨久矣夫小雅之爲用廣也顧其樂通用於公卿之事而其聲特宜於謹飭之儒肅翼者其容瞿休者其思竭情而盡慎者其學然後聆鹿鳴以下諸篇不啻心藏而心寫已大雅之歌既有所宜矣小雅不及可歌乎夫同一雅也而別之爲小誠以大雅多會朝之樂進戒受釐之辭小雅則燕饗之樂爲多意主歡欣悅豫以發羣下之

漫無歸宿

融三爲一
痕迹都化

情焉而其中又以十六篇爲正雅餘篇爲變雅笙詩六篇則無辭其體製不同於大雅而節奏亦異焉不審所宜而槪施之安見歌詩之必類乎則且由大雅而進核之嘗見傲慢者鮮敬凜之懷侈昚者昧滿盈之戒心無所制心無所歛恭儉何有也若是者於小雅烏乎宜又見畏葸者失之太謹褊嗇者失之太朴足恭則勞過儉則陋好禮又何有也若是者於歌小雅烏乎宜是則恭儉而好禮洵於七十四篇有深契歟與之歌小雅誰曰不宜天保稱戩穀不異卷阿曷彌性菁莪樂有儀不異棫樸美作人小雅亦有與大雅相通者而不知所歌自不容混也夫恭以作肅而不敢自逞儉

廣博易良樂教也溫柔敦厚詩教也

五花八門有目不給賞之妙

以主壹而不敢自縱至好禮則更審乎節文度數而不敢自越繩趨尺步其檢束乎身體者已嚴以小雅之秩然有序者一資其啟悟何至有恭而給儉而僿好禮而偏之弊也而小宛之切戰兢瓠葉之給獻醻楚茨之祝匡敕可無論已魚麗告神明無殊來雝薦廣牡甫田祀方社無異豐年報秋冬小雅更有與頌相合者而不知所歆又各有主也夫恭則不侮而無或慢於人儉則不僭而無或羨於人至好禮則洞悉乎經曲順擲而無或失足於人增美釋回其可見於施行者亦密以小雅之制而不過者顯示以機宜斯克全恭而安儉而廣好禮而中之美也而致恭繫乎易克儉載乎

書掌禮備乎周官舉可證已由是而歌風歌商歌齊可得而詳矣

六經皆我注脚

本房加批

說經硜硜而緯以宋儒之理可爲述作楷模非特文章冠冕

呈

送

本房加批
亦諧亦雅

熟精文選
傾囷倒篋
而出之

衆維魚矣實維豐年　錢協和

人繁由於時和已可於吉夢信之矣夫非年豐而人胡以繁也詳衆易而魚之夢豐年不既有徵哉嘗考鄉老獻賢書天府登民數其舉行必於郅隆之世百穀用成羣生允殖矣乃擊轂之形忽易爲麗罶之狀在恍惚中有是徵必閭閻將有是象粒我烝民何生不育令人誦綏豐茀置也召彼大人使之占夢而大人則既知維魚之夢之爲吉兆矣以爲七十以上上所養十歲以下上所長衆之數非不極其多迨觀天池之濱大江之濆或鹿觡象鼻或虎狀龍顏雖統人仁人信人智人武之類而猶未足以相敵茲何幸

引機抽緒
織字神梭

硃卷

掎裳連蘙者徐察之而恍觀飛涎噴浪也聚不闚鐃鐲之徵取幾
等疊嘗之比而休徵於是可卜已姜任子姒別其宗條徐蕭索殊
其姓衆之繁亦不知其幾及觀瓌異所叢珍怪所集喻波吹澇者
有之振鱗奮翼者有之雖合堅土弱土壚土沙土之民而猶未足
以相當兹何幸別聲合味者一轉焉而儼成頒首莘尾也生不聞
蓬桑之射性或樂蘋藻之潛而幻象於是可推已此實生民之極
盛而見之於百物阜昌之後者也則維作豐年占可耳所不敢必
者天時有暘雨之殊而茨梁告備委積充盈則陰陽之不忒可知
矣誠見主伯之儔而弗異鰽鯋之族也則三男五男不得誇其蕃

錦繡千純流蘇百尺

樹骨訓典之區選言宏富之路

行也千夫萬夫不足比其殷盛也是維秬秠穈芑之收備驗諸納總納秸之餘庶幾得遇此昇平耳犉牡有及時之獻囷鹿無偶竭之憂而多黍多稌何止八三鬴八二鬴之食也哉所弗能齊者歲額有上中之異而錢鎛登場郊原納稼則生植之咸茂可知矣誠見林總之流而宛肖鯤鮞之育也則舟脂戶粟不克致此淳風也宫山府海無由釀此太和也是維高下燥溼之區畢應乎滿篝滿車之祝庶或想見其景象耳牂羊鮮墳首之嗟司戹慶有秋之屢而宜麥宜禾豈止屢三百囷三百之取也哉當是時也荷鍤成雲決渠降雨五穀垂穎桑麻鋪菜側肩躡踵之徒咸含和而吐氣曰

題解雪亮不泛作官樣文字

硃卷

盛哉乎斯世蓋因人衆而知豐年亦年豐而人益衆也而旐易而
旟之夢又可徵矣

本房加批
天孫之錦七襄江女之螺五色揚子雲愛沉博絕麗之文端推
此種

呈

進

本房加批
抱九仙骨
披一品衣

黃帝堯舜垂衣裳而天下治　錢協和

以有爲致無爲惟善因時者能成化焉夫黃帝堯舜皆因時以成化者也衣裳垂而天下治非以有爲致無爲者哉且一人宰制天下非必矯語清淨而以黈纊凝旒爲尚也古帝端拱出治能納天下於軌物而遵道遵路近其光斯能超天下而獨居而式玉式金欽其度潤色鴻業人文丕變卓哉煌煌萬世爲昭已通變宜民而獲天祐斯時也制作之事著朴陋之習消未嘗操切乎天下未嘗羈縻乎天下并未嘗督責乎天下而禮教聿興蔚然稱治不可穆然於黃帝堯舜之化乎姜任遞嬗以來朝野尚囿其荒略以待天

按之沉實
揚之高華

聲大而遠

鉤心鬥角
疊矩重規

子之經綸天下皆有待理聖人之實使垂旒搢珽慕太上淡泊而或類於強勉鎮定之爲則幾務多遺也沕穆漸開之世運會日郎於文明而俟當宁之規畫天下不無過望聖人之思惟旰食宵衣積夙夜憂勤而仍不失暇豫安詳之意則時措咸宜也無以見之則見其垂衣裳而已且夫衣裳之制羲農以前所未有也扆放之時揉木衣皮民知蔽體矣黃帝制袞冕作布帛赤舄大帶深衣纁裳而威儀始赫焉亦越帝堯鹿裘葛衣而時雍之盛無損褕衣袿履而欽明之德愈昭至於帝舜以會繡耀彰施之美更以服章定命討之宜麟麟炳炳臻郅治焉若是者身受天下之賾而治功被

天孫之錦鮫宮之綃非復尋常機杼

博大昌明仍復細針密縷可稱

天下也心忘天下之勞而治化浹天下也衣裳垂而天下治其斯以爲黃帝堯舜乎實政確有本圖不必候更張之舉而天下胥就其範圍陳紀立綱治象備徵懿鑠而海隅丕冒要恃此冕璪黼黻之華所以糾俗錄教惟黃帝坐致昇平而文思發松雲之采恭已揚藻火之輝則治所由推者準也普天之下共歸於建極錫極之壘而已矣盛世弗矜奇績無過矣淵默之忱而天下自受其裁制開物成務治具亦極精詳而率土輸誠實基於衣冠襘結之際所以服教畏神惟黃帝克享崇報而頌放勳者咸仰純衣依重華者羣瞻被袗則治所由致者深也光天之下共覩其如雲如日之容

華實並茂

而已矣此取象於乾坤者也復乎莫可尚已

本房加批

據通變宜民立說識力高人數籌通體秀發飛揚正如唐人九

天閶闔萬國衣冠一聯是金馬玉堂人語

呈

道

第二問　　　　　　　　錢協和

自古帝王聰明天亶曷嘗不藉崇文考治以宣其知堯學乎
尹壽舜學乎務成跗禹學乎西王國湯學乎威子伯而武丁
舊學甘盤武王拜書於尚父訪範於箕子莫不尊敬師傅垂
思典籍後世經筵之制殆仿此義而行之者歟漢武留意六
經嘗謂吾始以尚書爲樸學及聞兒寬說可觀乃從寬問一
篇又詔求能爲韓詩者召蔡義說詩甚說之光武數引公卿
郎將講論經理夜分乃寐明帝尊事李躬桓榮親御講堂說
經嘗以躬爲三老榮爲五更令榮東面設几杖天子親自執

業廣廈之下細旃之上明師居前勸誦在後上論唐虞之際下及殷周之盛考仁聖之風習治國之道彬彬乎一朝之盛事矣唐貞觀七年虞世南遷秘書監太宗每機務之暇引之談論共觀經史開元中始置集賢院侍講學士侍讀學士選耆儒日一人侍讀以質經史疑義又詔左散騎常侍馬懷素與右常侍褚無量更日侍讀講讀有尊官實始於此至長慶中侍講學士韋處厚等上六經法言三十卷賜金帛文宗時侍講學士鄭澥作經史要錄賜金紫皆足徵講求之勤蓋帝王之學務知風化之本見理政之源唐太宗言朕讀書見前

王善事力行不怠誠爲篤論不效記誦之儒尋章摘句而已也然其時尚無經筵之名也宋景祐元年命賈昌朝趙希言王宗道楊安國竝爲崇政殿說書日以二人侍講說二年置邇英延義二閣是日御延義閣召輔臣觀盛度讀唐書賈昌朝講春秋經筵之名始於此時而當時進講諸臣若咸平元年崔頤正二年崔偓佺竝講大禹謨天聖元年馮元治平元年呂公著竝講論語寶元二年李淑元祐元年韓維紹興三十二年洪遵竝講三朝寶訓淳熙八年進讀陸贄奏議均有足稱者至御殿御經筵有雙日隻日之分天聖景祐有坐講

立講之別典章具備視前代爲詳而晏殊之眞宗講席記趙師民之勸講箴元祐范祖禹之帝學嘉定李亶之續帝學均足爲考証之資而盛典於是可紀已元明而後若元文宗置授經郎兼經筵譯文官二員明洪武中太祖問宋濂帝王宜讀何書濂請讀眞德秀大學衍義帝取覽悅之令大書揭兩廡壁又詔求四方書籍設祕書監丞尋改翰林典籍以掌之詳載史書媲美唐宋矣至若經筵前一日進講義自元豐元年陸佃始明英宗正統元年春二月始開經筵續定經筵儀注每歲率以二八月中旬起四十月末旬止天順八年八月

又開經筵講期如舊厥制誠善顧自漢唐以迄有明凡講經筵一歲之間寒暑皆歇講之日體分過嚴疑未嘗問見未嘗獻奉行故事其何能裨進講者必如程子心志清明德性自定之言朱子正心誠意之旨斯眞不愧啟沃而非止具文之循也我

皇上典學日新

道溯洙泗每歲

御製經筵論炳炳麟麟昭於星日振古未有倫比又豈三代以下所可擬哉

本房加批

引據該洽斷制精嚴

道光戊子　劉鎮揚

劉鎮揚

始祖豳 後唐仕吳越王爲殿中丞
始祖母氏楊
本支始祖履 洪武間徵聘至京師謚貞恭先生
本支始祖母氏沈
曾祖鼎吉
曾祖母氏俞 氏徐
祖勳天
祖母氏王

原名偉勳原字紀常今字宛穀號蕙圃行一乾隆丙午
年四月十五日子時生紹興府上虞縣學廩膳生民籍
胞伯仁山 邑庠生
胞叔兼山
堂兄驚遠 輝遠 惠遠 濟遠 饒遠
堂弟振遠
胞弟言遠 勳遠
姪椿齡 檜齡
妻張氏 車氏 錢氏
子栢齡 幼學
女一 幼

道光戊子科

氏王

父邑三

母氏賈邑庠生諱建中公女

承感下

業師

族兄曉三老夫子諱曙霞歲貢

庭訓

鄉試中式第五十五名

會試中式第　名

殿試第　甲第　名

族繁不及備載

住本縣二十一圖半湖庄

浙江鄉試硃卷　第玖房

中式第五十五名舉人劉鎮揚紹興府上虞縣學廩膳生民籍

同考試官杭州府海寧州知州王　閱　薦

大主考掌陝西道署京畿道監察御史但　批　取

又　批　氣格深穩

大主考工部侍郎稽察左翼宗學提督浙江全省學政李　批

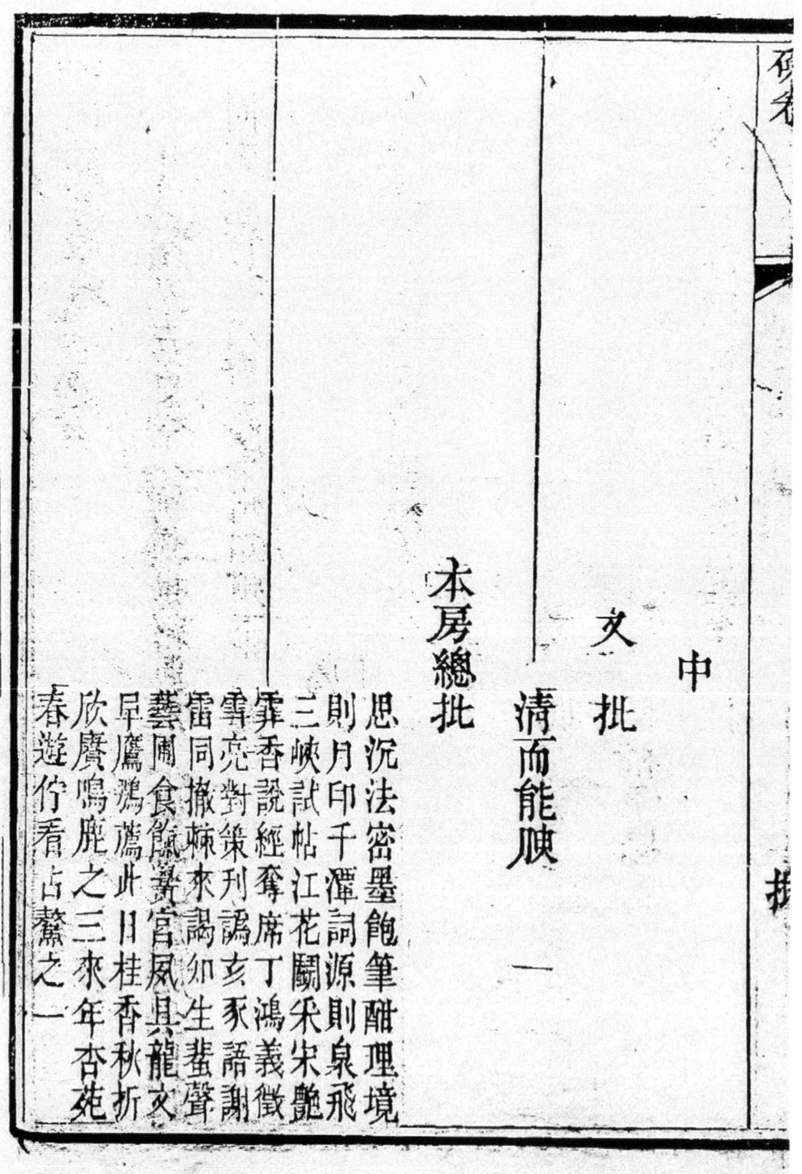

中

文批

清而能腴 一

本房總批

思沉法密墨飽筆酣理境則月印千潭詞源則泉飛三峽試帖江花鬪采宋艷霏香説經奪席丁鴻義徵雪亮對策刊謌亥豕語謝雷同撤棘來謁如生蜚聲藝圃食餼黌宮夙具龍文早膺鶚薦此日桂香秋折欣賡鳴鹿之三來年杏苑春遊佇看占鰲之一

本房加批
一筆擒定
緊捷虛渾
意義融洽
氣象光昌
簡捷
蒙上鈎下
落落大方

以服事殷周之德

劉鎮揚

服事不因勢而變德之先才而見者也夫殷當紂之時服事難矣而文王且欲以天下共戴焉予所爲因論才而思其德歟且周自有邰作藩歷十四傳而不變識者于以覘世德矣抑知承先人屏翰之勳即以維一人靈長之緒當夫天下將歸不欲以德意所孚爲豐程張國勢而欲以德化所被爲景亳挽人心令人戴咏昭事而懸想其德之繫乎王室焉三分有二非其才足以馭天下實其德足以孚天下也而吾乃有以觀文王服事之心唐虞時事君之極曰宣三德敬六德而文之事殷更有難也汝墳爲殷綏乎邇虞

抉出服事心事妙於上文不脫不粘

補意周匝

提筆高老

從才剔德極融徹亦極自然

芮爲殷輯乎遐直使天下附周之衆咸回心而奉河北之車書而文王翊戴之心乃始慰唐虞後事君之規曰求一德有同德而文之事殷尤有進也炮烙爲殷恤其刑康田爲殷廣其惠直使天下歸殷不歸周之區益洗心而服景員之聲教而文王靖獻之志更無窮其服事殷也且欲左右以三分有二之天下也今夫周之有天下佐以才而周之不欲有天下純乎德溯望散交賚修和文巳儲周之才以創業抑知爲臣止敬不以其才逞赤烏之瑞而以其才扶元鳥之衰觀于闕夭之舉干城但曰公侯而知文之不欲顯其才正所以盡其德已思微箕比肩輔翼文且合殷之才以盡忠

對比暗以
殷周之際
對唐虞之
際

詮德字緊
靠服事光
堅響切

善留虛步
不隔不侵

則夫舊邦樹藩有才而十五世之侯度用光亦有才而六百祀之
王靈可振觀于膠鬲之賢薦刎必歸天室而知文之不敢私其才
實所以公其德已自受命改元之說起而文之德幾不彰要之靖
共根至性初不因大畏小懷之勢而難白其衷我觀德在文治鼓
鐘洗腥穢之風德在武功弓矢靖姦宄之氣爲有殷拯綱紀即已
爲有周樹儀型則以文之德概乎周而其德益勳千古尚論之思
自玉門羑里之患興而文之德幾難盡要之篤棐有精心自不以
羣疑衆謗之秋而稍變其節我觀德在光前柔順表蹇庸之志德
在啟後忠貞留養晦之年爲有周裕家修無非爲有殷立臣極則

剔周字俱有精義

以周之德統諸文而其德非開一代肇興之運然則周非特其才足媲唐虞而可以取天下而不取亦足追唐虞之德讓也至哉弗可及已

本房加批

詞意粹精筆亦渾厚爽健允推老斵輪手

本房加批
文亦渾厚精明
創從下截繞轉題首理達詞醇

誠者非自成己而已也所以成物也成己仁也成物知也

劉鎮揚

誠有兼成之量可更推其原於仁知焉蓋己與物同此誠也誠者成己而即以成物不可更推其原於仁知乎且君子所以經緯萬端惟恃此心之誠已矣誠貫乎理之一而學問與治術同原誠孚乎分之殊而渾厚與精明各足彼悠悠身世之交而莫知兼善者由心之不純不明而實由心之不實也如君子誠之爲貴蓋深見夫欲淨理純誠之所以粹然無疵也知明處當誠之所以炯然無礙也是必殫誠之之功擴誠之之量而可稱之爲誠者也誠者運

天地萬物莫非己也理境透徹

束上起下極融洽亦徹

實理於當躬而弟友子臣五倫不虛其位己之成也固然顧參贊位育之經何莫非己所固有乎則卽己之自淑而物之所以輔相裁成者早反躬而裕推暨之原誠者本實心以制行而貌言視聽五事不曠其官己之成也何有顧保惠教誨之業何莫非己所當爲乎則卽己之自全而物之所以範圍曲成者可因心而定敷施之準誠者非自成己而已也所以成物也夫由己與物之一理者而論正一己之心而物心可共正全一己之命而物命可共全立與達如願相償誠之所爲無間於通復也而由己與物之殊分者而論不必强物以就己而盡己可驗無私之素不敢恕己以繩物

大通四闢頭頭是道

互筆俱有至理

總束明了

而化物可徵有覺之靈守與爲探本俱深誠之所爲恒貫乎存發也然則成已非他乃吾誠之純而仁也夫推同胞同與之量仁何嘗不及於物然而賢者之學先克復聖人之道惟忠恕固知小成大成惟此仁之卽已而裕者早先萬物而立其原故雖渾然之中自有灼然之識而爲誠者驗立誠之體則以爲成已由仁已矣成物非他乃吾誠之融而知也夫原擇善明善之功知何嘗不切於已然而熙帝載者推濬哲綏王猷者亶聰明固知成允成功惟此知之因物而付者悉本一已而宣其化故雖浩浩之量自寓肫肫之思而爲誠者驗推誠之用則以爲成物由知已矣是故仁知者

己物之所以兼善而誠者仁知之所以無妄也非吾性之固有而無分內外何以存發咸宜若是哉

本房加批

深入顯出理窟中掉臂游行毫無窒礙非丹成九轉者未易臻此醇詣

本房加批
緊扣題位
何等勁捷
總揭清老
二比交互
發揮氣勢
灝瀚

盈科而後進放乎四海有本者如是　劉鎮揚

進以漸而放彌大大賢爲有本者狀焉夫水不皆有本彼科之進而海之放愈見混混不舍之盛焉非有本而能如是乎且嘗考禹貢治水之序往往循其所經何州所歸何州而原其所出不一州顧聖人水功之當然悉順乎水性之本然觀於習坎之機與歸墟之勢而知水之流而不息其由來非偶然也原泉混混不舍晝夜非以其有本而然哉今夫水不至於海無以見會歸之極而進之無漸又不能遍行而至於海吾乃統舉夫流行之象而觀之來莫測其涯去莫阻其嚮一時波濤洶湧直欲遍四瀆之長而趨百谷

渲染生色

補幹法密

之王要其溟渤尚遥必先於滿坑滿谷之餘汨汨乎由此而達彼西則逆而止東則順而行倘遇陂澤沮渟似難遂潤下之情而奮朝宗之勢要其坎坷既滿自克於穴出懸出之會浩浩乎自淺而入深是故其進也非驟而進也足乎滋而通乎彼雖不比水江廣漢遠呈灝瀚之觀而卽此涓涓無窮已自有尾閭是歸之勢由是而放也孰圉其放乎源之遠而流之長雖不必會泗合淮共助奔騰之迅而由此滔滔不絕固已爲百川學至之時盈科而進放乎四海孰非混混不舍爲之乎吾於是而知有本者始如是也吾於是而知有本者必如是也西北之水河爲長有河之本於昆侖而

本禹貢立論精切該括才大而心細

工力悉敵

王屋之濟武陽之漯胥統之顧自龍門積石之險委曲而至於海其間晝夜之行不一州藉非其出有自將始見於雍者或不能進而折行於豫矣抑不能進而入海於兗矣有本者而始如是所願與體水性者還即北條諸水而歷証之東南之水江爲大有江之本於岷山而天息之汶嶓冢之漢悉該之顧自九江東陵之遙迤邐而至於海其間晝夜之經亦不一州安有其出無窮而發源於梁者猶不能進而合流於荆乎抑不能進而入海於揚乎有本者而必如是所願與屋水監者更即南條諸水而實按之凡物必貴有本而水之有本者爲進爲放不難由濫觴之微而載舟覆舟窮

餘波不竭

硃卷

其險凡水不皆有本而泉之有本者於科於海不必弛曲防之禁而經流支流壯其瀾仲尼之取非以是乎

本房加批

思風發而言泉流想見三條燭燼時得意疾書之樂

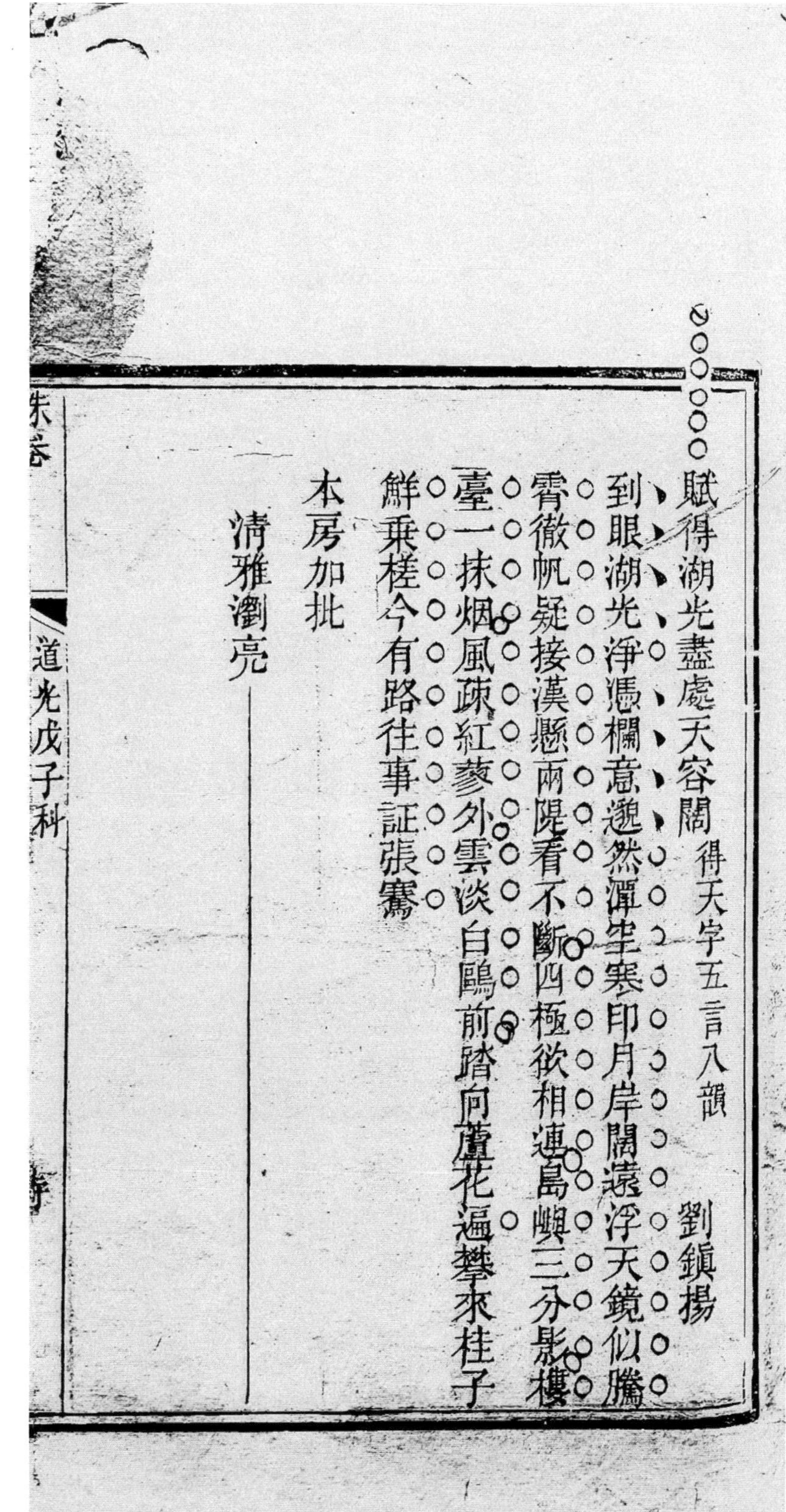

賦得湖光盡處天容闊　得天字五言八韻　劉鎮揚

到眼湖光淨，憑欄意邈然。渾生寒印月，岸闊遠浮天。鏡似騰霄徹，帆疑接漢懸。兩隄看不斷，四極欲相連。島嶼三分影，樓臺一抹烟。風疏紅蓼外，雲淡白鷗前。踏向蘆花遍，攀來桂子鮮。乘槎今有路，往事証張騫。

本房加批

清雅瀏亮

光緒乙亥　鄭重

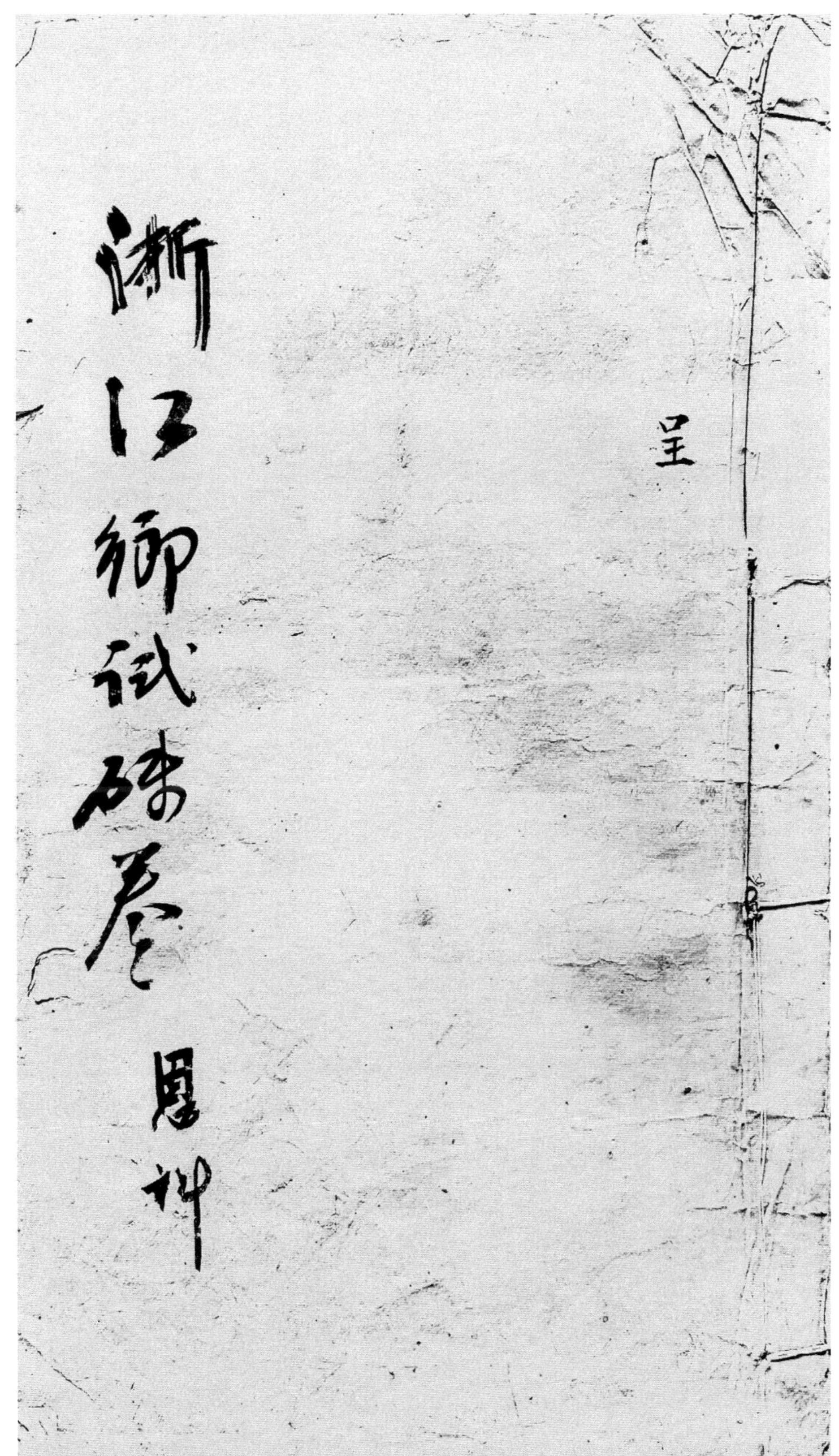
呈
浙江鄉試硃卷
鄭重

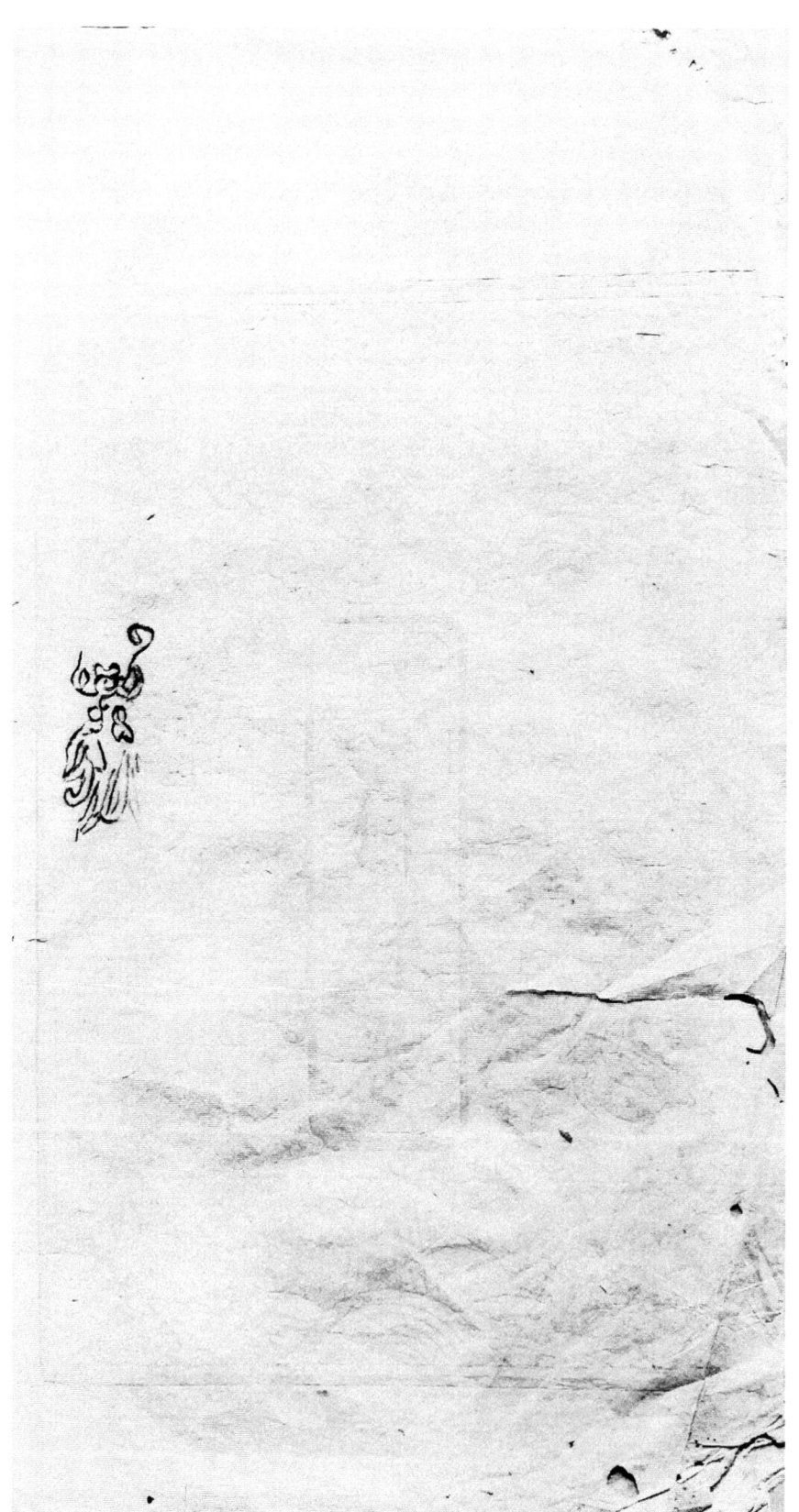

鄭重

字望舟號金波行三道光丁未年三月十九日吉時生紹興府嵊縣學附生民籍

曾祖英魁 恩賜登仕郎
曾祖妣氏錢
曾祖妣氏童
祖南曜 處士
祖妣陳氏
伯祖南暄 鄉大賓
妣林氏
叔祖南昌 道光壬辰科舉人任湻安烏程平陽縣教諭
妣祝氏

胞兄豪 國學生
鉞 國學生
堂兄襄
濟川
鑠
鈺
錞
濟生
濟鏜

光緒乙亥　恩科

履歷

父服先

母陳氏

慈慶下

伯之惠鄉大賓

妣馮氏

叔之錦

妣錢氏

叔之畲鄉太賓

妣吳氏

業師

吳剛夫子庠生

鄭國鈞夫子庠生

濟明

胞姪周顯

周賓

周庭

周泰

室秦氏曾邑附貢生大猷公之女

子一周驊幼讀

女一未字

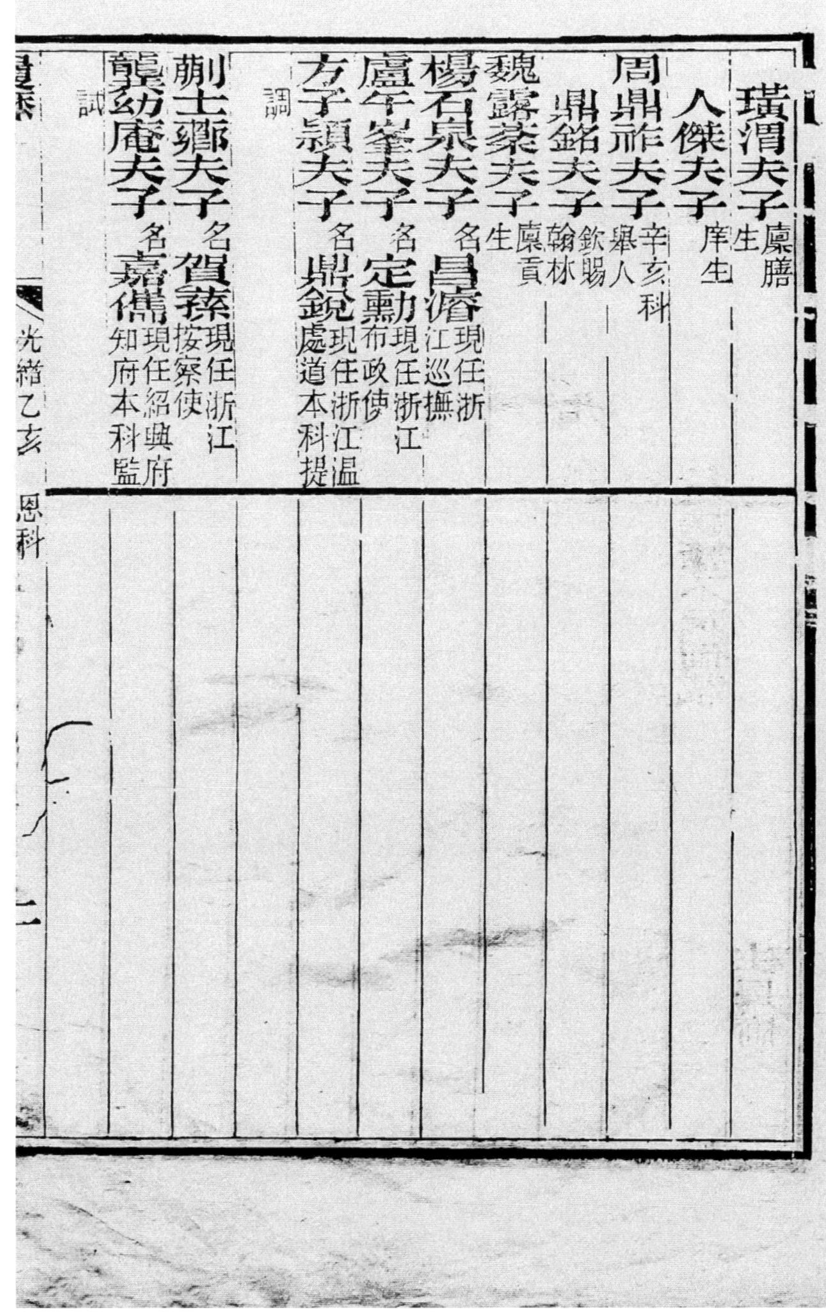

璜渭夫子　廪膳生

人傑夫子　庠生

周鼎祚夫子　辛亥科舉人

鼎銘夫子　欽賜翰林

魏露荼夫子　廪貢生

楊石泉夫子　名昌濬　現任浙江巡撫

盧午峯夫子　名定勳　現任浙江布政使

左子穎夫子　名鼎銳　現任浙江溫處道本科提調

蒯士薌夫子　名賀蓀　現任浙江按察使

龔幼庵夫子　名嘉儁　現任紹興府知府本科監試

履歷

陳湘亭夫子名祖襄前嚴州府知府本科內監試

鄉試中式第六十九名

會試中式第名

殿試第甲第名

欽點

族繁不及備載

住長橋

浙江鄉試硃卷第七房

中式第六十九名舉人鄭　重紹興府嵊縣附生民籍

同考試官甯波府象山縣知縣邵　閱

薦批　精心結撰

大主考侍讀銜翰林院編修國史館纂修實錄館纂修奏辦院事功臣館提調本衙門撰文逄

取批　積健爲雄

大主考大理寺卿宗室奎

中批　躁釋矜平

硃卷

本房原薦批

第一場

精心結撰掃盡浮詞實義虛神可云不負次思清筆爽三法密機圓

第二場

統體博茂淵懿經術湛深

第三場

取材繁富持論名通

批

子貢曰貧而無諂富而無驕何如子曰可也未若貧而樂富而好禮者也

鄭重

進貞遇者以忘遇隨其境而引之也夫學能制境在子貢自謂得矣子乃許之而更進之何其循循善誘哉且境遇不隨學問爲轉移而學問即緣境遇爲進退處境者見學之端也賢者以貞遇爲難而自守之餘幾欲封其一得聖人以忘境爲慰而相貫之下更欲示以全修隨境而引實稱量以加則善誘之循循即斯可見其概也聖門有子貢下學佩尼山之訓樂天已見其端上國觀邾子之儀禮文早窺其奧其於處境之際或者不僅以自守爲能事乎

乃必舉無諂無驕者以問也何居于石干藜困如之何如墉如櫛

亨如之何我非好爲諂驕貧富實迫之也乃有自守者出而袒裼

不以爲辱膏粱不以爲榮則操守之嚴已足爲儒林生色室人交

謫傷如之何窮乏之得我榮如之何我本不與諂驕謀貧富乃操其

券也自有自守者出而不恥者在縕袍勿傲者在文繡則防閑之

峻且足爲名教增光何如一問子貢之視無諂無驕不幾謂處境

之能事畢於斯乎雖然猶有進蓋在賢人剛方是稟心氣之盈歉

在所必徵而境雖無常心實有主因欲以行芳志潔者爲涉世之

良模而在聖人運量彌神遭際之隆污在所不計而溫溫其度蕩

蕩其神不禁以履中蹈和者示全功於吾黨蓋子貢所謂無諂無驕者非不可也特未若貧而樂富而好禮者耳陷溺之日深也居貧者卑屈自甘處富者矜肆相尚樂與好禮晚近來鮮此完人顧論習尚則無諂驕者迥異庸流而論品詣則無諂驕者猶非絕德也耕莘者有阿衡彌殷樂道之念營洛者有姬旦卒成官禮之書大中至正之風裁昭昭若揭賜而有志進修也尚其幾此絕詣哉持循之罔越也貧不降激昂之志富不矜福命之隆樂與好禮斂年中或可相企顧論境地則無諂驕者可以馴而致而論功候則無諂驕者不得比而同也陋巷成德行之選樂不改於一瓢立朝

硯名

嫺賓客之言禮先學夫小相一體偏端之樹立歷歷堪徵賜苟不
思自振也亦徒懷此孤芳耳而賜則已啟其悟也淇澳一詩且欲
斷章而取義矣

聚奎堂原批

筆意超豁吐屬不凡次精當三見力量詩潤秀

○○○○○忠恕違道不遠施諸己而不願亦勿施於人　鄭重

道卽忠恕而存核其實而道不遠矣夫以忠恕爲遠道則必以不願者施諸人而後可也不然其違道也幾何且道不外於人己之交而情每通於欲惡之分強我以非分而我必深斥曰此悖道之端也施之於人當無不然投我以不情而我必深嫉曰此反道之事也施之於人當亦無不然然則強我以非分投我以不情者皆非出自忠恕者也試以忠恕論偏於心者非忠倚於心者亦非忠忠者中心之謂也夫道原於天命而忠不越乎天理之常則人事也而天事寓焉拂乎心者非恕強乎心者亦非恕恕者如心之謂

也夫道率乎人性而恕實根於人心之正則後天也而先天參焉如是而猶曰道遠乎如是而猶曰違道遠乎道以順乎天者爲準忠恕則以我之心順天之心天以好生爲心無非充忠恕之全量我以忠恕爲事不難燭好惡之微情也雖與道大道未可驟期而與道不相剌謬者即於道不至馳騖也不遠也道以合乎聖者爲宜忠恕則以我之心合聖之心聖有愛人之心不過妙忠恕之推移我盡忠恕之事亦可協寰宇之情分也雖大道爲公未能猝致而於道之端深其體驗者即與道之精若相附麗也不遠也且人心共此一道耳以已律人而已見爲然人亦無不然以人例己而

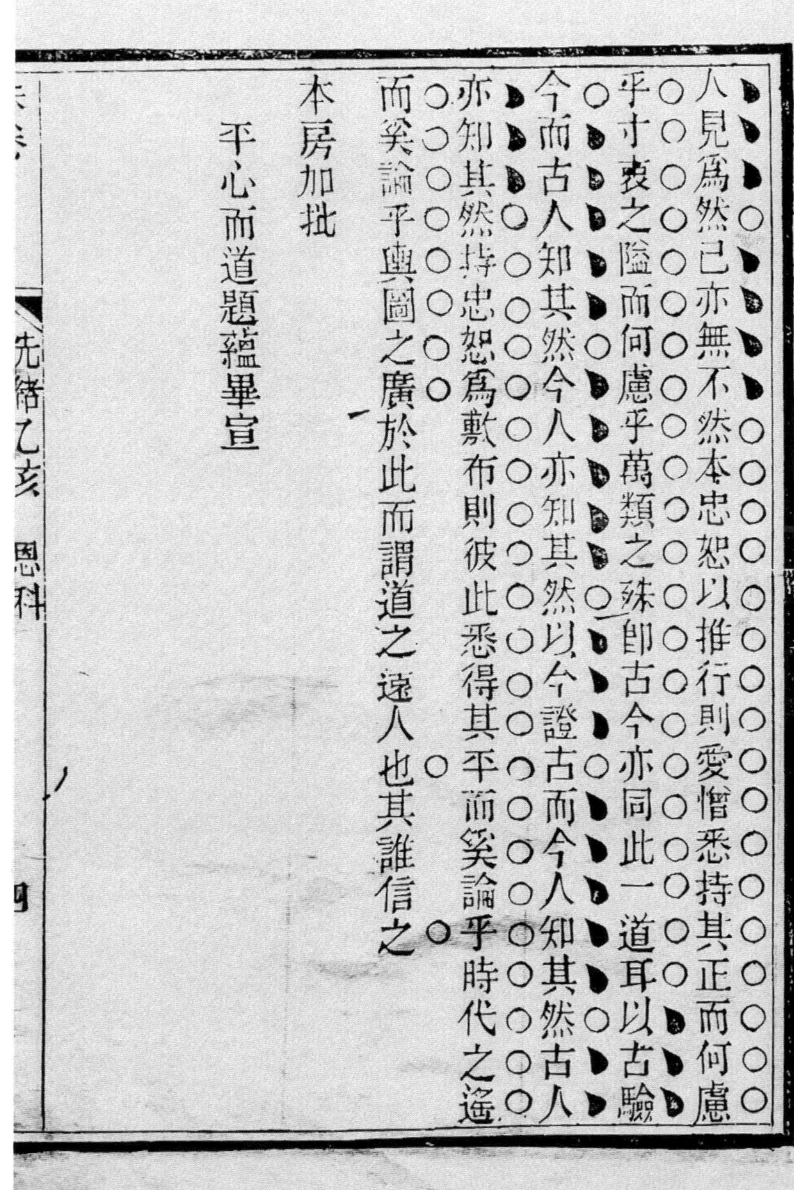

人見爲然已亦無不然本忠恕以推行則愛憎悉持其正而何慮乎寸衷之險而何慮乎萬類之殊即古今亦同此一道耳以古驗今而古人知其然今人亦知其然以今證古而今人知其然古人亦知其然持忠恕爲敷布則彼此悉得其平而奚論乎時代之遥而奚論乎輿圖之廣於此而謂道之遠人也其誰信之

本房加批

平心而道題蘊畢宣

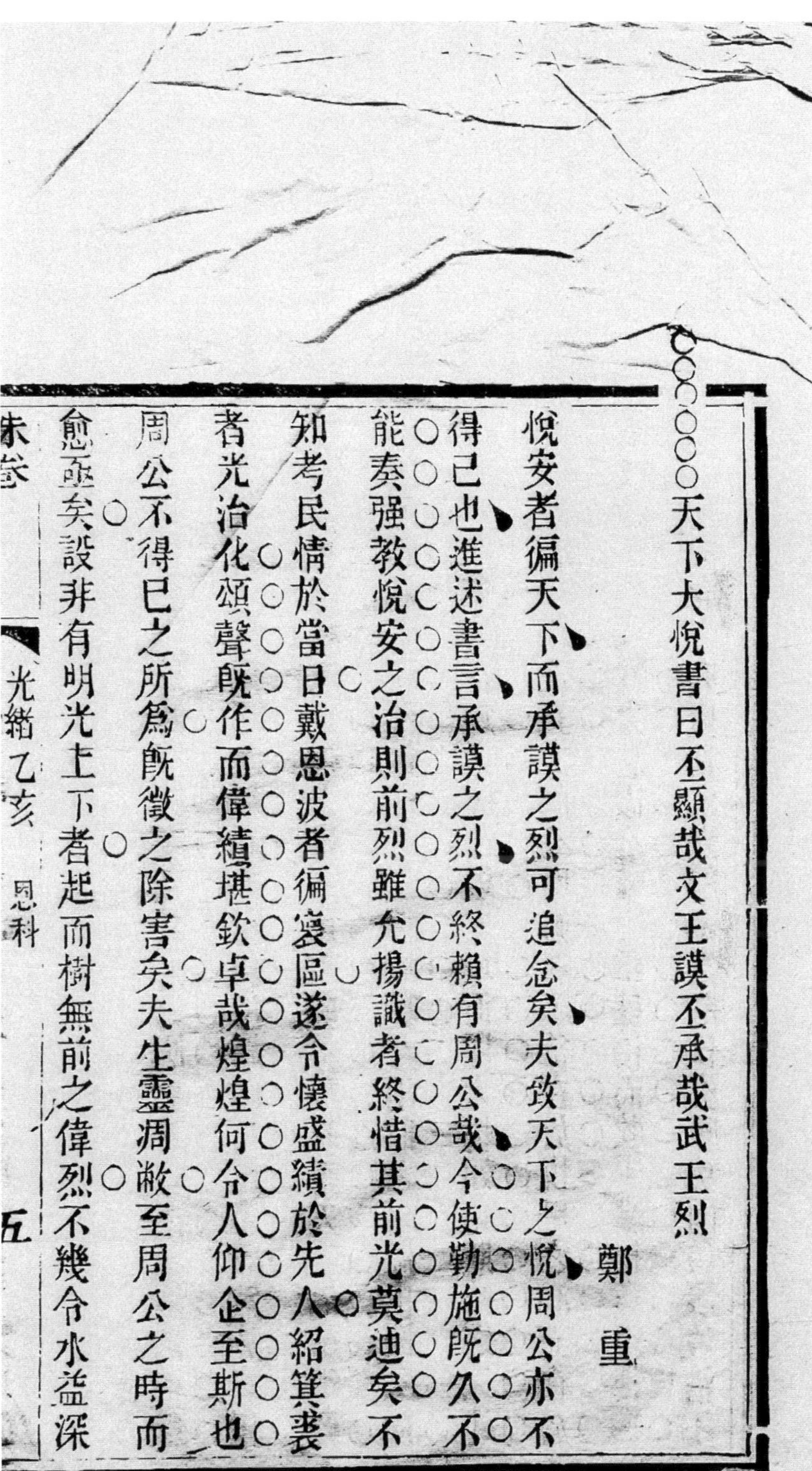

天下大悅書曰丕顯哉文王謨丕承哉武王烈

鄭重

悅安者徧天下而承謨之烈可追念矣夫致天下之悅周公亦不得已也進述書言承謨之烈不終賴有周公哉令使勤施既久不能奏强教悅安之治則前烈雖允揚識者終惜其前光莫迪矣不知考民情於當日戴恩波者徧寰區遂令懷盛績於先人紹箕裘者光治化頌聲既作而偉績堪欽卓哉煌煌何令人仰企至斯也周公不得已之所爲既徵之除害矣夫生靈凋敝至周公之時而愈亟矣設非有明光上下者起而樹無前之偉烈不幾令水益深

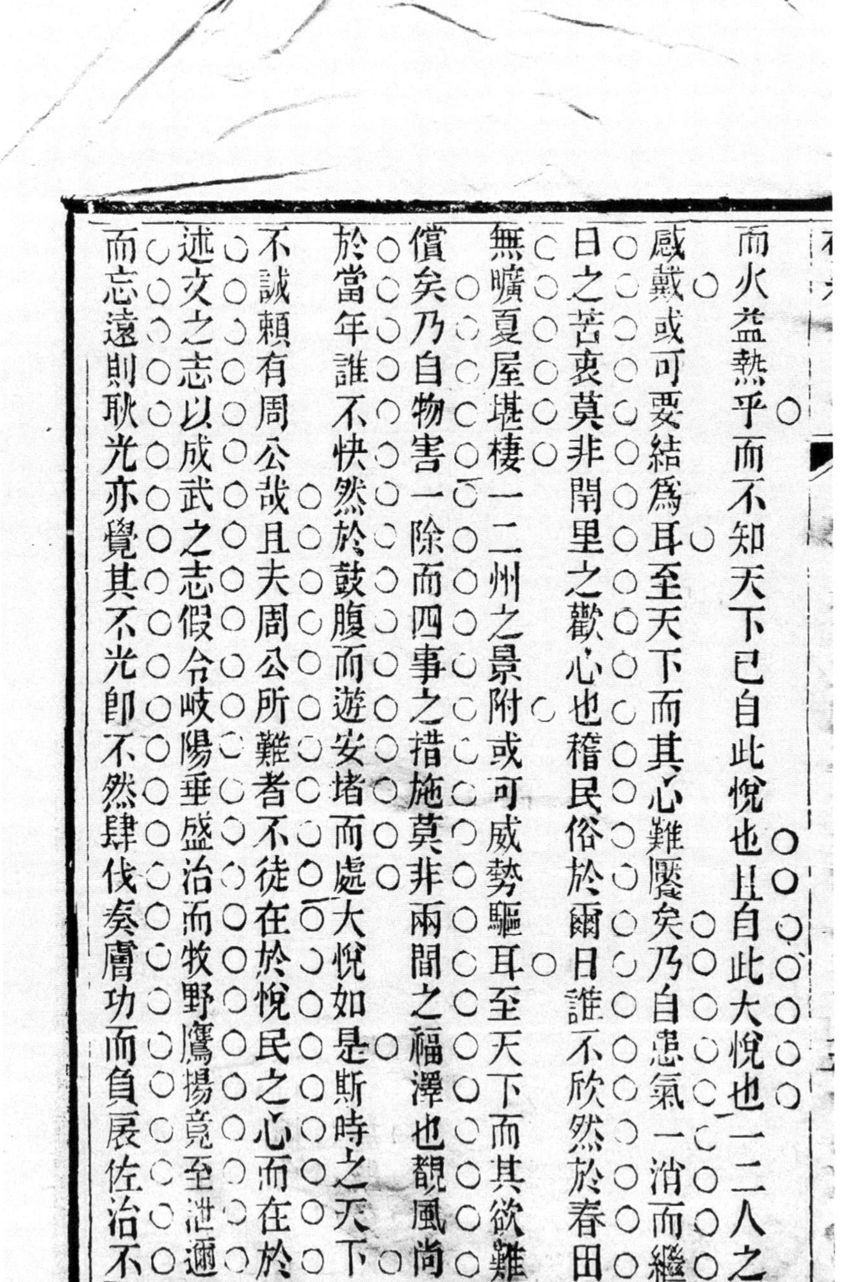

而火益熱乎而不知天下已自此悅也且自此大悅也一二人之慼戚或可要結爲耳至天下而其心難饜矣乃自患氣一消而繼日之苦衷莫非閭里之歡心也稽民俗於爾日誰不欣然於春田無曠夏屋堪棲一二州之景附或可威勢驅耳至天下而其欲難償矣乃自物害一除而四事之措施莫非兩間之福澤也覩風尚於當年誰不快然於鼓腹而遊安堵而處大悅如是斯時之天下不誠賴有周公哉且夫周公所難者不徒在於悅民之心而在於述文之志以成武之志假令岐陽垂盛治而牧野鷹揚竟至泄邇而忘遠則耿光亦覺其不光卽不然肆伐奏膚功而負扆佐治不

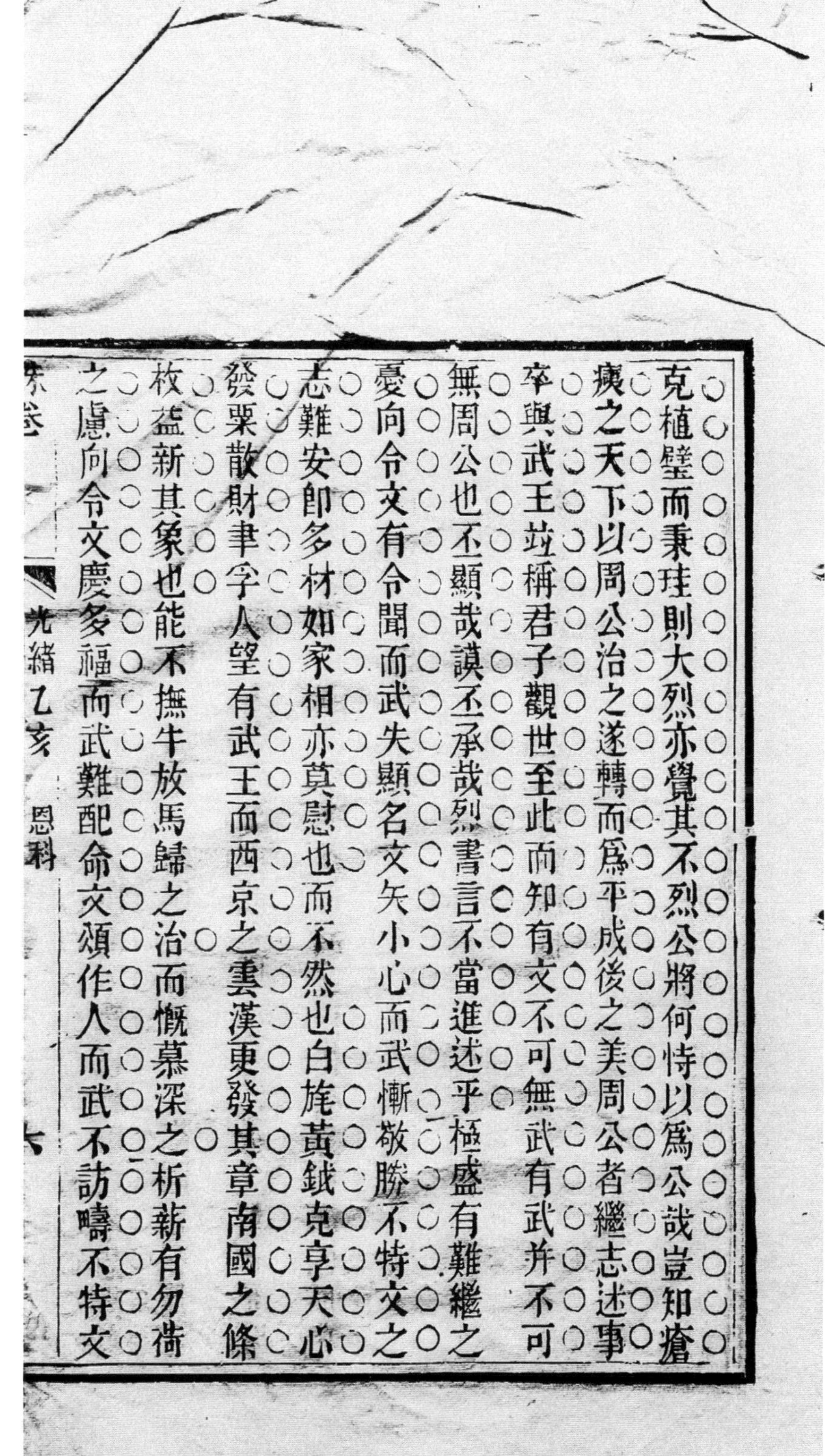
克植璧而秉珪則大烈亦覺其不烈公將何恃以爲公哉豈知瘡痍之天下以周公治之遂轉而爲平成後之美周公者繼志述事卒與武王竝稱君子觀世至此而知有文不可無武有武并不可無周公也丕顯哉謨丕承哉烈書言不當進述乎極盛有難繼之憂向令文有令聞而武失顯名文矢小心而武慚敬勝不特文之志難安即多材如家相亦莫慰也而不然也白旄黃鉞克享天心發粟散財聿孚人望有武王而西京之雲漢更發其章南國之條枚益新其象也能不撫牛放馬歸之治而慨慕深之析薪有勿荷之慮向令文慶多福而武難配命文頌作人而武不訪疇不特文

光緒乙亥　恩科

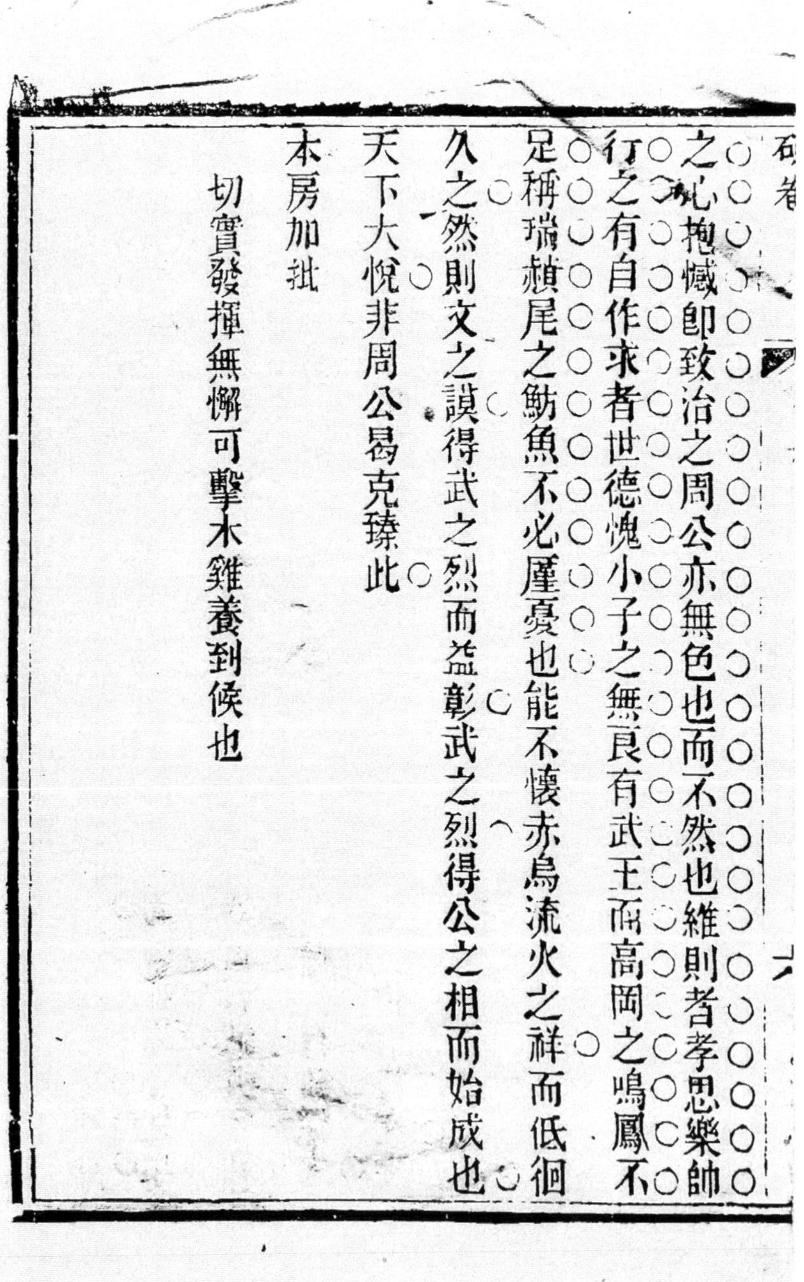

之心抱憾即致治之周公亦無色也而不然也維則者孝思樂帥行之有自作求者世德愧小子之無良有武王而高岡之鳴鳳不足稱瑞赬尾之魴魚不必屢憂也能不懷赤烏流火之祥而低徊久之然則文之謨得武之烈而益彰武之烈得公之相而始成也

天下大悅非周公曷克臻此

本房加批

切實發揮無懈可擊木雞養到候也

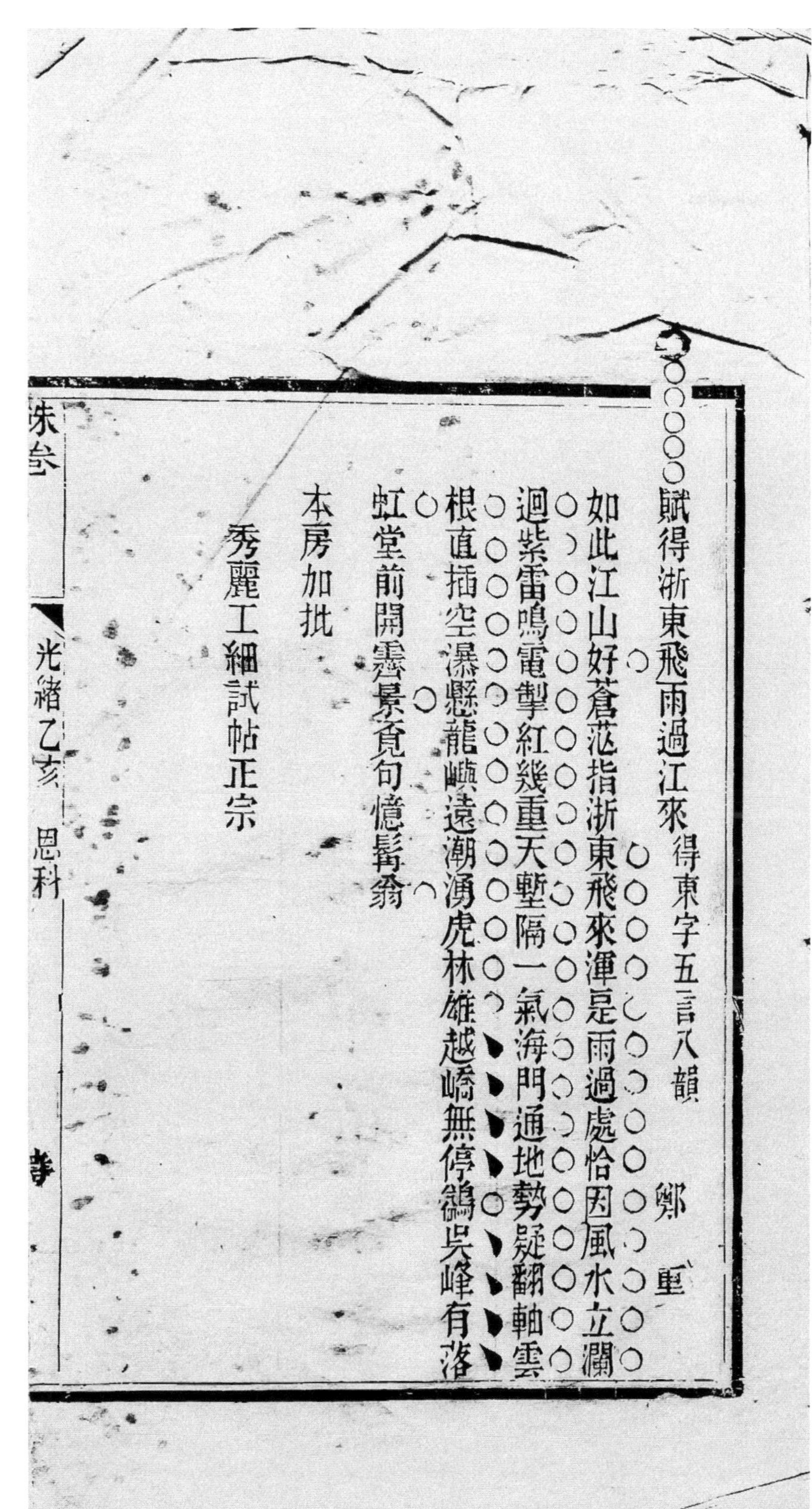

賦得浙東飛雨過江來得東字五言八韻　鄭重

如此江山好蒼茫指浙東飛來渾是雨過處恰因風水立瀾迴紫雷鳴電掣紅幾重天塹隔一氣海門通地勢疑翻軸雲根直插空瀑懸龍嶼遠潮湧虎林雄越嶠無停鷁吳峰有落虹堂前開雲景覓句憶髯翁

本房加批

秀麗工細試帖正宗

光緒乙亥　恩科

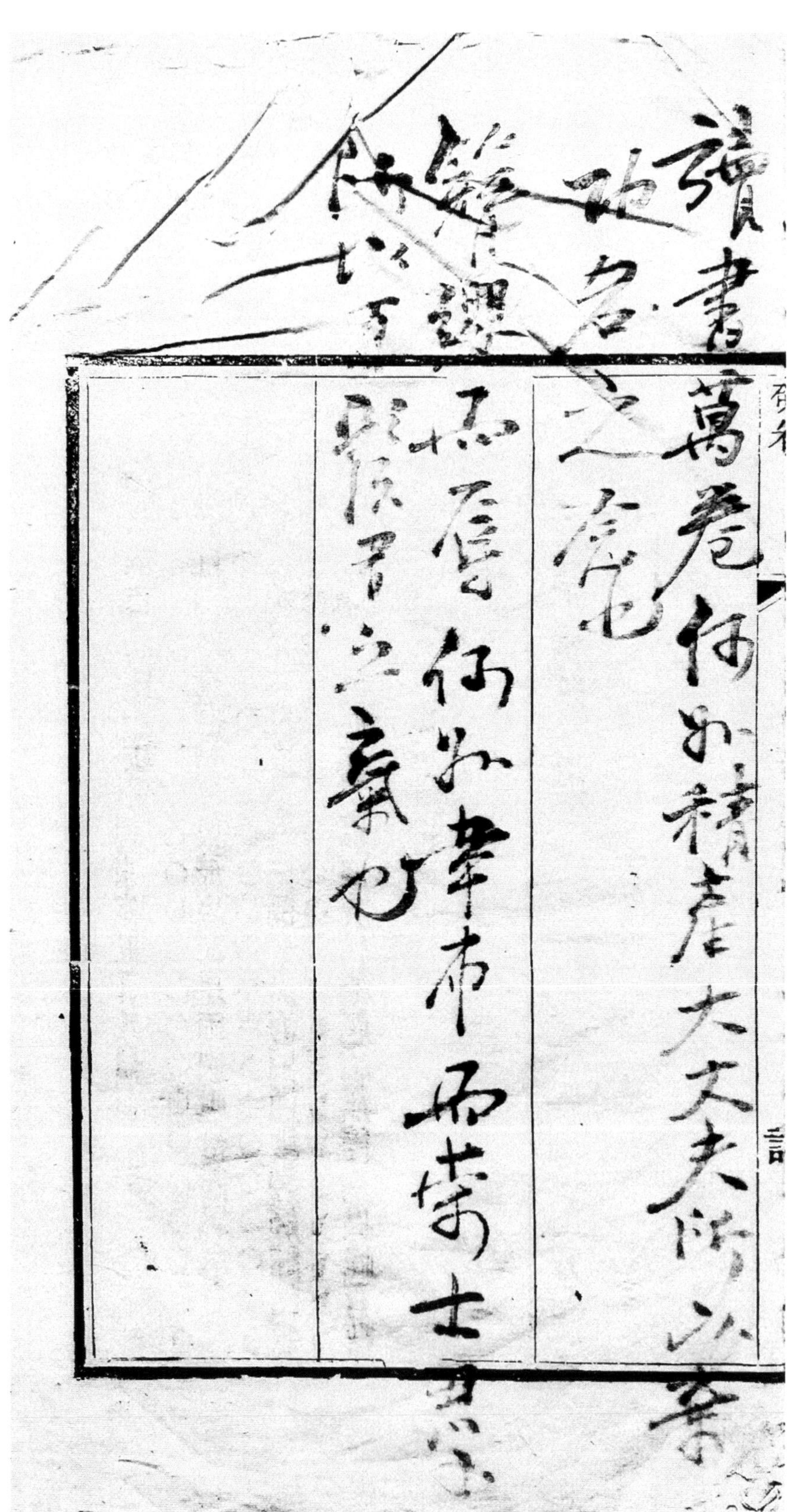

光緒丙子　賈淇

賈淇

始祖世方公諱宗㱿宋徽宗時鎮撫涇原鳳翔等處高宗時扈駕臨安

妣氏韓

二世祖曾三公諱儼

妣氏徐

三世祖念二公諱湜

妣氏胡

四世祖九二公諱似達由臨安遷居南磨

妣氏趙

原名師曾字一傳號省齋行一

道光辛巳年八月十七日吉時

生紹興府上虞縣學附生民籍

高伯祖大業邑庠生

曾伯叔祖用賓　端臣

堂伯叔祖素書邑庠生　錦書太學生

德先　峴先　聖先　爭先　晃先　行先

嫡堂伯叔祖煒　煌太學生　炘太學生　煊太學生

堂伯叔敬存歲貢生方扑山先生稱爲理題聖手載邑志著有中庸易知錄三十二章抑齋文稿四卷　敬承鄉飲大賓　敬脩邑庠生著有懋齋時藝　敬止　信裕

毓秀　毓奇　毓才　毓美　毓義　性道

性理　酉木　酉林

履歷

五世祖貴四公諱長貴
妣氏周
六世祖善四公諱尚善
妣氏周
七世祖太三公諱太真
妣氏胡
八世祖素三公諱元良
妣氏朱陸
九世祖成九公諱茂松
妣氏竺
十世祖洪九公諱廷璉
妣氏石

嫡堂伯叔全德鄉飲大賓九叙邑庠生九齡太學生全忠靈
皐九淵鄉飲大賓九韶宿儒太學生九華儒士太學生成皐
九皐
胞伯維城儒士九疇宿儒鄉飲大賓字楚楠號醉經晉楠
胞姑四長適西瓦窑徐周宗次適後半湖陳南星三適中半湖劉煥四適裏南岙倪承業
堂兄魯璠魯璵應宿邑庠生揆一燮邑庠生占
一魯觀昌運廩膳生著有十三經旨解讀史掌談苹圃大小題文存
昌緒增廣生著有四子書綵辨來一昌圖惟一和鈞
清植寅恭清和升聞升林清漪儒士
熊飛清淮鎔儒士字金夢蘭升田儒士夢齡鑑鄉飲
大賓字升庸徐芳夢祥徐本銘鄉飲大賓字晉明亦
純夢周鋒字思棠霞飛清標夢進夢

十一世祖金二十公
妣氏倪
十二世祖忠三公諱時瞻
妣氏林
十三世祖思十二公諱司泰
妣氏姜
十四世祖殷十一公諱耀
妣氏龔
高祖稱八公諱子顯
妣氏謝
曾祖端士公諱標國學生
妣氏俞觀玉公女　科舉八

南　岐周郡飲大賓　司慎　愷周　夢高　洲英
清聚　冲飛　錫周　克慎　悅安　鏞儒士字渭
叟　夢錫　夢占
嫡堂兄鍔儒士字定淮號晴嵐　魯傳　耕傳儒士字詒書
胞弟師禹字書傳號竹坡從九品　師望字見傳號少渤　師旦字周傳號子亭
辛酉殉難咨
部旌卹
胞妹一適何家塾何三槐
堂姪樴從九品字周楨　橒從九品字峙楨　楣從九品字震百　向瀛邑庠生字載千號少仙
嫡堂姪繼栻字仲軒　少栻字倬軒　鯉登業儒字雲從號海樓　翼昭
又栻字傚軒　德昭
胞姪靜鎮業儒　靜傳　靜貞
嫡堂姪孫化訓　葆璿　守訓　廣訓　葆瑜業儒

履歷

庶妣氏毛

祖麟十二公諱燎字明山號濯錦邑庠生貤贈文林郎

妣氏龔貤贈孺人
章貤贈孺人

父愃十四公諱九成字郢楠鄉飲大賓例贈文林郎

妣氏陳十都杏樹下元發公次女例贈孺人

永感下

授業師以受業先後爲次

醉經胞伯諱九疇鄉飲大賓

陳益堂老夫子諱宗德

佩訓　頌訓　金生　寶森

娶倪氏襄南鄉承業公女

王氏百官楚佩公幼女

韓氏會邑有美公女

子靜安　應衍幼讀　應闓幼

女三長字竺郎昄職員竺繼緒公長子定軒次適馮家浦太學生馮士金公幼子錫邦三未字

劉蕙圖老夫子諱鎮揚戊子科舉人大挑一等任廣西左州知州茶城縣知縣
龔立亭老夫子諱恆邑庠生
徐昣棠老夫子諱麟廩膳生
竺漪園老夫子名瞻策郡增生
魏寶園老夫子諱露棻歲貢生
謝笠雲老夫子諱簡廷辛卯科副元
任蒓香老夫子名湘壬午科副貢丁酉科舉人
袁鴻秋老夫子名嗣錦庚戌科進士前任四川鹽源縣知縣欽加同知銜
王花潭老夫子諱光煜己亥科亞魁象山縣學教諭

履歷

受知師以受知先後爲次

戴竹坡老夫子印堅前任上虞縣知縣

楊濟川老夫子印鉅源前任紹興府知府

吳雉舫老夫子印鍾駿前任浙江學政

孫敬之老夫子印欽若前任上虞縣知縣

楊飛泉老夫子印鶴書前任紹興府知府

趙蓉舫老夫子印光前任浙江學政

王循陵老夫子印秉權乙酉拔貢辛卯科順天舉人經正書院掌教

張遜侯老夫子印志高前任上虞縣知縣

胡仁齋老夫子印寶膏己未恩科浙江鄉試同考官

李爽階老夫子印士愷丁卯科並甲子科浙江鄉試同考官

履歷　光緒丙子科

鄉試中式第　十　名

會試中式第　　名

殿試第　甲第　　名

欽點

族繁不及備載

住西南門外外南縣

四

浙江鄉試硃卷第二房

中式第十名舉人賈　淇紹興府上虞縣學附生民籍

同考試官大挑知縣葛　闓

薦批　思清筆健經朗暢策條達

大主考詹事府右春坊右中允文淵閣校理國史館總纂實錄館纂修功臣館纂修翰林院撰文王

取批　堅光切響經圓熟策精當

大主考光祿寺少卿潘

中批　興會淋漓經穩愜策明通

硃卷

光緒丙子科

批

本房原薦批

第壹場清思浣月健筆凌雲文三情

文並茂詩叶

第貳場詞意充暢藻采繽紛

第叁場援引確當筆亦條達

聚奎堂原批

堅光切響與會淋漓三藝一

律詩適

圈點遵聚奎堂原刻

子曰君子不可小知而可大受也

賈　淇

知人不易當觀君子之大矣夫君子弗以小求知正其大之能受也不知君子之不可即無以知其所可且知人者患不知君子也尤患乎知君子而知非所知昧君子見知之地而舉平日所不屑措意者沾沾焉衡量於其間無論君子鄙所知而不樂為之用即勉所知而究何裨於用吾甚嘆千古賢豪盡掩於庸俗之耳目而其眞不出也昔夫子言之矣曰今天下孰不欲得君子而大用之哉然而所以知之者宜審矣君子隱居求志知天地民物非一手一足之勞也於是位育擴其規模而不以瑣屑擾神明亦不以淺

圖昇局量充其力於大本大原之地故造詣所見有闊疎自有專精君子學古入官知帝佐王臣非一材一藝之末也於是致澤宏其敷布而上不邀盈廷之譽亦下不競胥吏之長綜其綱於大體大用之端故樹立非常争久遠不争旦夕是則君子可大受而卒不見受者何哉則以知之者小也一則賞識無定衡而惟於簿書期會責其效卒之吏事不治見繩於流俗者或不復見拔於明廷是小知猶之不知也一則事權不輕假而徒以昇官末秩老其材卒之名業不彰坐困於沉淪者或轉而自甘於肥遯是小知不如不知也不可故也知其不可而君子所可者見矣世運平陂之會

天特生君子以仔肩則所以付託之者本不期其小補倘以庸流待奇杰特出之經濟安所施乎君子學不專乎家而操燮理之權則無愧藝不成乎曲而補生成之憾則有餘一旦畀以鈞衡合萬事而胥歸條理始信乎時脫略特其志之不屬非其量之有虧也吾願衡人者毋遺其大焉可耳國家多事之秋世皆賴君子以旋轉則所以屬望之者又不在於小成苟以短馭屈長材不世之勳猷將誰寄乎君子經綸其夙裕而視爲保障之才則已非公輔所優爲而位以風塵之吏則又褻一旦投之艱鉅總百爲而獨懋敷施乃知夙昔深藏固其中之有容因見外之若拙也吾願用人者

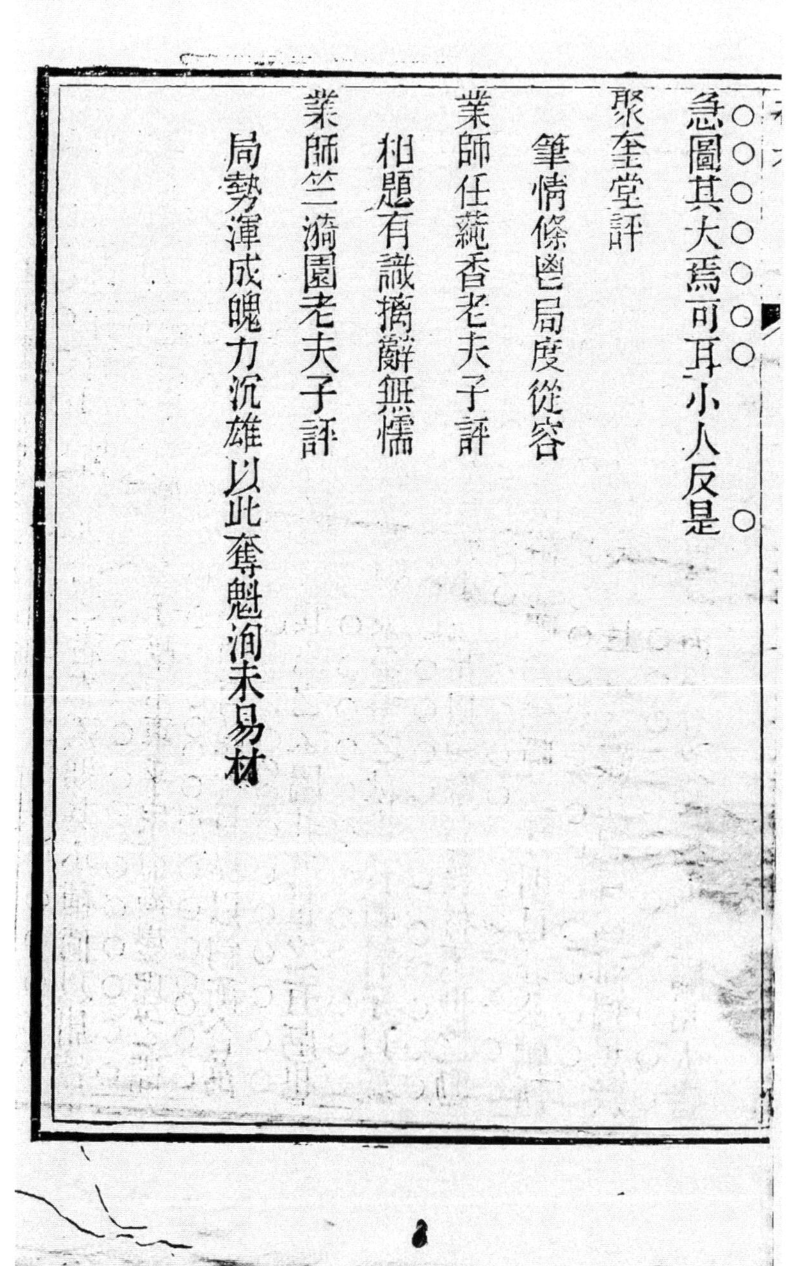

急圖其大焉可耳小人反是

聚奎堂評

筆情條暢局度從容

業師任蘋香老夫子評

相題有識摛辭無懦

業師竺漪園老夫子評

局勢渾成魄力沉雄以此奪魁洵未易材

○○○○○○序爵所以辨貴賤也序事所以辨賢也

賈　淇

序有昭其辨者貴貴尊賢之道得矣蓋爵有貴賤而事惟其賢於廟中序而辨之不可想見武周繼述之大哉且周自武成既告而列爵位事用弼丕基論者謂朝廷得其序矣豈知序在朝廷者功藉以濟世而序在宗廟者意主於奉先鵠立有階等威判焉駿奔無失職守分焉君子觀於釐別之宜而知德薦馨香者之有自也宗廟之禮不獨序昭穆已焉間嘗披周頌之所歌考周官之所掌見乎相祀者辟公而鞗革和鈴美其飾頌祀者宗伯而彝尊牲齍欽乃司一時鞠蹐登堂而同異姓中之有爵有事者咸在焉豈貴

賤之無殊而賢能之莫别哉謂論定後官太宰馭貴有條應無班聯之弗正而儀文視位次爲隆殺還當於司徒制爵行人等爵而外更善其區分謂射中與祭澤宮選賢維謹可無隕越以貽羞而任使因材藝爲短長正宜於戸交室事階交堂事之時復嚴其簡畀爰有序爵之禮而或疑其不及同姓者非也共慶螽之蟄而魯在禴先奉明禮而分尊宗室並美鷺之飛而杞非宋敵作我客而位列上公推之衆執豆之班而或名曰師或名曰氏或名曰人豈得以類之紛而任其淩躐乎益序之而貴與賤不相踰則辨之明以皙也可知已又有序事之禮而或議其不及異姓者非也牲物

奉五官而司几司席審用位者亦修虎拜祈號陳爾祝而望祀望
衍職招弭者庶逬鴻床推之與升香之列而或主乎濯或主乎陳
或主乎薦豈得以務之細而令其乖違乎蓋序之而賢與賢各有
宜則辨之精而詳也可知已且夫共球替職大糦誶承膚敏祼閒
和羹孰戒殷王之爵與事不可問矣懲其失而即序即辨本九儀
之命以正位等三升之秀以論材而秩然不紊之經用以質殷先
哲王之靈而無愧且夫後先奔走位準明堂左右趨蹌譽隆髦士
文考之爵與事深可懷矣體此意而以序以辨嚴不啻王會之有
圖吉惟任君子之所使而肅然有且之美因得邀我周先王之福

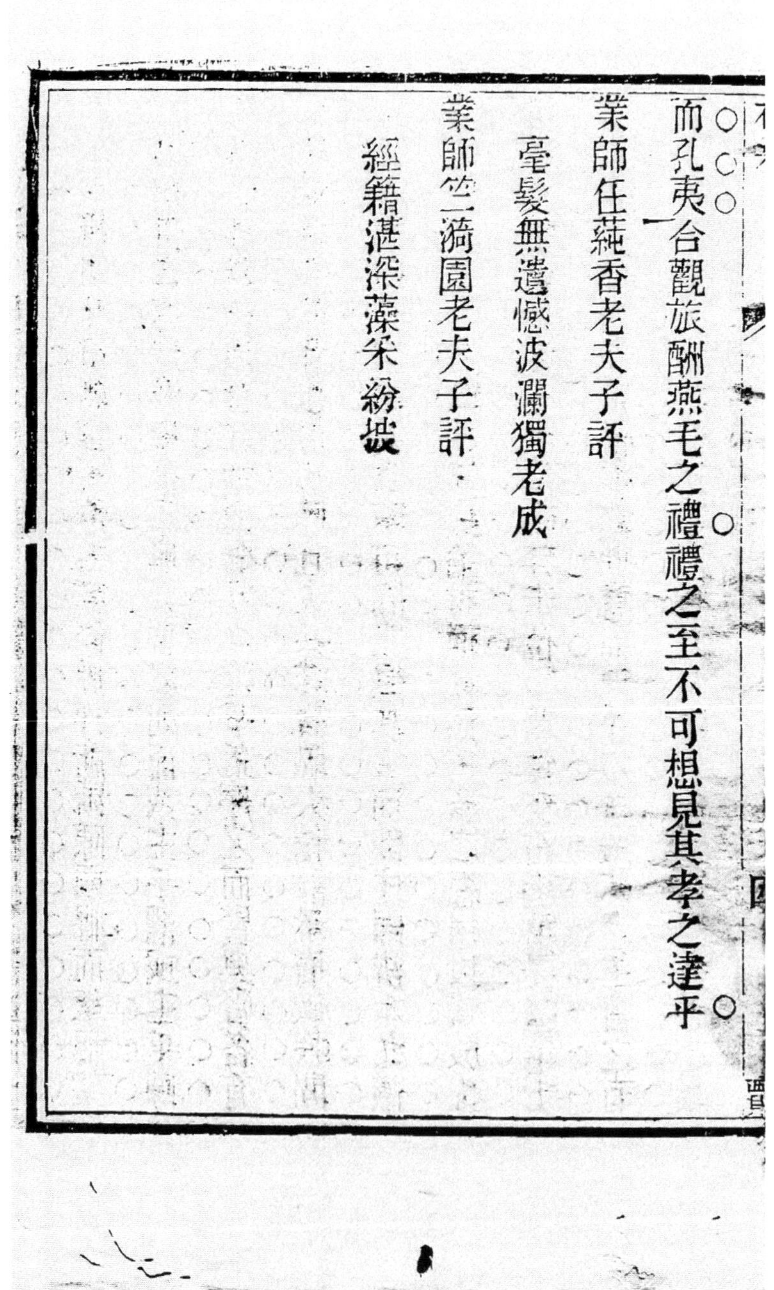

而孔夷合觀旅酬燕毛之禮禮之至不可想見其孝之達乎

業師任蒓香老夫子評

毫髮無遺憾波瀾獨老成

業師竺漪園老夫子評

經籍湛深藻采紛披

非聖人而能若是乎而況於親炙之者乎　賈　淇

明其所能之爲聖進擬之而慕更深矣夫聖人爲百世師知非聖人興起能若是乎由百世下進擬之能無於親炙者有深慕哉且自來獨絕之芳徽予人以無窮之嚮慕也久矣身不克生同時居同遊而猶得於尙論之下驗其德之盛因信其化之神感孚有自可實按亦可反求傳頌非虛幸耳聞更幸目見則由異世以想並世益令我神往於古而不能自已也如百世而下誰親夷惠見挹夷惠之風規乎誰炙夷惠獲沾夷惠之教澤乎而興起若是且莫不若是亦思夷惠之能何如能亦思夷惠之人何如人哉造乎清

之極而夷獨成其爲夷造乎和之極而惠獨成其爲惠肅溫秉天地而一意孤行操修不在神明下矣否則高曾之矩矱不數世而竟致淡忘何西山之片石無靈東國之簽書又蠹而餘韻遙傳曠代其知鼓其志淸非勉爲淸而夷之後無夷和非勉爲和而惠之後無惠仁義全生初而負乎莫何分量已在性安中矣否則老成之典型不再傳而盡歸湮沒何首陽之朽骨已寒壟上之殘碑徒屹而流風遠播羣倫各思洗其心自非聖人與起能若是乎則夷惠之爲聖人信矣而又何必於親夷惠者徵之哉而又何必於炙夷惠者求之哉雖然品槪之昭垂瞻望與瞻依頓別慨往哲之遙

遥生其後者不啻道範躬承而激發無能自外即此見親之者之鼓舞爲尤神焉而等因以推而愈上性情之契合追摹與追隨攸殊仰前修之落落異其時者不啻德音面命而造成未嘗或遺即此知炙之者之薰陶爲更切焉而念直以轉而彌深蓋予之所躊躇滿志者夫不有親炙之者乎且夫發潛德之幽光歌也有思泣也有懷精神不患遠隔耳而必欲憶從前之相與依歸者繪摹其言論丰裁之異斯亦恍惚難憑矣然一覩尚清操者無判古今懷雅量者莫分遐邇吾且不僅爲親炙者喜而況隨介弟以求仁附門人而製誄俾親炙者之可喜又何如哉且夫竭寸心之景仰如

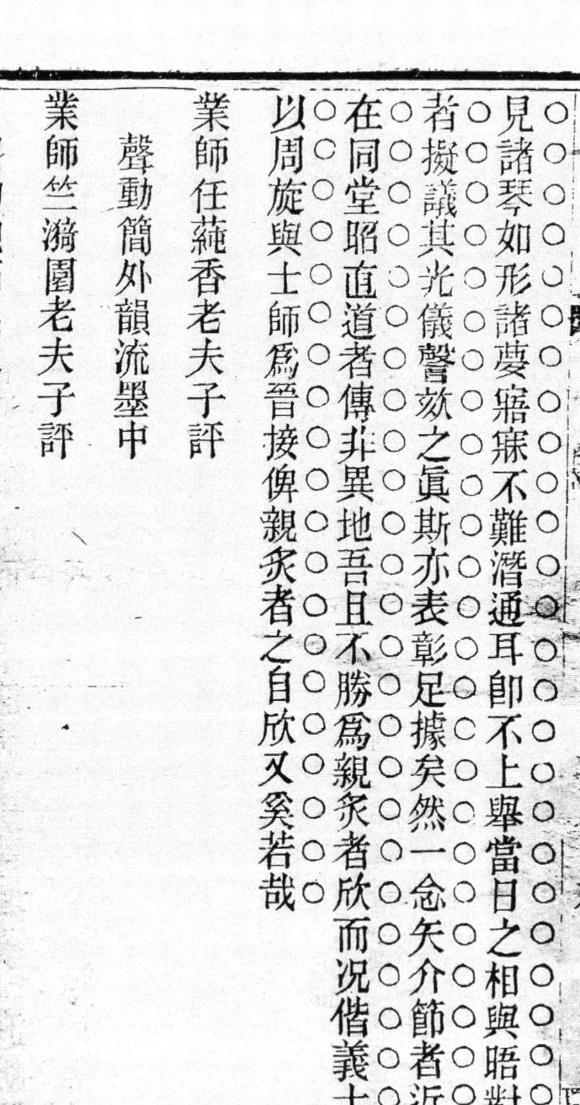
見諸琴如形諸夢寤寐不難潛通耳卽不上舉當目之相與晤對若擬議其光儀謦欬之眞斯亦表彰足據矣然一念矢介節者近在同堂昭直道者傳非異地吾且不勝爲親炙者欣而况借義士以周旋與士師爲晉接俾親炙者之自欣又奚若哉

業師任蒓香老夫子評

聲動簡外韻流墨中

業師竺漪園老夫子評

斟酌飽滿氣足神完想見三條燭盡心花怒放時也

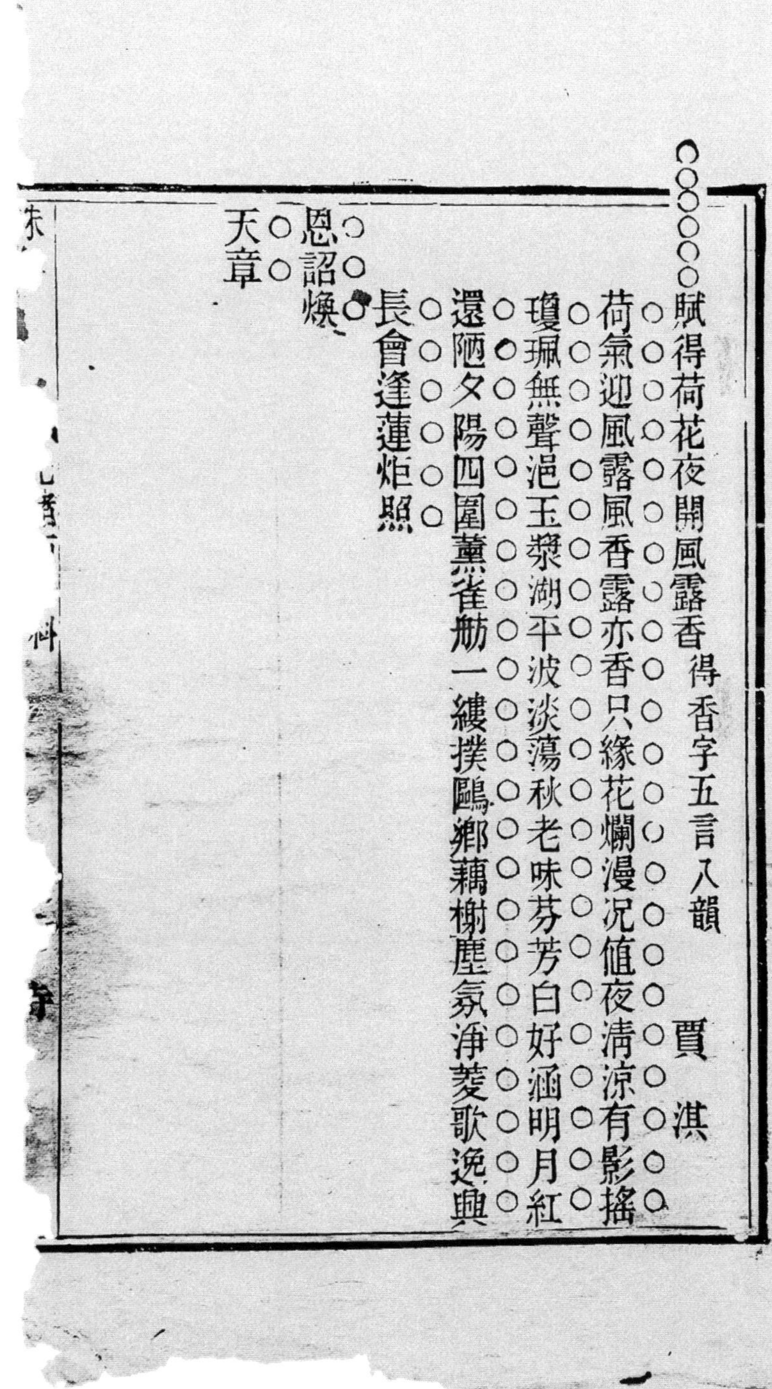

賦得荷花夜開風露香　得香字五言八韻

賈　淇

荷氣迎風露風香露亦香只緣花爛漫況值夜清涼有影揺
瓊珮無聲浥玉漿湖平波淡蕩秋老味芬芳白好涵明月紅
還陋夕陽四圍薰雀舫一縷撲鷗鄉藕榭塵氛淨菱歌逸興
長會逢蓮炬照
恩詔煥
天章

光緒壬午　吕衷謙

石輝
硃卷呈
政

呂衷謙

新昌始祖由誠　宋相文穆端公元孫，歷判成都，知嘉州、雅州，靖康初知四川襲慶府，徇金人之難，贈通奉大夫，詳宋史傳。卜葬新昌一都礄山天岳廟旁。本朝雍正二年恩詔入忠義祠，春秋祭享，家廟追崇奉祀，爲新昌始祖。

一世祖億　宋蔭大理評事，隨駕南渡，卜居新昌。

一世祖妣氏袁　宋封孺人。

二世祖集　宋贈武翼大夫，殿前都指揮使。

二世祖妣氏吳　宋封太安人。

履歷　光緒壬午科

字知恩，號六皆，行一。道光庚子年三月二十七日吉時生。紹興府新昌縣優行附生，民籍。肄業敷文、崇文、紫陽書院。

十世伯叔祖升　明洪武初以孝弟力田應聘，授江陰主簿，奉使山西定版籍，回告老終隱，著沃洲吟嘯集，歸田構崇祀鄉賢，詳郡邑誌。

誌　明初常州府學教授。

模　開行御史臺知事。

伯叔祖文玠　明洪武十五年舉明經科，授江西按察司僉事，分治信豐、瑞金、石城三縣，實授福建按察司僉事。

必質　明洪武以耆德赴京，將授職，舉弟自代。

必恆　由兄薦徵試吏部，擢湖廣綏甯分

不用　明初徵授本學訓導，崇祀鄉贊，改入名宦祠，詳郡邑志。

九思　明初薦授行人，轉江西袁州府經歷，載邑志孝友傳。

九疇　明初應辟。

十世伯叔祖迪　明永樂丁酉鄉薦，授連江縣學教諭。

談　明贈南京兵部侍郎。

總　明洪武初舉人，才擢[illegible]城知[illegible]。

[illegible]　明洪武辛未由監生山西曲沃縣丞。

章　明永樂三年貢，任揚州興化縣知縣。

秫　明贈奉直大夫，南京工部員外郎。

三世祖宣 宋處士爲睦宇派
三世祖妣吳 剡東樓下
四世祖瑾 宋贈承事郎晉贈朝散大夫
四世祖妣氏闕 宋贈太宜人
五世祖沖之 宋慶元五年進士授南康軍僉判賜緋銀魚袋贈朝散大夫著經宗旨詩文墨鈔詳郡邑志
五世祖妣氏潘 宋封宜人
六世祖惟通 宋嘉定己卯鄉舉贈朝散大夫
六世祖妣氏徐 宋贈太宜人
七世祖秉南 宋紹定五年進士累遷司農卿主仙都觀賜緋銀魚袋贈朝散大夫詳郡邑志政績傳
七世祖妣董 宋封柔嘉懿順淑德宜人

世
伯叔祖珹 明永樂鄉薦
鵬 明正統丙辰進士任湖廣平江縣知縣
昌 明正統辛酉壬戌聯捷進士任南京雲南道監察御史陝西按察司使
鳳 明天順己卯庚辰聯捷進士任工部員外郎
鳴 明天順己卯舉人蘇州府通判
遠 明成化辛卯舉人授九江府同知

世
伯叔祖初 明成化辛卯舉人鎮江府河間府通判
獻 明成化甲午經魁甲辰進士授刑科給事中賜一品服出使安南歷任順天府丞府尹南京兵部右侍郎善草書著有遺白堂集崇祀鄉賢詳明史郡邑誌
璉 明成化丙午舉人廣信府通判
廷簡 明宏治乙卯舉人淮安府長史
謨 贈兵部尚書兼都察院右都御史著有葛天吟稿行世

世
伯叔祖大川 明成化甲辰進士廣東惠州府知府
世長 贈兵部尚書兼都察院右都御史著大宗義藏解芝山集崇祀鄉賢
信 明成化癸卯舉人

世
伯叔祖李 明嘉靖壬辰進士由翰林仕至武英殿大學士柱國少傅兼太子太傅贈太傅諡文安
光洵 明嘉靖辛卯壬辰聯捷進士由翰林院庶吉士出知崇安溧陽二縣行取河南道監察御史洊升都察院右都御史巡撫雲南督師四川軍功任兵部尚書改南京工部尚書崇祀鄉賢

八世祖嶸宋寶祐四年進士授台州司理參軍

八世祖妣氏姚晉溪姚自愛老人之曾孫女

九世祖价宋處士齒德並尊鄉里愛敬

九世祖妣氏劉同邑郭南

十世祖楧號疎懶翁避難居東岬山平淡莊明初復舊址金華邵袁撰銘

十世祖妣氏黃同邑前山根黃公奇孫女

十一世祖九成號皆山以文學隱居禮讓範俗詳郡邑志傳浙江大參胡公續宗行縣樹逸民碑崇祀鄉賢

十一世祖妣氏沈丁

十二世祖辨明贈雲南道監察御史再贈奉議大

光緒壬午科

著有元史正要詩箋易箋三巡奏議皆山堂稿皆可園詩鈔行世

光演歲貢任休甯訓導著有四書集解集月軒詩集行世

光泌仕光祿寺署丞著有棠洲稿行世

光遠歲貢任濟甯州訓導著有棠川學語詠史錄

光化任河南輝縣知縣同修浙江通志著有庭闈錄高年錄皐泉逸史詩文諸集詳邑誌文學傳

光迎增廣生闕授常熟縣簿著有百律雜擬

光品遴貢任臨江府教授著有四明文集

世伯叔祖繼儒明萬歷乙酉歲貢授湖州府學訓導

繼梗萬歷乙酉舉人授泗州學正歷四川慶符縣福建松溪縣知縣歷任薊州道州趙州知州漳州府通判著有蜀游草燕游草廢祖咏風萍諸集詳郡邑誌及泗州誌四川叙州府誌名宦傳

繼橋歲貢任秀水縣訓導

世伯叔祖若愚號望松明嘉靖辛丑北榜舉人乙巳進士南京兵部車駕司郎中居官多惠政稱人德公春秋湏諭祭

奇策明萬歷己未進士授行人任淮安南雄二郡知府

曾見衢州府教授著有士人闕鑰吾與編筆奕編詩文諸集纂修省誌

曾模拔貢生

曾棣邑庠生著有逸心編及詩文載邑誌

曾楠由歲薦考授儒學勅封文林郎

曾龍歲貢

[illegible]江西按察司僉事

十二世祖妣氏梁 明誥封宜人

十三世祖吉 崇孝友工詩翰詳邑誌傳

十三世祖妣氏潘

十四世祖詢 築東溪草堂著石城小隱稿詳邑誌傳

十四世祖妣氏王徐

十五世祖世舟 著有散齋稿及雲莊詩集詳邑誌傳

十五世祖妣氏趙

十六世祖光賓 明邑庠入太學仕鳳翔府經歷有政績詳郡邑誌

授長洲縣丞

世

伯叔祖新周 明萬歷丙午舉人任滁州知州陞大理寺左寺副衡府左長史 爾華韡 庚辰舉人 景參 順治甲午副榜拔貢河南胙城縣知縣陞雲南鎮南州蒿明州知州 彪 康熙丁未舉人 廷雲 康熙已酉經魁癸丑進士 兆虞 贈奉政大夫刑部河南清吏司郎中 和鼎 著有四書直講尚書指南西園文集解詳邑誌孝友傳 和鈞 庠生贈文林郎潛江縣知縣 和衡 邑庠生同修邑志 和朝 增廣生著周易銓解詳邑志傳 炆 係太高高祖胞弟早世配陳太孺人·欽旌節孝

太高伯叔祖正笏 順治丙戌舉人任河南南陽縣知縣 正音 順治甲午乙未聯捷進士康熙丙午廣東正主考歷任江南按察司僉事徽甯等處兵備道崇祀鄉賢詳郡邑志 起津 康熙戊午舉人 師時 康熙甲子北榜舉人 秉 順治丁酉舉人 夏音 康熙丙午舉人任湖南潛江縣知縣詳郡邑志

高伯叔祖日永 乾隆戊子舉人湖南穀城縣知縣 日謹 邑庠生 日通 附貢生

十六世祖妣　明敕贈孺人

十七世祖玉涵　邑庠生　例貤贈奉政大夫　博極羣書不信浮屠著有闢佛說詳郡邑誌

十七世祖妣氏陳　例貤贈太宜人

十八世祖曾時　贈兵科掌印給事中　晉贈朝議大夫　豪邁不羣嘗還遺金數百兼通天文歷數劉念臺先生深器重之詳郡邑誌

十八世祖妣氏陳　誥贈太宜人　晉贈太恭人

太高高祖斕　康熙癸卯舉人己未進士授山西太原府崞縣知縣行取補吏科給事中陞兵科掌印給事中兼掌登聞院事充經筵侍講官丁丑科禮闈同考官

曾伯叔祖佾　康熙甲子舉人內閣中書改授甯波府鄞縣教諭　揆　康熙選貢進士　撫　邑庠生乾隆朝舉孝廉方正著有聖學天地天文地理帝王三才一貫義經皇極經學正修天人變化百忍樂天年譜等圖并教家箴二十一史演義皇極數趣園集行世　司壎　歲貢生杭州府仁和縣訓導　萬選　邑庠生　山臺　嘉慶辛酉拔貢　廷瀚　邑庠生　應兆　增廣生　樞　歲貢生　汜　乾隆癸酉拔貢

嫡曾伯叔祖振曾　鄉賓　復曾　太學生　又曾　守曾　例贈文林郎　述曾　鄉賓

堂伯叔祖豫玨　歲貢生嘉慶庚午御試欽賜舉人辛未會試欽賜國子監學正著有述祖詩蕅溪吟稿寸心知文編等集　椿　太學生議敘修職郎　椙　太學生例授修職郎　梓　邑庠生議敘八品縣丞銜　鑾中　歲貢生候選訓導　謨　邑庠生例贈奉直大夫　文粱　歲貢生

嫡堂伯祖廷焜　鄉賓　廷燦　太學生　廷焯　翻官

履歷　光緒壬午科

[illegible]孫封官誥封奉政大夫著栢庵詩文稿行世工書法立朝守正不阿詳阮芸臺相國輶軒錄

太高高祖妣氏趙錢並 勅贈孺人 晉贈宜人
氏張 勅贈孺人 晉贈宜人

高高祖念趙 邑庠生
高高祖妣氏梁 欽旌節孝崇祀節孝祠與十九世叔祖妣陳太孺人爲一門雙節載大清一統志

高祖鑅 例馳贈文林郎
高祖妣氏趙 例馳贈太孺人

曾祖雲會 例贈文林郎
曾祖妣氏俞 例贈太孺人邑庠生俞諱裕伯公胞姪女雍正甲寅拔貢淮安府淸河縣知縣俞諱鐙公堂

胞伯祖瑋 太學生例授國子監典籍銜馳封文林郎族稱敦孝友云

堂伯叔
一飛 增廣生例贈徵仕郎直隸州州判屢薦不售著有言志集課孫詩草哀哀吟等集待梓
乃烻 邑庠生例授修職郎
乃炯 邑庠生
乃煊 太學生議敘府知事
乃煋 附貢
乃燠 太學生例授直隸州同知
乃煌 貢生
乃燿 邑庠生
乃燗 歲貢生候選訓導
玉綸 邑庠生
大鏞 乙酉舉人
大鑣 辛卯舉人
占鰲 庠生
亭 廩膳生
廷繡 廩膳生
埏 廩貢生
瀛 增廣生議敘縣丞銜加五品頂戴例授奉直大夫
爔 例馳贈文林郎
欽典 歲貢生
鳴陽 邑庠生己未恩科薦卷
爣 增廣生

嫡堂伯叔
秀發
法清
萬方 太學生
賡餘 業儒
松齡
嘯松

親伯叔
萬廣 太學生國子監內班肄業甲午乙未順天鄉試備薦議敘八品銜例授修職郎
萬昭 太學生丁卯並補行甲子科薦卷乙亥恩科堂備
萬祥 武庠

姪孫女例贈登仕郎諱咨
采公女邵庠生名鑑嫡姑母
祖璋號莪士道光丙午順天舉
人國史館謄錄官候選知
縣欽加五品銜例授
奉直大夫貤贈文林郎
祖妣氏王鄉飲郡賓耀祥公季女太學生大鵬公胞
妹例贈宜人
例贈太孺人
祖妣氏王太學生世幹公女歲貢候選訓導陳承燕
公甥女例贈宜
人例贈太孺人
父萬孚號儀卿增廣生庚子癸卯甲辰薦卷國子監典
籍欽加五品銜例授
奉直大夫例贈文林郎
母氏帥江西軍功議敘六品銜振鐸公長女例封宜
人例贈
太孺人
繼祖慈侍下

覆試

光緒壬午科

堂
兄弟兆鼐庚辰舉人歷任陝西鳳縣汧縣褒城宜川知縣特授韓城縣知縣崇祀韓城君子祠
克勤庠生嘉慶元年薦舉孝廉方正恭詔戊午副榜例授直隸州州判基丁酉拔貢候選直隸州州判例授
承德郎例贈文林郎鴻羲同治丁卯並補行甲子科舉人甲戌會試薦卷前掌教下環廳環山書院現掌教鼓山書院晉戊子舉人甲辰大挑二等永嘉縣教
諭垣邑庠生墉歲貢生候選訓導奎光邑庠生龍光邑庠生錦江
軍功保舉賞戴藍翎五品銜候選巡檢青芝邑庠生縣府院三試俱案元著有覆甕物詩鈔
待梓埈邑庠生駿邑庠生佐昌邑庠生仁堯邑庠生之棠邑庠生
衷癸邑庠生衷寅太學生鴻標太學生世襲雲騎尉
嫡堂兄弟衷耀福昌
親兄弟衷恆優附生衷豫太學生衷復太學生衷鼎優附生乙亥恩科
己卯備薦衷觀太學生衷益業儒衷臨業儒衷晉業儒衷頤衷
豐衷萃俱幼讀

四

祖訓

庭訓

受業知師 謹以先後爲次

俞覺軒夫子 諱 楹 邑庠生

俞東垣夫子 諱 建寅 邑庠生

宗唐賁夫子 諱 渭占 歲貢生

俞月槎夫子 諱 觀 恩貢生候選教諭

太姻叔俞曉潭夫子 印 鑑 郡庠監生

宗硯卿夫子 印 汝熙 恩貢生就職直隸州州判

鄔芥卿夫子 諱 明經 壬辰舉人前任新昌縣訓導

胞弟衷乾 號義南太學生議叙八品銜

堂姪偉 丁酉拔貢署雲南麗江府分防維西通判 襄宸 庚子舉人揀選知縣 冠瀛 咸豐己未恩科舉人庚辰大挑二等前署仙居縣教諭現任鎮海縣教諭 錫師 歲貢生癸酉科薦卷 錫時 同治丁卯並補行甲子科舉人戊辰會試薦卷 錫昌 邑庠生 錫恩 邑庠生 漢宗 郡廩生 型 邑庠生 鶴書 邑庠生 濬 廩膳生 汝羲 邑庠生 漢倬 邑庠生 觀光 邑庠生 濬 嵊籍庠生 超 丙子武舉 家騏 邑庠生 文 臣 邑庠生 熊占 邑庠生世襲雲騎尉 飛熊 乙亥恩科武舉 兆泰 太學生 兆基 太學生 鳳藻 邑庠生 汝槐 幼讀

親姪識麟 識騶 識棠 識棣 識鹿 俱幼讀

胞姪清渠 鑑渠 雲渠 俱幼讀

堂姪孫鍾蕃 直隸南樂縣典史 喬柯 庠生欽賜州司馬 喬蔭 庠生例授州司馬 德涵 增廣生庚午薦卷 炳鴻 邑庠生丁卯並補行甲子科薦卷 安邦 武庠

宋蓉巖夫子　諱可堂　舉人特授甯海縣訓導陞授杭州府教授

王詹東夫子　印以藩　廩貢生候選訓導

丁儁人夫子　諱昌穀　前署新昌縣知縣

繆南卿夫子　謚武烈　前任紹興府知府

周韓臣夫子　諱玉麒　前任浙江學政

石康侯夫子　印玉麟　前署新昌縣知縣歷任玉環廳同知鄞縣知縣現署天台縣知縣

孫歡伯夫子　印熹　現任東防同知

丁濂甫夫子　諱紹周　前任浙江學政

曾雨人夫子　諱國棻　庚午鄉試同考官

章采南夫子　諱鋆　前掌教紫陽書院

夏□　光緒壬午科

宜陽　邑庠生　金乾乙世襲雲騎尉

堂再姪孫　桂芬　光緒乙亥恩科舉人庚辰會試薦卷揀選知縣　桂榮　郡庠生

賚昌　邑庠麟熊廩膳生同治丁卯並補生鈺行甲子科癸酉科薦卷

親姑二　長適丙申會魁歷任貴州黔西獨山等州知州俞諱汝本公次適歲貢候選訓導徐諱師儁公子庚午副榜候選教諭諱師濂公胞姪國學生諱建誠公

胞姑一　適金諱樂山公長子德松

親姊妹五　長適丙申會魁任貴州黔西獨山等州知州姑丈俞諱汝本公次子貴州候補巡檢諱邦煦次適乙未恩科舉人甲辰大挑一等歷任山西甯鄉繁峙縣知縣俞諱貞公長子庚午舉人庚辰大挑一等簽發貴州即補知縣本科黔闈鄉試同考官名鴻逵三適邑庠生陳諱于泮公長子優廩生同治丁卯並補行甲子科堂備庚午科薦卷名之璜四五俱幼未字

親姊妹二　長適邑庠生例封文林郎陳諱鳳佐公次子乙丑副榜前任湄安縣教諭詁經精舍監院庚午副元名讀胞弟太學生名誦胞兄乙亥恩科舉人揀選知縣名譜次適嵊邑丁家村

杜蓮衢夫子 諱聯 前掌教敷文書院

周縵雲夫子 印學濬 現掌教敷文書院

馬春陽夫子 印傳煦 現掌教崇文書院

呂庭芷夫子 印耀斗 前掌教紫陽書院

龔鳴岫夫子 印鳳岐 己卯鄉試同考官

路芝庭夫子 印履祥 前任嵊縣知縣

張靄亭夫子 印澐卿 現任浙江學政

霍子方夫子 印順武 現任紹興府知府

曾星垞夫子 印壽麟 現任山陰縣知縣

年伯陳偶丞夫子 印士杰 現任浙江

巡撫本科監臨

曉峯夫子 印德馨 現任浙江布政使本科提

劉貢生丁諱舜璿公次子己卯科舉人名傑初堂兄名禹鍾

俞氏 丙申會魁歷任貴州黔西獨山等州知州丁酉己亥庚子貴州鄉試同考官誥授奉直大夫著有北征詩鈔燼餘存稿惜分陰齋文集退思堂雜著等集俞諱汝本公次女貴州候補布政司經歷諱邦壽貴州候補巡檢諱邦煦胞妹前署貴州思南府經歷名伯旭胞姑

女一 字乙亥恩科舉人揀選知縣姊丈陳名謳次子躬逵

子一 定生

五

呂

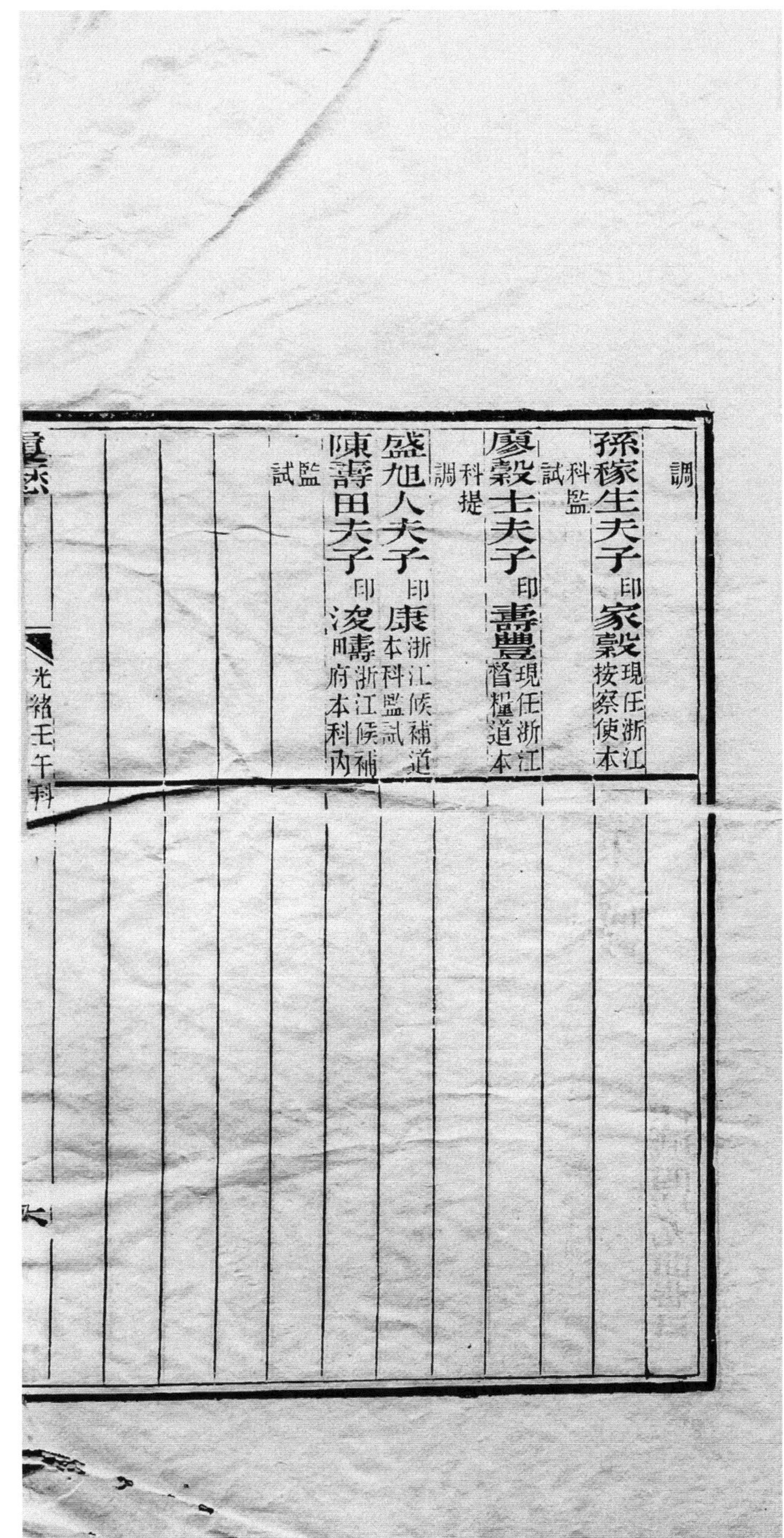

調
孫稼生夫子　印家穀　現任浙江按察使本科監試
廖穀士夫子　印壽豐　現任浙江督糧道本科提調
盛旭人夫子　印康　浙江候補道本科監試
陳諤田夫子　印浚疇　浙江候補府本科內監試

光緒壬午科

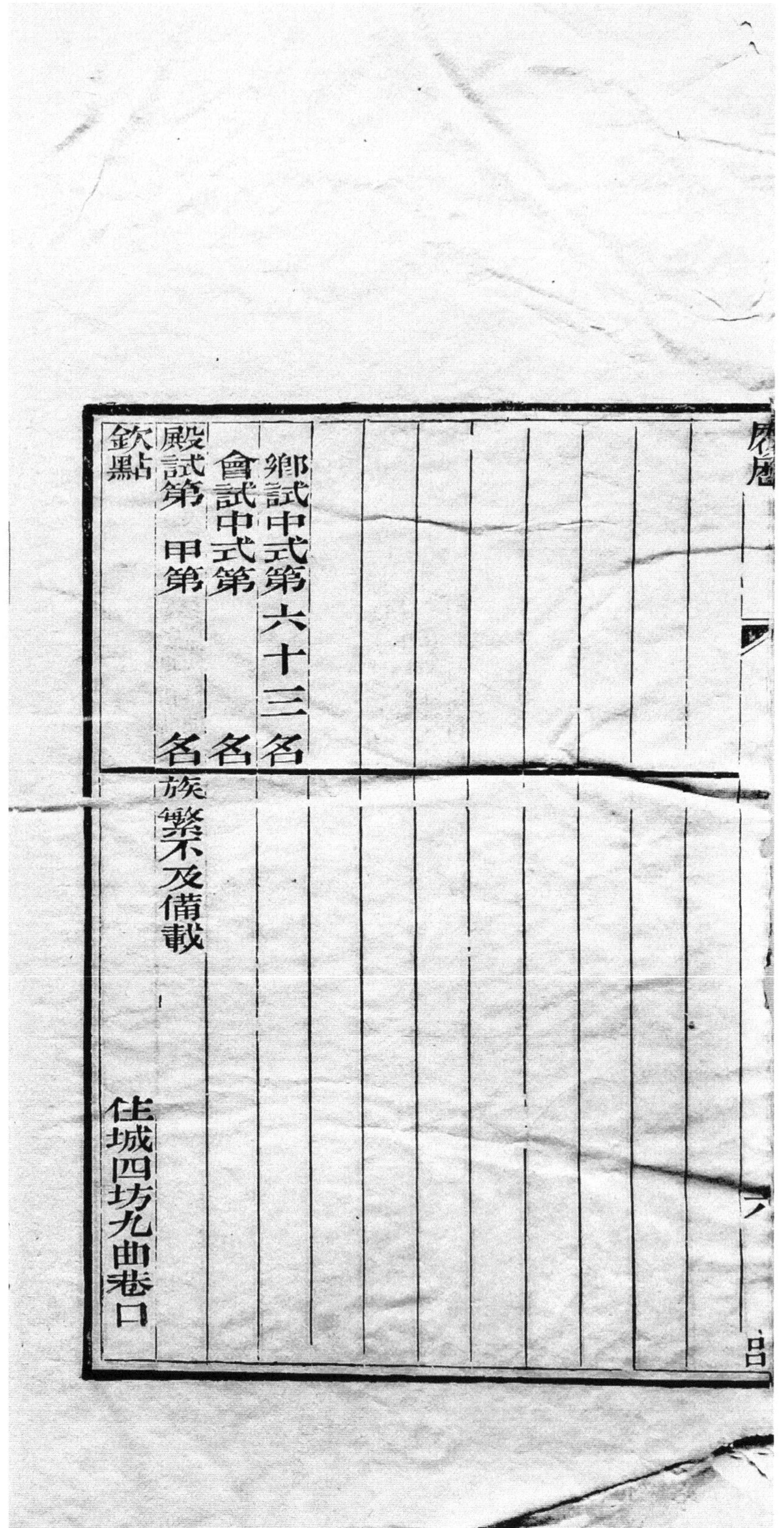

鄉試中式第六十三名

會試中式第　名

殿試第　甲第　名

族繁不及備載

欽點

住城四坊九曲巷口

浙江鄉試硃卷　第叁房

中式第六十三名舉人呂衷謙浙江紹興府新昌縣學優行附生民籍

同考試官[illegible]闕　薦批　安章宅句經策明通

大主考翰林院編修國史館纂修本衙門撰文武英殿纂修朱　取批　平矜釋躁經策精深

大主考兵部左侍郎許　中批　抽祕騁妍經策賅博

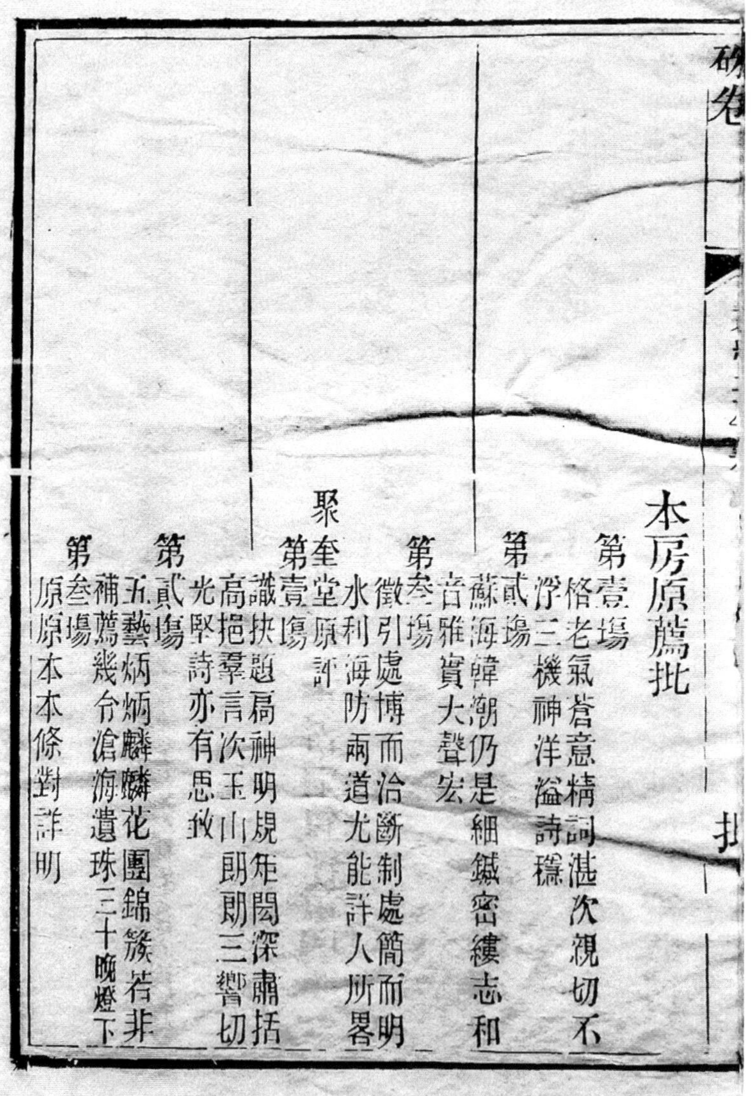

硃卷

批

本房原薦批

第壹場

格老氣蒼意精詞湛次視切不浮三機神洋溢詩穩

第貳場

蘇海韓潮仍是細鍼密縷志和音雅賓大聲宏

第叁場

徵引處博而洽斷制處簡而明水利海防兩道尤能詳人所畧

聚奎堂原評

第壹場

識抉題髙神明規矩閎深肅括高掲羣言次玉山朗朗三響切光堅詩亦有思致

第貳場

五藝炳炳麟麟花團錦簇若非補薦幾令滄海遺珠三十晚燈下

第叁場

原原本本條對詳明

後進於禮樂君子也如用之則吾從先進　　呂叏謙

周季以文勝自誇非聖人從周之志也夫禮樂至後進先進之意微矣目爲君子豈子從周之志哉今使末流積習果不愧爲彬彬之君子也吾豈故從其矯哉乃趨而愈下一時之好尚無遷而返而自思一己之權衡有定亦甚欲要譽於今而深恐有乖於古從周素志如是焉已耳先進於禮樂固君子非野人也而何以用禮樂者獨不從先進乎特無奈後進之厭故喜新偏以君子自居也人非別有私見以相高其顛倒而趨於是者乃積漸之使然世變所移幾若踵事增華之爲貴人豈竟無末途而思返其輾轉而至

於斯者亦品題之過當遷流所極不惟變本加厲之爲憂且夫我周之禮樂固當損後進之過以就先進之中也信如人言則將徇時而隨俗則將同流而合汙則將從後進之紛華而斥先進之簡畧則將從後進之浮薄而厭先進之老成人皆然而吾則何如吾亦樂居君子之名第世變恐靡窮欲苟安焉而不忍吾豈甘受野人之目第人心不可問雖獲罪焉夫何辭如其用禮樂於朝廷則鎬洛之聲靈未艾也吾讀明堂之位玉帛維新吾陳王會之圖鼓鐘如昨率從恐後覺非此不爲功矣而獨不解後進之別有思存也夫使平心叩之而誠較勝於前此事誰甘遷就乃胡爲事君而

嘖有煩言反魯而尙勞商訂周京可復吾敢隨波逐流也乎如其用禮樂於宗廟則辟雍之氣象猶存也吾修尙齒之儀燕毛紀盛吾上介眉之頌鷺振歌詩景從有心覺舍是非所願矣而獨不解後進之自成風氣也夫使藐躬導之而或咸刊其誤庶幾稍慰生平乃無如鄙人空遭物議伶倫大半天涯周室將卑吾能承訛襲謬也乎則吾從先進而後進之所謂君子其亦可以廢然矣

本房加批

精心結撰純從題之筋節處虛與委蛇故能包掃一切推陳出新文境至此足徵洗伐功深

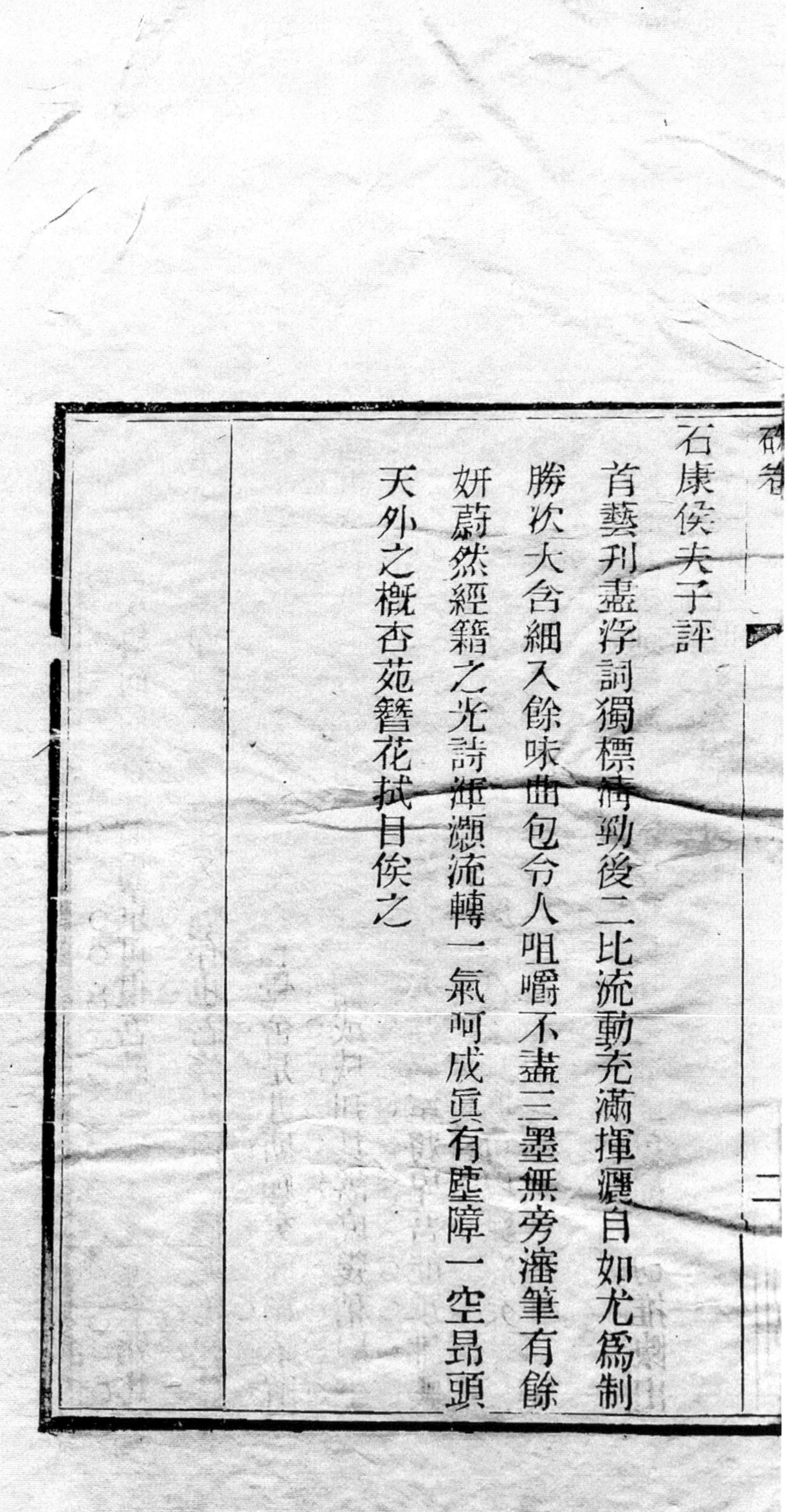
硃卷

石康侯夫子評

首藝刊盡浮詞獨標精勁後二比流動充滿揮灑自如尤爲制勝次大含細入餘味曲包令人咀嚼不盡三墨無旁瀋筆有餘妍蔚然經籍之光詩揮灑流轉一氣呵成直有塵障一空昂頭天外之概杏苑簪花拭目俟之

人莫不飲食也鮮能知味也

呂東謙

援飲食而進一解離道者宜察之矣夫未有飲食先有道飲食且不知味而況於道乎嘗思中庸中有至味焉民鮮能者民鮮知之耳或者不察以爲中庸本不易知則必天下之易知者無不知而後可則必天下之無不知不求知而自知而後可則必天下之不求知而自知而卒無一人之不知而後可則必天下無一人之不知而不至人人皆鮮知而後可信如是也則何解人之於飲食知愚賢不肖皆道中人也皆道中不知味之人也其過於知者固鮮能知即不及知者亦鮮能知也其不屑知者固鮮能知即不求知

者亦鮮能知也曾亦思道中人乃皆飲食中人乎人不能離道而爲道人即不能離飲食而爲人中庸之道與飲食之味本同原也人自領會焉可矣人苟能離道而爲道人亦可離飲食而爲人中庸之道之至與飲食之味之眞無二理也人姑體驗焉可矣以云知味能耶否耶人情於創見則驚爲異習見則視爲常蓋相與忘之矣夫此忘之之一念雖終身不離其物而不啻其離焉設於此而詰之有茫然不解何故者和同原可辨而胡爲竟至茫然耶人情於偶然則喜其新同然則厭其故蓋相與忽之矣夫此忽之之一心雖終日不離於身而更甚於離焉苟無端而叩之有惘然不

識誰何者口腹豈無憑而胡爲又皆惘然耶意者飲食之情有異乎或養生以著論或辟穀以成書夫固無能相强也然而式飲式食莫不皆然矣乃一旦過簞瓢之巷寒士忘懷入醉飽之鄉豪門同夢當前多脫畧誰知餘味之曲包其喻若難獨喻此不可解者也意者飲食之性不同乎或適志於枕流或甘心於採薇夫固別寄遐心也然而以飲以食莫不盡然矣乃一旦耽菽水之風流連腥臭厭膏粱之飫屬饜糲糠舉世盡浮沈疇知眞味所從出何處亦復何思此不可解者也而抑知知之人過於知愚之人不及知乎而抑知賢之人不屑知不肖之人更不求知乎其鮮能知味也

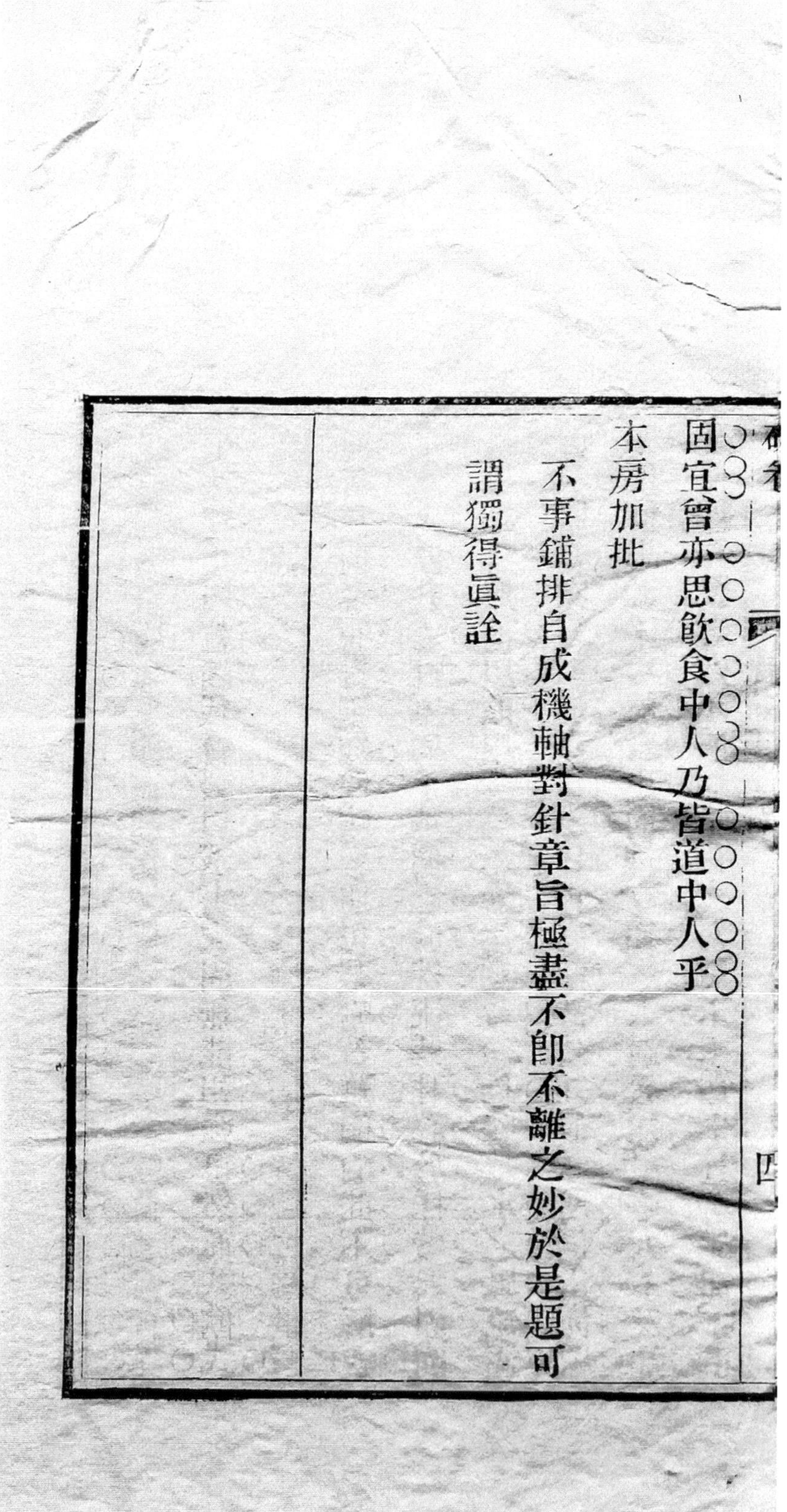

固宜曾亦思飲食中人乃皆道中人乎

本房加批

不事鋪排自成機軸對針章旨極盡不卽不離之妙於是題可謂獨得眞詮

關市譏而不征澤梁無禁

呂袁謙

征與禁俱免王政之無私也蓋關市所以通財澤梁所以公利不征無禁文之治岐又如是嘗聞昔齊盛時商賈來於東海魚鹽通於東萊此霸業之餘也而猶爲王政之始乃未幾而暴征日甚私禁綦嚴某也問俗探風竊歎與民通財之道公利之端曾不少加意焉則未嘗退稽周禮奉教於先王故也不觀文王之治岐乎耕九一魚夢賡矣而民之財未裕也文王曰盍治關市士世祿鹿鳴賦矣而民之利不興也文王曰盍治澤梁設關司市之條初不必以偏私徇於是稅諸國門斂諸泉府無非準盈虛之數爲天地留

其餘水澤魚梁之地原不容以一日弛於是川衡有掌水虞有司不外寓撙節之權爲厲慝防其過若文王之於關市則又遠甚舟車輻輳無任虎苛闤闠空虛何堪鳩斂縱布則曰征廛則曰征久垂令典而彼以征而養其利源者茲恐以征而開其弊竇也蓋不過關譏異服異言市譏祭器戎器而已征胡爲者且文王之於澤梁則更寬甚雉兎偕來皆吾赤子鰷鱨入詠並逮黎元縱雍氏有禁萍氏有禁不廢常經而彼以禁而紓其物力者此恐以禁而拂其輿情也蓋不過澤有漁師之職梁有獺祭之文而已禁胡爲者慨自昆夷擾攘以來戎馬越窮途之險魴魚遭王室之災夫誠閱

歷周知矣幸而片壤稍安則惟是雞鳴暴客不失其防龍隰漁人毋忘厥候豈敢以有限之地利供無厭之誅求乎遵斯道也販夫樂出其塗釣叟隱求其志休風周四境非王業所由基哉念自豳館播遷而後汧岐蒙霜露之塵沮漆啟輿圖之舊夫誠辛苦備嘗矣幸而彈丸可守則惟是節定璽符爲通都會數嚴網罟不入洿池何至以百里之侯封作一人之壟斷乎推斯意也遠人咸思率服靈沼可與人同膏雨徧羣黎非王化所自始哉文之治岐如是一王政之無私也而況不止此乎

本房加批

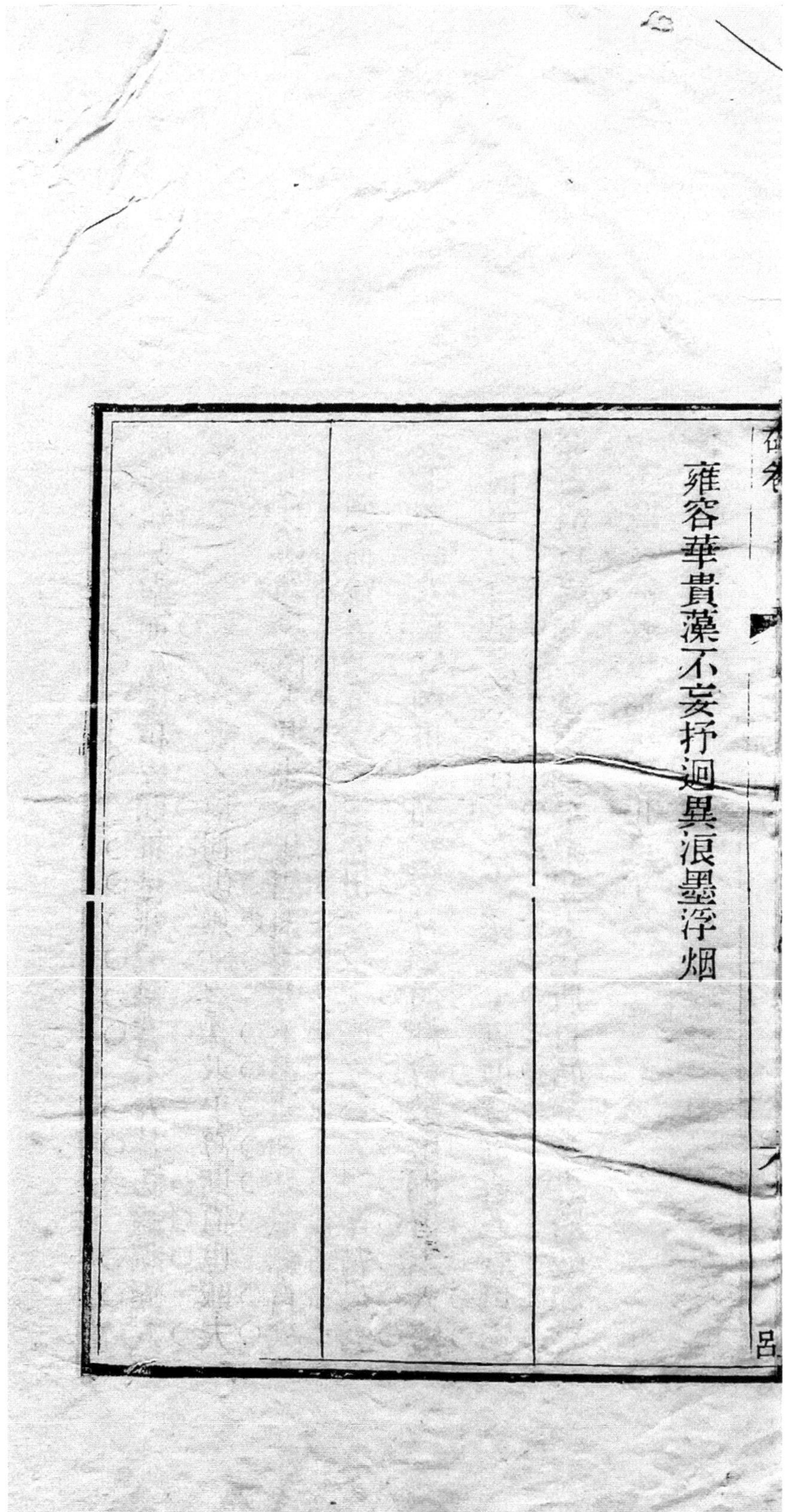

雍容華貴藻不妄抒迥異浪墨浮烟

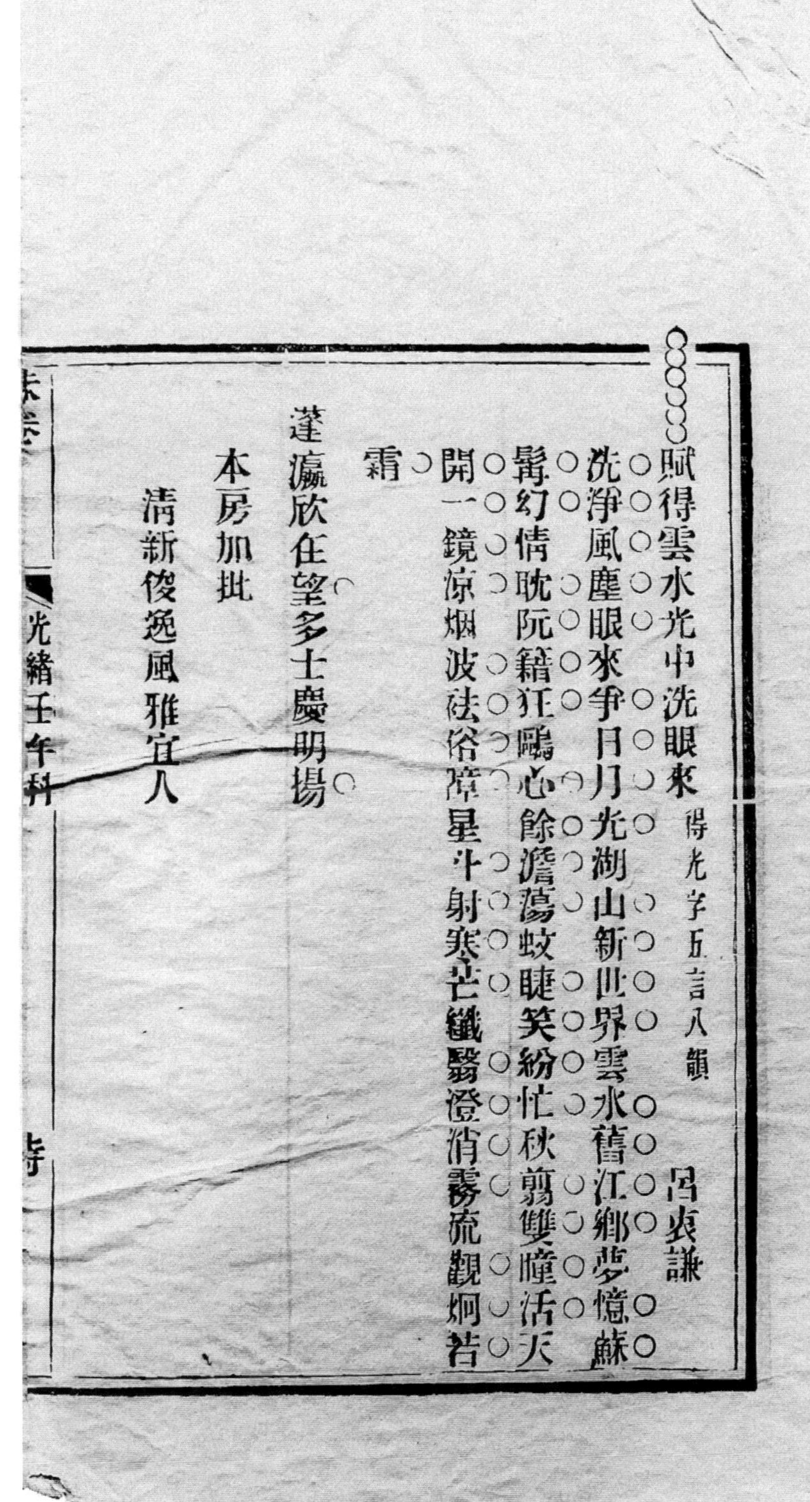

賦得雲水光中洗眼來　得光字五言八韻　呂𡗒謙

洗淨風塵眼來爭月乃光湖山新世界雲水舊江鄉夢憶蘇髯幻情耽阮籍狂鷗心餘瀲蕩蚊睫笑紛忙秋翦雙瞳活天開一鏡涼烟波祛俗障星斗射寒芒纖翳澄消霧流觀炯若霜蓬瀛欣在望多士慶明揚

本房加批

清新俊逸風雅宜人

光緒壬午科　詩

光緒壬午　楊廷燮

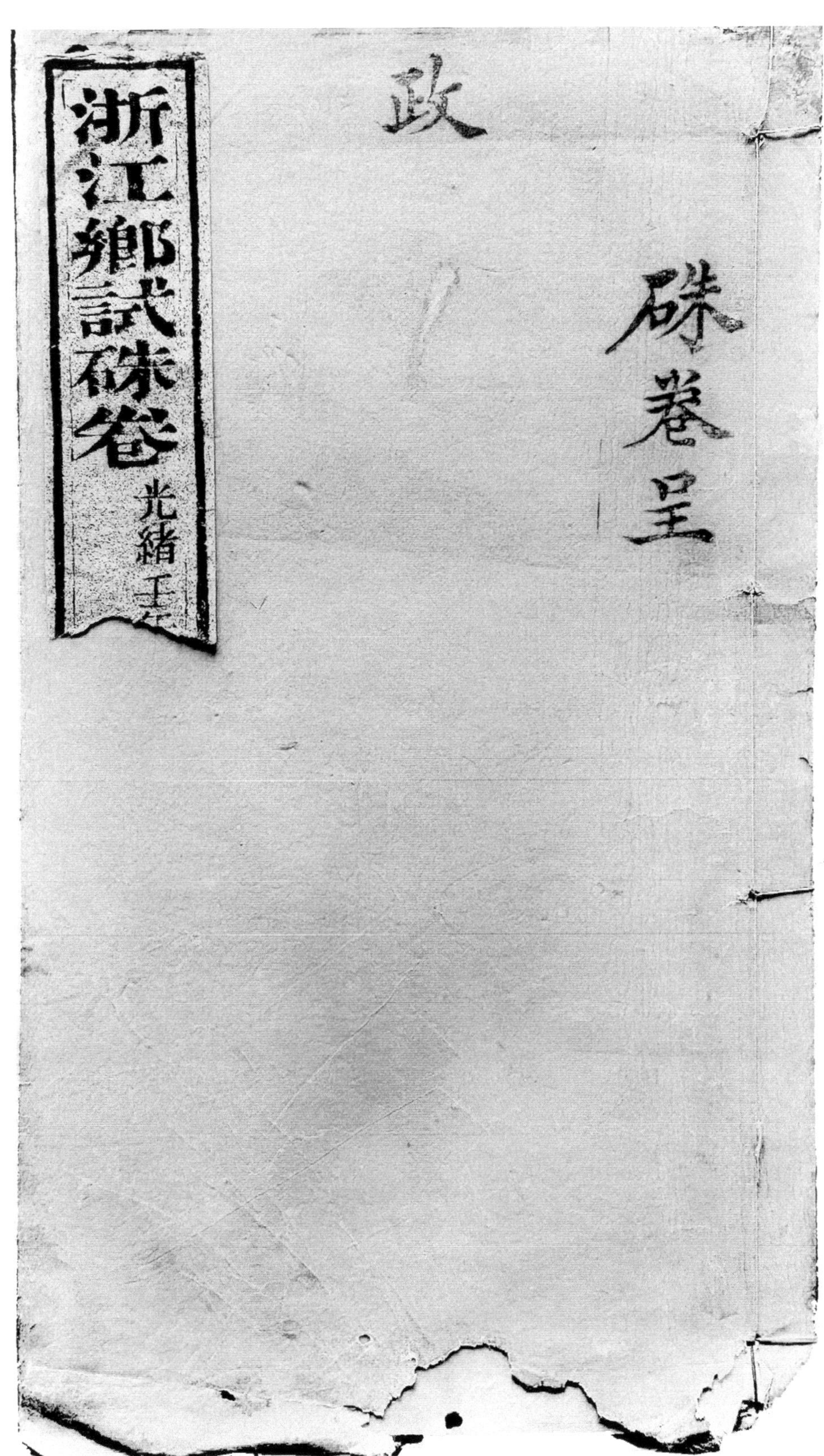
浙江鄉試硃卷
光緒壬午
政
硃卷呈

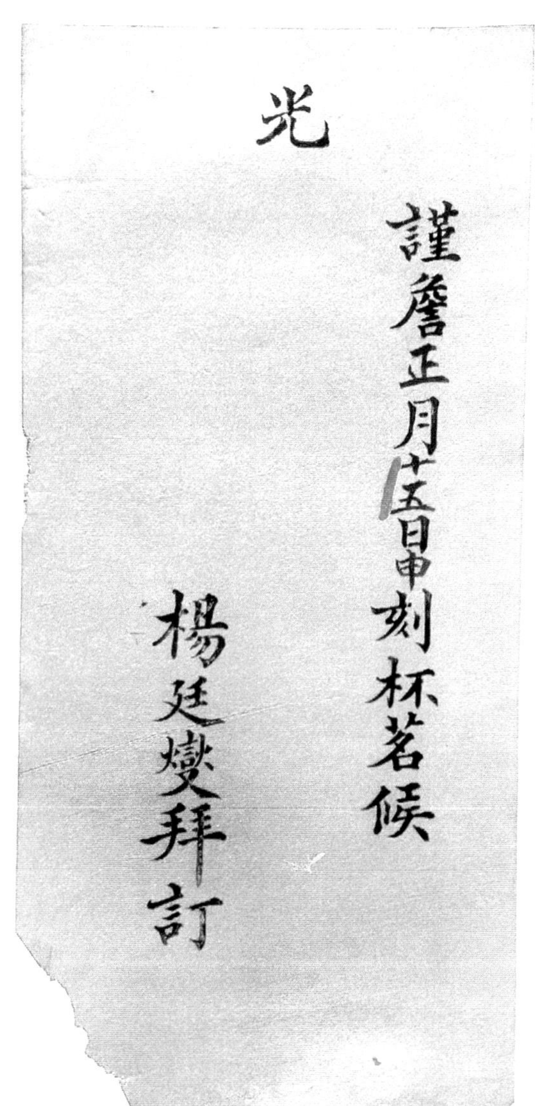

謹詹正月廿五日申刻杯茗候

光

楊廷燮拜訂

章國祥

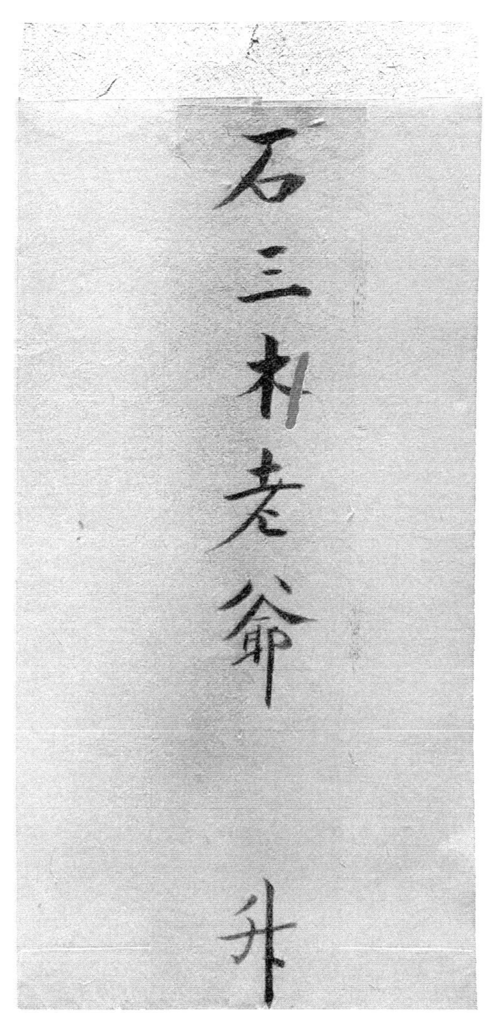
石三朴老爺
升

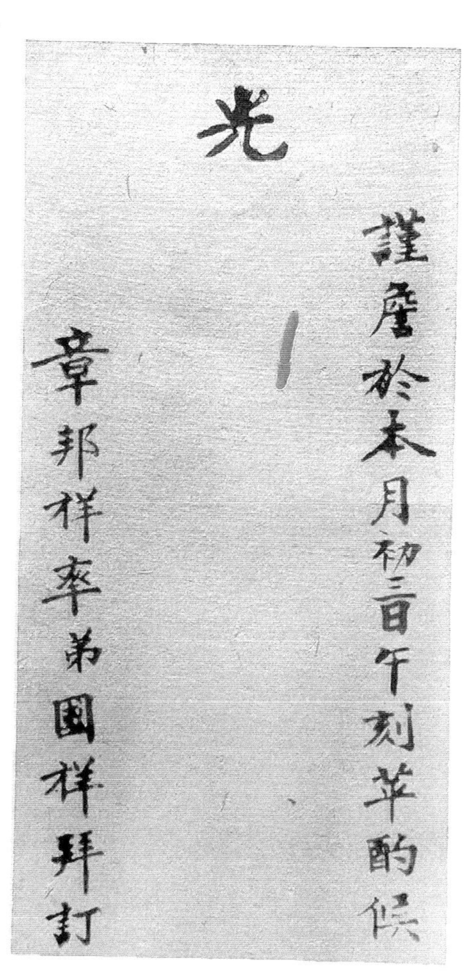
光
謹詹於本月初三日午刻菲酌候
章邦祥率弟國祥拜訂

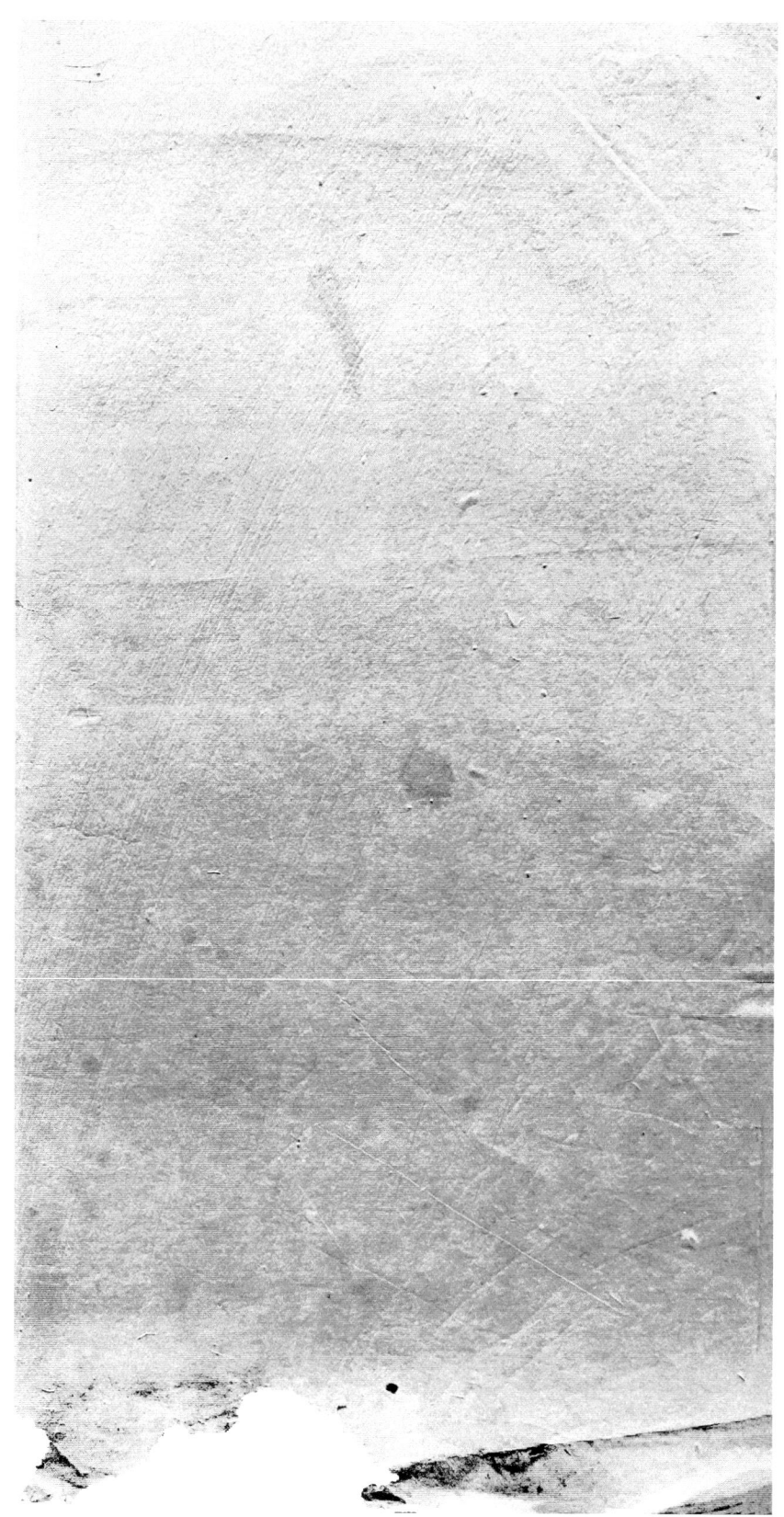

楊廷燮

字紹志號曉峰又號省懷行三道光乙巳年三月初二日吉時生紹興府新昌縣職附貢生民籍

始祖震漢太尉世稱關西夫子事詳正史
遷新始祖白隋榮王遜荒越之新昌肇基彩煙
一世祖乾唐進士大理寺評事
二世祖小三
三世祖恭
四世祖淨生
五世祖禧
六世祖公識宋朝奉郎進義校尉兩浙漕臺運幹
七世祖少錫宋廉史贈通奉大夫

世伯祖公悅迪公郎
世伯叔祖少璵修武郎進修文郎少望忠訓郎
世伯叔叔大椿宋進士承直郎大年承直郎轉武經郎江南正將大巽承直丶郎
世伯叔祖宣之宋承務郎轉通直郎宴之迪功郎訓之奏榜進士勉之太學進士
進之承直郎國英進士歷仕丹徒縣尉台州錄事參軍芝孫太學進士迪功郎錢塘縣
縣丞璩孫太學進士迪功郎
世伯叔祖慶祖宋特請科進士迪功郎福州府連江縣主簿廣祖特請科鄉貢進士祐
祖太學進士監臨安府北關稅務轉臨江軍新喻縣縣丞調補浦江縣縣丞明祖錢塘縣縣丞知
安慶府望江縣歷任通州寧國府慶元府通判兼置制司定祖太學進士任中侍補憲祖太學

履歷　光緒壬午科　一

履歷

六世祖大榮贈通奉大夫
九世祖轟宋嘉泰進士仕至禮部侍郎
十世祖昭祖宋鄉進士仕迪功郎天台縣尉提幹
十一世祖源老
十二世祖楠
十三世祖奇
十四世祖考辰
十五世祖泰初明贈工科給事中
十六世祖信民明永樂庚子舉人由工科給事中累轉至兩廣都察院左僉都御史巡撫廣東卒諡恭惠賜祭葬廣人專祠祟祠兼祠本邑鄉賢明史有傳
十七世祖玖明景泰中廣東黃蕭養反恭惠公奉詔討

上舍炳祖太學進士迪功郎無回州巢縣縣尉思祖太學進士從政郎監臨安府江場稅務轉迪功郎眞州尉衍祖鄉貢進士昉祖鄉貢進士旼祖鄉貢進士
世伯叔祖呂元浙江鹽運使啓諸暨縣尉台州路儒學學正贈刑部尚書海翁承直郎轉將仕郎郁翁中侍補瀛老出繼前宗母舅王廣一公為嗣即南山派
世伯祖景贈刑部尚書
世伯叔祖容明洪武歲進士刑部尚書居隱士累徵不就見郡縣志清歲進士繼宗邑庠生
世伯叔祖仲才明洪武十三年以明經舉赴京師授直隸廬州府知府誥授中順大夫眭滁州府通判亥邑庠生
世伯祖泰亨明歲貢生戶部主事轉刑部主事
世伯祖康民明贛州遞運大使
世叔祖玧明恩蔭太學湖廣常德府桃源縣縣丞

賊公隨父出征陣亡

十八世祖繗　明邑庠生

十九世祖繼彩　明處士

二十世祖守河　明處士三舉鄉飲

二十一世祖世南

二十二世祖中士

二十三世祖學顓

二十四世祖自璧

太高祖萬福　邑庠生

太高祖妣氏陳

高祖承烈

高祖妣氏俞磁

世伯叔祖縛　明邑庠生　洪　選貢元福建漳州府府學訓導轉陞文林郎

世叔祖繼祖　明邑庠生

世伯叔祖應春　明邑庠生　茂春　邑庠生　守堯　邑庠生　守淵　邑庠生

世伯叔祖忠　明邑庠生　世洪　邑庠生

世伯祖學權　邑庠生

太高伯祖萬才　邑庠生

高伯叔祖承勳　太學生　承熹　邑庠生　承選　太學生

曾伯叔祖雲虬　邑庠生　雲墀　太學生　雲頤　太學生　雲顥　邑庠生　雲臬　邑庠生　雲臚　邑庠生　雲和　邑庠生　雲梯　太學生　載賡　廩膳生　樹丹　邑庠生

堂伯叔祖仍枚　邑庠生　仍茂　太學生　仍蘭　邑庠生　仍虞　邑庠生　靈和　歲貢生　仍龍　太學生　仍吉　太學生　仍登　太學生　仍續　太學生　仍迪

履歷

曾祖雲從 太學生

曾祖妣氏陳

祖仍森 邑庠生 例贈文林郎

祖妣氏梁王 例贈太孺人

父登台 號集堂 例贈文林郎

母氏梁 棠墅贈智公女 邑庠生觀公胞姊 太學生同忠公親姊 太學生夢齡 州同知延齡胞姑 太學生大聲 大器 歲貢生遇鈌 郎遐 訓導大容親姑 邑庠生子偉親祖姑 例贈太孺人

母氏梁 棠墅學山公長女 太學生曲江公胞姊 附貢生喬林 辛酉拔貢補行辛酉工戊舉人槐林 庚午舉人華林 貢生錦林 太學生文林胞姑 邑庠生瞻遠 貢生綱章 太學生綬章嫡祖姑 例贈太孺人

胞伯祖仍楷 太學生 仍棣 邑庠生

從堂伯叔登府 邑庠生 丞清 同治乙丑補行辛酉壬戌恩賜舉人 登第 邑庠生 登九 邑庠生 登梯 太學生 登校 太學生 登意 太學生 登極 太學生 登洽 太學生 登照 太學生 登信 太學生

堂叔登超 邑庠生 登衽 邑庠生 登典 貢生 登山 太學生 登智 太學生 議敘六品銜賞戴藍翎

胞叔登金 號厚菴 工書法

從堂兄弟美斯 太學生 繼南 儘先拔補把總 夢尭 邑庠生 壽祺 歲貢生 美清 太學生 美周 太學生 美進 太學生 文蔚 邑庠生 文濤 邑庠生 美仁 太學生

堂兄弟美韶 邑庠生 不論單雙月即選從九品 美熾 太學生 禮畊 太學生 禮琮

母氏張處士之坦公女廩膳生國藩公胞姪女例贈太孺人

永感下

受業師謹以先後爲次

庭訓

梁其仁夫子諱廷楨郡庠生

堂叔浩軒夫子諱登超邑庠生

族叔祖柳青夫子印際春邑庠生

梁襄卿夫子諱冠虞廩膳生

表兄梁忍軒夫子印大容歲貢生遇缺即選訓導

姚芝雲夫子諱淵靈廩膳生

表兄梁東廬夫子諱槐林辛酉拔貢補行

郡庠生　生

鑑塘貢生　雨梅太學生　雨畊邑庠生　雨時邑庠生　美成太學

親兄美圖號羲菴　美書號禹亭　禹疇邑庠生不論單雙月候選縣丞議敘加一級

胞兄美盤號新齋　美宮號芹香

從堂姪仕春太學生　仕庸太學生　振彪邑庠生

堂姪鼎勳邑庠生　仕衢太學生

親姪仕齊　仕魯　仕唐太學生　仕宋　仕陳　仕鎬儒業

仕姚儒業　仕賢

胞姪錦墩　錦章儒業

堂再姪兆南邑庠生

胞姪孫樹勳幼讀

娶梁氏太學生名周南長女邑庠生名召南太學生名崧南胞姪女邑庠生名繼田太學生名繼周太

履歷

辛酉壬戌舉人

表兄粲桐圃夫子諱華林庚午舉人

石康侯夫子印玉麒補用同知前署新昌縣知縣歷署玉環廳同知鄞縣知縣現署天台縣知縣

蔡彥湘夫子印以瑩己未舉人

駱鎔蒸夫子印葆慶丁卯舉人

李吟秋夫子印詩知府用補用同知歷署臨海黃巖天台等縣知縣補授武康縣知縣調補湻安縣知縣

王子函夫子印家琳知府銜候補同知

劉蘭洲夫子印璈二品頂戴按察使銜臺灣海防兵備道克勇巴圖魯

受知師諱以先後爲次

學生名天松太學生名繼松邑庠生名繼木之親姪女

子錦湘幼讀　錦榮幼讀聘邑庠生粲名蔭槐長女

三

楊

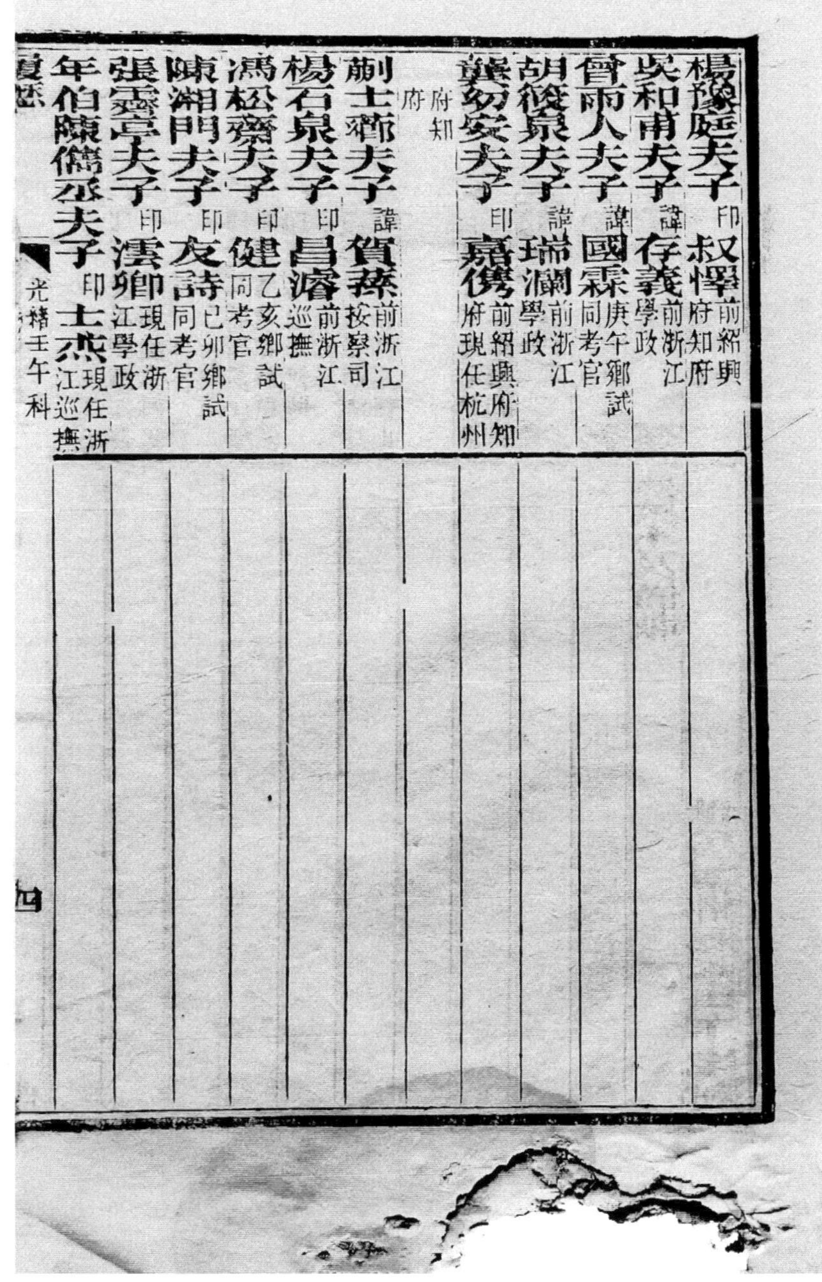

楊豫庭夫子　印叔懌　前紹興府知府

吳和甫夫子　諱存義　前浙江學政

曾雨人夫子　諱國霖　庚午鄉試同考官

胡筱泉夫子　諱瑞瀾　前浙江學政

龔幼安夫子　印嘉儁　前紹興府知府現任杭州府知府

蒯士薌夫子　諱賀蓀　前浙江按察司

楊石泉夫子　印昌濬　前浙江巡撫

馮松齋夫子　印健　乙亥鄉試同考官

陳湘門夫子　印友詩　已卯鄉試同考官

張露亭夫子　印澐卿　現任浙江學政

年伯陳儁丞夫子　印士杰　現任浙江巡撫

覆試　光緒壬午科　四

本科監臨廖穀似夫子　印壽豐　現任浙江督糧道本科提調

盛旭存夫子　印康　二品銜浙江候補道本科監試

霍子方夫子　印順武　現任紹興府知府

曾星垣夫子　印壽麟　前任桐鄉縣知縣現任山陰縣知縣

杜徵三夫子　印冠英　知府銜前署玉環廳同知

鄉試中式第九十三名

會試中式第　名

殿試第　甲第　名

欽點

族繁未及備載

世居南鄉彩烟山下宅村

浙江鄉試硃卷第十一房

中式第九十三名舉人楊廷燮浙江紹興府新昌縣職附貢生民籍

同考試官同知銜分間前補用知縣桊　閱

薦批

大主考翰林院編修武英殿纂修國史館纂修本衙門撰文朱

取批

大主考兵部左侍郎許

中批

硃卷

光緒壬午科

批

本房原薦批

第一場

首與三藝通用單行尚能胎息古人論議亦正大次亦奧衍

第二場

斟酌飽滿詩藝尤風雅宜人

第三場

五策詳悉簡明四五道多可採用處

聚奎堂原批

全作散行取經獨别筆亦饒有古趣次朗三尤勝

後進於禮樂君子也如用之則吾從先進　楊廷爕

時人趨乎時時聖思復古也夫以後進爲君子宜乎先進之不合時也予欲匡時能不於先進決所從乎且以時趨所尙衆論皆同於此而欲以一人之服習挽一世之遷流難矣玉帛鼓鐘時華相競風流文采時譽攸歸我雖爲之敦古處復古初究不能舉天下而使之黜華而崇實也亦惟以定一身之準者獨不與時浮沉而已矣先進禮樂文質得宜則固君子而非野人也而時顧以野人目之豈其所從而用之者有鶩於先進歟不然何鄙夷之甚也然而時人蓋嘖嘖焉以後進爲君子矣且夫後進果何自昉哉其始

學士大夫漸尙風華繼而朝廟會同遂相沿習而一時服古之流亦莫不耳濡目染爲之稱道而勿衰誰爲爲之孰令致之而使朝野上下之間竟別成其風氣也嗟乎役之人有起而議朝儀補雅詩者夫孰從而辨之耶然則生今之世居今之時而竊求所以挽回乎世教者意在斯乎意在斯乎吾何敢讓焉夫吾嘗適周矣問老聃訪萇叔詳考乎郊廟明堂諸制而知周公之聖與周之所以王也由是而東西南北道長半生間與二三弟子習禮大樹彈琴匡邑非不欲以一身肄習以陶淑乎當時今老矣東山講學有志修明而禮秉宗邦本源莫識我是以大林放之言樂存故府音律

莫諳我是以有太師之語抒匡時之念發思古之胸竊謂於時乎有補而無如所見所聞究無有儉戚之情翕純之旨也則是吾之所從而用之者仍不免野人之誚也不重可慨哉特是麻冕之儉吾從眾矣獵較之俗吾從魯矣苟可降心以相從何事矯同而立異而惟此制作之精有關世道實不得不敦古處復古初冀天下之崇實而黜華也即或服習雖殷遷流難挽竊欲以一身之準使數百年後之起而議朝儀補雅詩者相像而彷彿之是不得以肄習者陶淑乎當時猶得以修明者匡救於異時也後之學者其將有感於斯言

石康侯夫子評

以古文爲時文爐錘在手杼軸從心後段廻環往復首尾相生尤見作者成竹在胸　生與梁西園孝廉於余初任新昌時同以詩文相質證久知爲非池中物梁生以丙子獲雋生以黨匪搆亂毀家饑驅走四方余任玉環鄞縣皆邀署襄理留心經世不屑屑於詞章之末今復蟾宮折桂與梁生文律如出一格可見劍氣珠光久而必發將來前程遠大經濟文章燦然名世余亦與有榮焉願與梁生共勉之

李吟秋夫子評

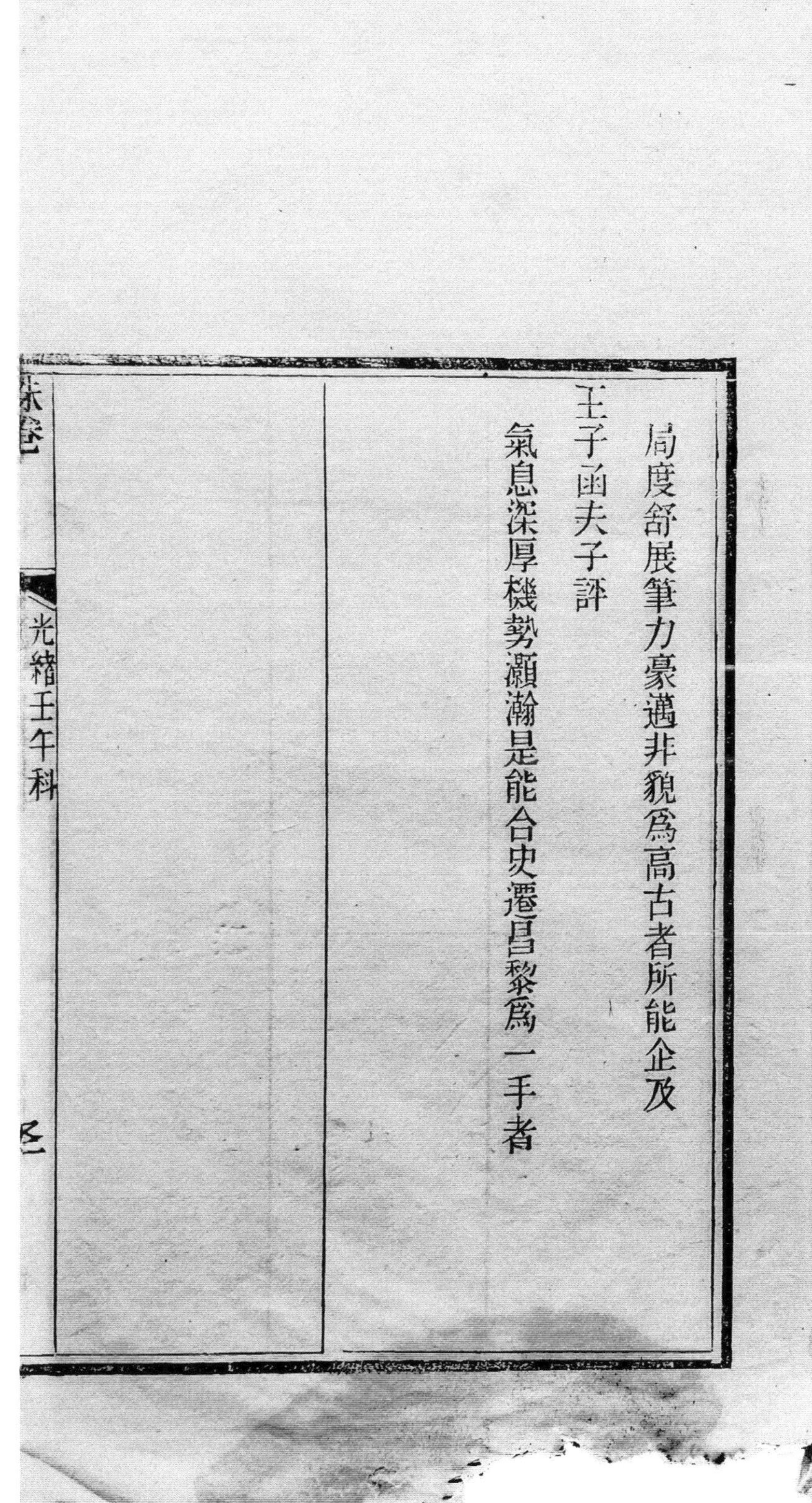

局度舒展筆力豪邁非貌爲高古者所能企及

王子函夫子評

氣息深厚機勢灝瀚是能合史遷昌黎爲一手者

光緒壬午科

人莫不飲食也鮮能知味也

楊廷燮

聖人慨人之不察知與道相失之有由也夫就知味而言幾疑天下鮮飲食之人亦思人固莫不飲食乎不察之失遂以至此且世有尋常易解之事卒鮮有解其所以然之故者非其人果不足以解也蓋輕之爲易辨而不靜究於其微更習以爲常然而不深求於其至遂使終身醉飽日緣其口腹者無從深入其神明而微渺參差惰然不能以盡別此固天下之通患而言之已不勝慨歎矣道之不明不行我知之而人鮮能知之者以不察於道之中故也嗟乎事苟不察微論其大焉者有不知即小焉者亦豈有能知之者

哉吾常觀於飲食而不禁爲人嘅矣自火化既開而甘苦調和古人著爲飲食之經者皆生人之命世無有外之者矣自物生不息而陰陽取養後人擇爲飲食之品者皆百產之精事固無有苦之者矣然則有飲食卽有味能飲食卽能知味乃人莫不飲食也固也而鮮能知味也何也事苟深思而始得淺思而不得心或警於難窺而不慮其不推求以盡致也至於飲食人固輕爲易辨者也輕爲易辨必聽之自辨矣豈知酸鹹殊性入於口而輒自分明深淺異宜領以意而始分軒輊彼辨焉者皆畧焉者耳人惟僅得其味之畧故同一飲食有徇於同而以爲可欣亦有徇於獨而以爲

可厭彼欣之厭之者要皆以我之味爲味而未得乎飲食之確味也均之未究於微也物苟終歲不一遇閒歲始一遇情或驚其初試而不虞其不反覆以相尋也至於飲食人固習爲常然者也習爲常然必信爲已然矣豈知精華蒸蔚氣澤固因物而殊飢渴乖和口舌亦隨時而異其然焉者非變焉者耳人惟未窮夫味之變故同一飲食忽覺厭之而過爲珍又忽覺欣之而過爲鄙其珍之鄙之者又皆以我於味爲味可深忘夫飲食之本味也均之未求於至也故味有淡而彌旨者菜羹蔬食推其生植之源實隱含甘雨和風之氣以俱來而平淡寓中和之極彼別求美異者不尋其

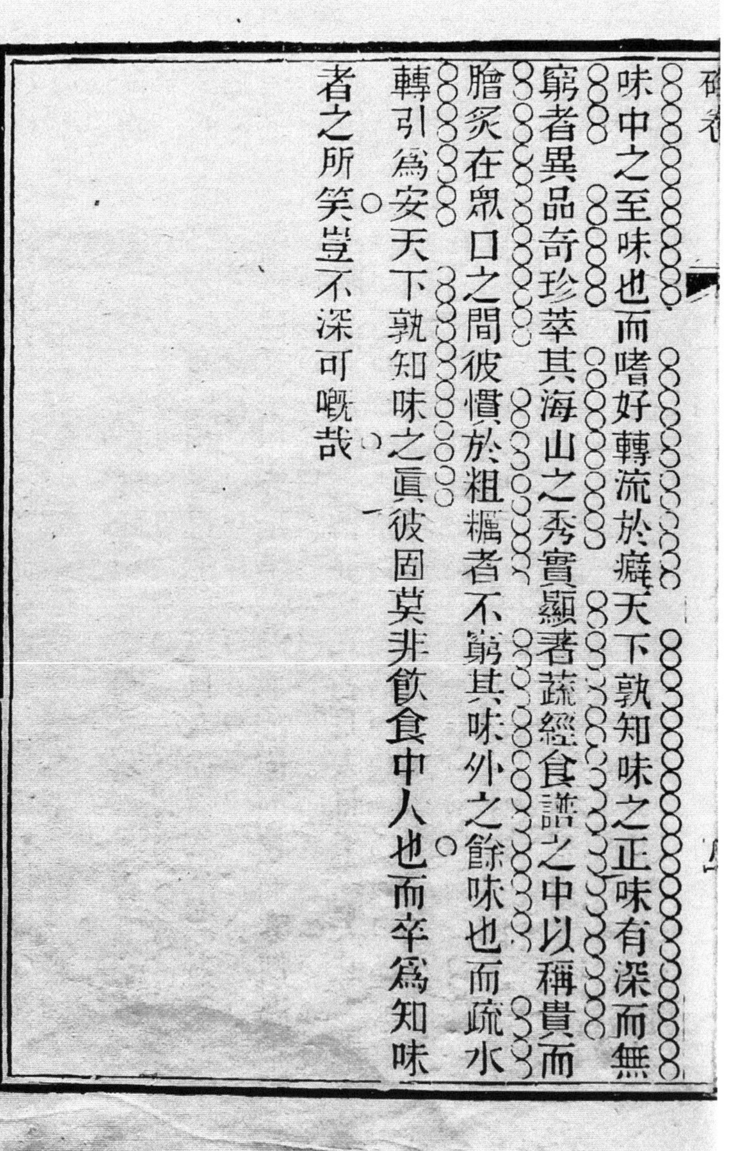

硃卷

味中之至味也而嗜好轉流於癖天下孰知味之正味有深而無窮者異品奇珍萃其海山之秀實顯著蔬經食譜之中以稱貴而膾炙在衆口之間彼慣於粗糲者不窮其味外之餘味也而疏水轉引爲安天下孰知味之眞彼固莫非飲食中人也而卒爲知味者之所笑豈不深可慨哉

關市譏而不征澤梁無禁

楊廷爕

王政以利民爲利於不征無禁見之焉夫關市之征取民之利也澤梁之禁專民之利也王政不然謂非以利民爲利乎今夫政之美有因民之所利而利之者矣顧因民利以利民利之源自裕因民利以利巳利之流以窮使於利之所在者取其利以爲利利之所出者專其利以爲利無怪乎民之不願出塗無復問津也而文王治岐之政則不然耕者九一利農也仕者世祿利士也而民之以利爲圖者猶不止此則試與王言關市且夫齊之關市固王之所幾費經營者也臣嘗南至泰山東出琅邪西涉淸河北浮勃海

矣見夫關津之地稽核綦嚴廛市之間防閑必謹譏也是猶行古之道也而四方賓客卒無有叩關而至倚市而居以通其財賄者則曷以故既而察之蓋有所爲征者噎關山難越失路誰悲市道相交離鄉莫恤民以利來上以利取是禦暴者爲暴也交征以利尚得謂取民有制乎試又與王言澤梁夫澤梁利藪也王今者撫四塞之國誇表海之雄魚鹽之利甲於東南何爲與民爭此區區者乎而乃川澤依然漁人絕跡津梁猶是釣者收綸豈皆以鹿豕爲禮而不必臨淵而羨與然而臣嘗聞國之大禁矣數罟不入王政也非并其疏者亦禁之應時而漁王政也非當其候者亦禁之

今其禁曰爾無舉網而前犯者罪無赦爾無持竿而往犯者罪無赦於公利之處爲專利之謀利據於上民不堪命矣而奈何舍此而别圖貿易則先有大不利於民者是皆非師文王者也不觀文王乎異言異服察必詳焉孟夏孟冬取有度焉岐陽之政方策班班矣爲問當時牽車服賈之儔有苦其暴征者乎曰無有也結網垂綸之子有犯其厲禁者乎曰無有也子若孫世守勿失明堂之位所由昉也今則時巡不舉矣關市津梁非猶是周先王之鸞輅所馳驅而流照者哉王請遵而行之爲之罷其征而不以取民之利爲利弛其禁而不以專民之利爲利則文王以之治岐而不第

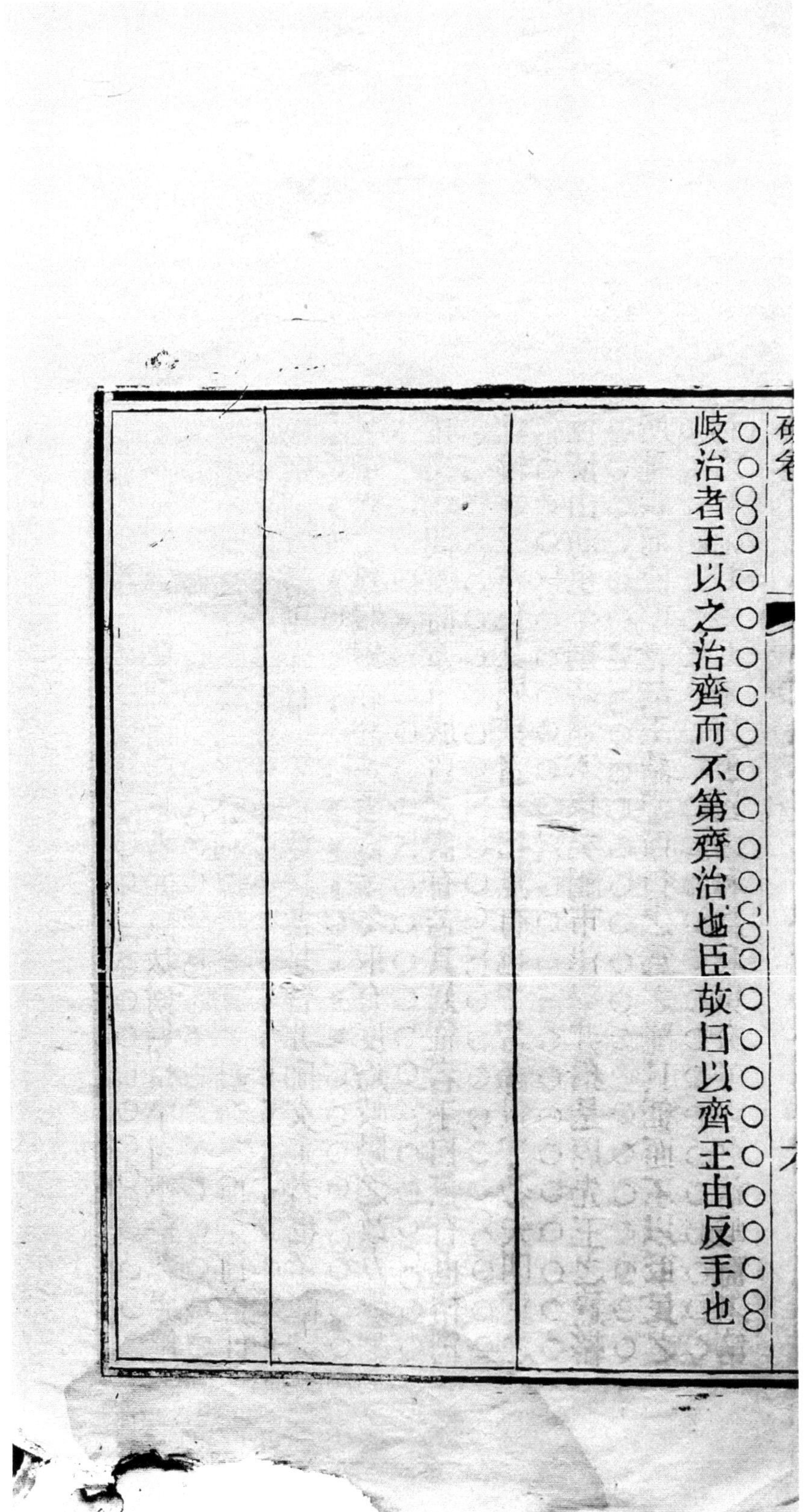

硃卷

岐治者王以之治齊而不第齊治也臣故曰以齊王由反手也

賦得雲水光中洗眼來得光字五言八韻　楊廷爕

淨洗風塵眼來遊趁曉光烟波空翳障雲水指江鄉窺豹山

藏霧觀魚浪翦霜流同星點炯浣到月痕涼花不文章眩天

敎色相忘迎眸淸玉宇回首憶銀塘低渡懷仙句高吟學阮

狂

蓬瀛秋霽藹

宸鑒重明揚

光緒壬午科　詩